影响世界历史进程的100篇文选

金金◎编著

山西出版传媒集团
北岳文艺出版社
BEIYUE LITERATURE & ART PUBLISHING HOUSE

图书在版编目（CIP）数据

影响世界历史进程的 100 篇文选 / 金金编著 . —太原：
北岳文艺出版社 , 2013.10
ISBN 978-7-5378-3911-2

Ⅰ . ①影… Ⅱ . ①金… Ⅲ . ①社会科学—文集②自然
科学—文集 Ⅳ . ① Z4

中国版本图书馆 CIP 数据核字（2013）第 161124 号

书　　名	影响世界历史进程的 100 篇文选
编　　著	金　金
责任编辑	张　丽
封面设计	点滴空间
出版发行	山西出版传媒集团·北岳文艺出版社
地　　址	山西省太原市并州南路 57 号
邮　　编	030012
电　　话	0351-5628696（营销部） 0351-5628688（总编办公室）
传　　真	0351-5628680
网　　址	http://www.bywy.com
E - mail	bywycbs@163.com
印刷装订	三河市华东印刷有限公司
开　　本	710×1000　1/16
字　　数	350 千字
印　　张	23
版　　次	2013 年 10 月第 1 版
印　　次	2020 年 6 月河北第 2 次印刷
书　　号	ISBN 978-7-5378-3911-2
定　　价	39.80 元

前　言

　　世界历史，就是人类史，指有人类以来地球上历史的总和。世界历史是一个文明与蒙昧交错、苦难与幸福并存发展的漫长过程，包括纵向发展和横向发展两个方面。

　　纵观世界历史，它经历了上古、中古、近代和现代（正在经历）四个时期，具体表现为原始社会、奴隶社会、封建社会、资本主义社会和共产主义社会（正在经历第一阶段：社会主义阶段）五个阶段。横观世界历史，它由各地相互闭塞到逐步开放、由彼此分散到联系密切，发展成为了整体的世界历史。总体来说，世界历史变得庞大却很精致、复杂却很浓缩，就像人长大一样，有血有肉有骨架了。

　　那么，是哪些因素推动着世界历史由低到高、由窄到宽、由简单到复杂不停向前发展的呢？笼统地说，生产力是社会变革最主要的因素，表现为科学技术对社会的推动；其次，就是人的智力和思维的发展，以及思想的进步对社会起到方向和航舵的作用；再次，就是英雄人物与广大群众的创造力，以及在社会中的实践，这是最直接的作用。更具体地说，影响世界历史进程的因素包括战争、改革、变法、思想、重大事件、民族融合、科学发明、文学著作、地理发现、气候变化、英雄人物等。

　　为了进一步让人们了解世界历史进程，我们放眼人类文明进程，将影响世界历史发展的各方面因素综合归类、汇编成册——"影响世界历史进程的

100"系列丛书，包括《影响世界历史进程的 100 位名人》《影响世界历史进程的 100 次战争》《影响世界历史进程的 100 篇文选》等。

《影响世界历史进程的 100 位名人》

在世界历史进程中，英杰伟人指点江山、浓书历史、描绘蓝图，对人类文明的进步起到了非常巨大的作用，我们应该记住他们，效法榜样。本书根据历史人物对历史进程影响的大小、范围、时间的长短等因素，选择了 100 位伟人，包括政治家、军事家、作家、哲学家、发明家、艺术家、改革家、农民起义领袖等。阅读本书，将让你领略伟人的成功与典范，汲取伟人的品格与智慧，助你学业、事业有成。

《影响世界历史进程的 100 次战争》

战争是残酷的，但它又与人类文明发展相伴相生。在世界历史发展的长河中，战争始终是一个影响深远的因素。本书精心遴选影响世界历史的 100 场战争，通过分析解读每场战争的背景、原因、影响等，描绘出人类历史发展的一个粗略轮廓。战争不仅仅带来的是创伤，更重要的是启示后人不要重蹈覆辙。希望你通过阅读本书，能够直面战争的残酷，深刻认识战争的危害，从而坚定维护世界和平与安宁的信念。

《影响世界历史进程的 100 篇文选》

拜伦说："一滴墨水可以引发千万人的思考，一本好书可以改变无数人的命运。"经典之作蕴涵着伟大的思想，具有永恒的艺术魅力和深刻的思想内涵，影响和改变着世界历史的进程。本书精心节选世界经典著作中的 100 篇文章，涉及诗歌、政治、小说、哲学、神学、人类学、经济学、物理学等各个领域的顶级成就。希望你在阅读过程中，能够领略到作者的非凡、伟大之处，从而汲取营养，树立正确的人生观、世界观和价值观。

"影响世界历史进程的 100"系列丛书图文并茂、详略得当、信息量丰富，引人入胜、发人深思，是一套全景式再现世界历史发展风貌和人类文明发展足迹的新型图书，可以帮助你系统地了解光辉灿烂的人类文明，深入感悟世界各民族文化的博大精深，近距离地触摸历史。

由于时间仓促，我们首先编辑出版以上三部图书，以后将陆续出版其他图书，力求将"影响世界历史进程的100"系列丛书做成真正的百科式全书系。因限于编辑水平难免疏漏，恳请你的批评指正。

目　录

第五部分　经济、管理

第六部分　教　育

第七部分 文 学

第八部分 历 史

第九部分　纲领、条约

第一部分　哲学、宗教

圣经：旧约·约伯记

乌斯地有一个人名叫约伯。那人很正直，敬畏神，远离恶事。他生了7个儿子、3个女儿。他的家产有7000羊，3000骆驼，500对牛，500母驴，并有许多仆婢。这人在东方人中就为至大。他的儿子，按着日子，各在自己家里设摆筵宴，就打发人去，请了他们的3个姊妹来，与他们一同吃喝，筵宴的日子过了，约伯打发人去叫他们自洁。他清早起来，按着他们众人的数目献燔祭。因为他说，恐怕我儿子犯了罪，心中弃掉神。约伯常常这样行。

有一天，神的众子来侍立在耶和华面前，撒旦也来在其中。耶和华问撒旦说："你从哪里来？"撒旦回答说："我从地上走来走去，往返而来。"耶和华问撒旦说："你曾用心察看我的仆人约伯没有？地上再没有人像他完全正直，敬畏神，远离恶事。"撒旦回答耶和华说："约伯敬畏神，岂是无故呢。你岂不是四面圈上篱笆，围护他和他的家，并他一切所有的吗？他手所做的都蒙你赐福。他的家产也在地上增多。你且伸手毁他一切所有的。他必当面弃掉你。"耶和华对撒旦说："凡他所有的都在你手中。只是不可伸手加害于他。"于是撒旦从耶和华面前退去。

有一天，约伯的儿女正在他们长兄的家里吃饭喝酒，有报信的来见约伯，说："牛正耕地，驴在旁边吃草。示巴人忽然闯来，把牲畜掳去，并用刀杀了仆人。唯有我一人逃脱，来报信给你。"他还说话的时候，又有人来说："神从天上降下火来，将群羊和仆人都烧灭了。唯有我一人逃脱，来报信给你。"

《圣经》

他还说话的时候，又有人来说："迦勒底人分作三队忽然闯来，把骆驼掳去，并用刀杀了仆人。唯有我一人逃脱，来报信给你。"他还说话的时候，又有人来说："你的儿女正在他们长兄的家里吃饭喝酒。不料，有狂风从旷野刮来，击打房屋的四角，房屋倒塌在少年人身上，他们就都死了。唯有我一人逃脱，来报信给你。"约伯便起来，撕裂外袍，剃了头，伏在地上下拜，说："我赤身出于母胎，也必赤身归回。赏赐的是耶和华，收取的也是耶和华。耶和华的名是应当称颂的。"在这一切的事上约伯并不犯罪，也不以神为愚妄（或作也不妄评神）。

又有一天，神的众子来侍立在耶和华面前，撒旦也来在其中。耶和华问撒旦说："你从哪里来？"撒旦回答说："我从地上走来走去，往返而来。"耶和华问撒旦说："你曾用心察看我的仆人约伯没有？地上再没有人像他完全正直，敬畏神，远离恶事。你虽激发我攻击他，无故地毁灭他，他仍然持守他的纯正。"撒旦回答耶和华说："人以皮代皮，情愿舍去一切所有的，保全性命。你且伸手伤他的骨头和他的肉，他必当面弃掉你。"耶和华对撒旦说："他在你手中，只要存留他的性命。"于是撒旦从耶和华面前退去，击打约伯，使他从脚掌到头顶长毒疮。约伯就坐在炉灰中，拿瓦片刮身体。他的妻子对他说："你仍然持守你的纯正吗？你弃掉神，死了吧。"约伯却对她说："你说话像愚顽的妇人一样。噯，难道我们从神手里得福，不也受祸吗？"在这一切的事上约伯并不以口犯罪。约伯的三个朋友毯螅人以利法，书亚人比勒达，拿玛人琐法，听说有这一切的灾祸临到他身上，各人就从本处约会同来，为他悲伤，安慰他。他们远远地举目观看，认不出他来，就放声大哭。各人撕裂外袍，把尘土向天扬起来，落在自己的头上。他们就同他7天7夜坐在地上，一个人也不向他说句话，因为他极其痛苦。

·简 评·

《圣经》记载了古代中东乃至南欧一带的民族、社会、政治、军事等多方面情况和风土人情，内容主要包括历史、传奇、律法、诗歌、论述、书函等，是一部包罗万象的百科全书。其中，哲学和神学观念随着基督教的广泛传播，对世界尤其是西方社会的发展、意识形态和文化习俗产生了广泛而深远的影响。《圣经》本身是一部重要的文学作品，它对欧洲文学的影响绝不能低估。欧洲文学史上的许多伟大作品都取材于《圣经》。实际上，《圣经》也是美术、建筑、音乐等杰作的源泉。另外，西方各国语言上的规范化基本上都是从翻译《圣经》开始的。这部经典著作中的取之不尽、用之不竭的宝藏将永远造福人类。

小档案

作者：40多个作者，多为犹太人，有君王、先知、祭司、牧人、渔夫、医生等

成书时间：最早成书的《约伯记》约在公元前1500年左右，最后成书的《启示录》约在公元90年~96年之间

结构：《旧约》，东正教有48卷，天主教有46卷，新教有39卷，犹太教有24卷；《新约》统一为27卷

地位：与希腊文明一起，形成了今天的欧美文化

道德经：第二章

原文：

天下皆知美之为美，斯恶已。皆知善之为善，斯不善已。故有无相生，难易相成，长短相形，高下相盈，音声相和，前后相随。恒也。是以圣人处无为之事，行不言之教；万物作而弗始，生而弗有，为而弗恃，功成而不居。夫唯弗居，是以不去。

解读：

天下所有的人都知道美好的东西，同时对比出罪恶的方面；都知道善良的东西，同时对比出丑恶的方面。因此，我们可以知道，有和无是互相依存，才可以成立的；困难和容易是互相对比，才成立的；长和短在一起比，差别才能知道；高低在一起，才能看出来哪个多出来一段；音和声形成音乐，前后跟随，才显出来谁在前谁在后。这些都是永恒的道理。因此，聪明人处事，就处不消耗太多能量的事，用行为而不是语言去影响教育周围的人；万事万物

《道德经》书影

竹简《道德经》

都是内部发作周而复始的延续，产生出来而不占有，只这样作为而不追问为什么，成功以后也不据为己有。人类唯有不据为己有，这才会永远不会失去。

《道德经》是中国思想史上的一座丰碑。它对中国古代的哲学、科学、政治、宗教等产生了深刻的影响，对中国人的道德观和做人、做事的基本方法也产生了巨大作用。无论对中华民族性格的铸成，还是对政治统一与稳定，它都起着不可估量的作用。今天，它的世界意义也日渐显著，越来越多的西方学者不遗余力地探求其中的科学奥秘，寻求人类文明的源头，深究古代智慧的底蕴。

小档案

作者：老子

成书时间：春秋时期

结构：分上下两篇，原文上篇《德经》、下篇《道经》，不分章。后来，改为《道经》37 章在前，第 38 章之后为《德经》，一共为 81 章

地位：中国历史上首部完整的哲学著作

读一读 ●●●●●《理想国》，又译作《国家篇》和《共和国》，是伟大的古希腊哲学家柏拉图重要的对话体著作之一。这部"哲学大全"探讨了哲学、政治、伦理道德、教育、文艺等方面的问题，以理念论为基础，建立了一个系统的理想国家方案。

理想国（摘选）

玻（玻勒马霍斯）：……我终归认为帮助朋友、伤害敌人是正义的。

苏（苏格拉底）：你所谓的朋友是指那些看上去好的人呢，还是指那些实际上真正好的人呢？你所谓的敌人是指那些看上去坏的人呢，还是指那些看上去不坏，其实是真的坏人呢？

玻：那还用说吗？一个人总是爱他认为好的人，而恨那些他认为坏的人。

苏：那么，一般人不会弄错，把坏人当成好人，又把好人当成坏人吗？

玻：是会有这种事的。

苏：那岂不要把好人当成敌人，拿坏人当成朋友了吗？

玻：无疑会的。

苏：这么一来，帮助坏人，为害好人，岂不是正义了？

玻：好像是的了。

苏：可是好人是正义的，是不干不正义事的呀。

玻：是的。

苏：依你这么说，伤害不做不正义事的人倒是正义的了？

玻：不！不！苏格拉底，这个说法不可能对头。

苏：那么伤害不正义的人，帮助正义的人，能不能算正义？

玻：这个说法似乎比刚才的说法来得好。

苏：玻勒马霍斯，对于那些不识好歹的人来说，伤害他们的朋友，帮助他们的敌人反而是正义的——因为他们的若干朋友是坏人，若干敌人是好人。所以，我们得到的结论就刚好跟西蒙尼得的意思相反了。

玻：真的！结果就变成这样了。这是让我们来重新讨论吧。这恐怕是因为我们没把"朋友"和"敌人"的定义下好。

苏：玻勒马霍斯，定义错在哪儿？

玻：错在把似乎可靠的人当成了朋友。

苏：那现在我们该怎么来重新考虑呢？

玻：我们应该说朋友不是仅看起来可靠的人，而是真正可靠的人。看起来好，并不真正好的人只能当做外表上的朋友，不算做真朋友。关于敌人，理亦如此。

苏：照这个道理说来，好人才是朋友，坏人才是敌人。

玻：是的。

苏：我们原先说的以善报友、以恶报敌是正义。讲到这里我们是不是还得加上一条，即假使朋友真是好人，当待之以善，假如敌人真是坏人，当待之以恶，这才算是正义？

玻：当然。我觉得这样才成为一个很好的定义。

苏：别忙，一个正义的人能伤害别人吗？

玻：当然可以，他应该伤害那坏的敌人。

苏：拿马来说吧！受过伤的马变得好了呢，还是变坏了？

玻：变坏了。

苏：这是马之所以为马变坏，还是狗之所以为狗变坏？

玻：马之为马变坏了。

苏：同样道理，狗受了伤，是狗之所以为狗变坏，

公正、正义

而不是马之所以为马变坏，是不是？

玻：那还用说吗！

苏：请问，我们是不是可以这样说呢：人受了伤害，就人之所以为人变坏了，人的德性变坏了？

玻：当然可以这么说。

苏：正义是不是一种人的德性呢？

玻：这是无可否认的。

苏：我的朋友啊！人受了伤害便变得更不正义，这也是不能否认的了。

玻：似乎是这样的。

苏：现在再说，音乐家能用他的音乐技术使人不懂音乐吗？

玻：不可能。

苏：那么骑手能用他的骑术使人变成更不会骑马的人吗？

玻：不可能。

苏：那么正义的人能用他的正义使人变得不正义吗？换句话说，好人能用他的美德使人变坏吗？

玻：不可能。

苏：我想发冷不是热的功能，而是和热相反的事物的功能。

玻：是的。

苏：发潮不是干燥的功能，而是和干燥相反的事物的功能。

玻：当然。

苏：伤害不是好人的功能，而是和好人相反的人的功能。

玻：好像是这样。

苏：正义的人不是好人吗？

玻：当然是好人。

苏：玻勒马霍斯啊！伤害朋友或任何人不是正义者的功能，而是和正义者相反的人的功能，是不正义者的功能。

玻：苏格拉底，你的理由看来很充分。

·简 评·

《理想国》涉及柏拉图思想体系的各个方面，包括哲学、伦理、教育、文艺、政治等内容，主要是探讨理想国家的问题。在《理想国》里苏格拉底刚开始讨论的话题就是"正义"问题，由此可以看出，柏拉图对正义有着多么强烈的憧憬与向往。人类追求的正义与善就是柏拉图理想国的主题，他认为国家、政治和法律要朝向真正的存在并与人的灵魂相关才有意义。

小档案

作者：柏拉图

成书时间：公元前375年左右

结构：采用对话体形式，共10卷

地位：西方哲学家公认的"哲学大全"

经典名句：正义的本质就是最好与最坏的折衷——所谓最好，就是干了坏事而不受罚，所谓最坏，就是受了罪而没法报复

●●●● 《论自然》，是古希腊著名的
唯物主义哲学家和杰出的辩证论者
赫拉克利特不同时期关于哲学、自
然科学和政治等方面观点的摘录。

读一读

论自然（摘选）

这个世界对一切存在物都是同一的，它不是任何神所创造的，它过去、现在、未来永远是一团永恒的活火，在一定分寸上燃烧，在一定分寸上熄灭。

这个"逻各斯"虽然永恒地存在着，但是人们在听见人说到它以前，以及在初次听见人说到它以后，都不能了解它。虽然万物都根据这个"逻各斯"而产生，但是我在分别每一件事物的本性并表明其实质时所说出的那些话语和事实，人们在加以体会时却显得毫无经验。另外一些人则不知道他们醒时所做的事，就像忘了自己睡梦中所做的事一样。

因此，应当遵从那人人共有的东西。可是"逻各斯"虽是人人共有的，多数人却不加理会地生活着，好像他们有一种独特的智慧似的。

太阳每天都是新的。

互相排斥的东西结合在一起，不同的音调造成最美的和谐；一切都是斗争所产生的。

驴子宁愿要草料不要黄金。

人在夜里为自己点上一盏灯，当人死了的时候，却又是活的。睡着的人眼睛看不见东西，他是由死人点燃了；醒着的人则是由睡着的人点燃了。

最可信的人所认识和坚持的事，只不过是一些幻想；然而正义一定会击倒那些作谎言和作假证的人。

最优秀的人宁愿取一件东西而不要其他的一切，就是：宁取永恒的光荣而不要变灭的食物。可是多数人却在那里像牲畜一样狼吞虎咽。

智慧只在于一件事，就是认识那善于驾驭一切的思想。

时间是一个玩骰子的儿童，儿童掌握着王权！

战争是万物之父，也是万物之王。它使一些人成为神，使一些人成为人，使一些人成为奴隶，使一些人成为自由人。

看不见的和谐比看得见的和谐更好。

上升的路和下降的路是同一条路。

海水是最纯洁的，又是最不纯洁的：对于鱼，它是能喝的和有益的；对于人，它是不能喝的和有害的。

不死的是有死的，有死的是不死的；后者死则前者生，前得死则后者生。

正如蜘蛛坐在蛛网中央，只要一个苍蝇碰断一根蛛丝，它就立刻发觉，很快地跑过去，好像因为蛛丝被碰断而感到痛苦似的，同样情形，人的灵魂当身体的某一部分受损害时，就连忙跑到那里，好像它不能忍受身体的损害似的，因为它以一定的联系牢固地联结在身体上面。

与心做斗争是很难的。因为每一个愿望都是以灵魂为代价换来的。

我们对于神圣的东西大都不认识，因为我们没有信心。

在我们身上，生与死，醒与梦，少与老，都始终是同一的东西。后者变化了，就成为前者，前者再变化，又成为后者。

清醒的人们有着一个共同的世界，然而在睡梦中人人各有自己的世界。

一切事物都换成火，火也换成一切事物，正像货物换成黄金，黄金换成货物一样。

我们既踏进又不踏进同样的河流，我们既存在又不存在。

赫拉克利特

《论自然》以散文形式写成，仿佛是赫拉克利特信手拈来，表述了其朴素的辩证法思想及伦理道德思想观点，并成为西方辩证哲学的开端。正如列宁所说的，《论自然》的思想是"对辩证唯物主义原则的绝妙说明"，在哲学史上产生了极其深远的影响，是后世所有辩证法思想的源泉。

小档案

作者：赫拉克利特

成书时间：不详

结构：分为论万物、论政治和论神灵三部分，大都失传，现存130多个残篇

地位：西方辩证哲学的开端

经典名句：驴子宁愿要草料不要黄金／战争是万物之父，也是万物之王。它使一些人成为神，使一些人成为人，使一些人成为奴隶，使一些人成为自由人

●●●●●●　《物性论》，是罗马共和国末期的诗人、哲学家卢克莱修著称于世的哲学长诗。全书依据德谟克利特开创的原子唯物论，以大量事例阐明了伊壁鸠鲁的学说，批判了灵魂不死和灵魂轮回说及神创论，将朴素唯物主义的观点贯彻于自然、社会和思维领域，在与唯心主义学说的斗争中丰富了唯物主义和辩证法思想。

读
一
读

物性论：第一卷 虚空

但世界并非到处都被物体挤满堵住：

因为在物体里面存在着虚空——

认识了这一点，对你帮忙会不少，

它会使你免于日夕疑惑不止，

永远究问一切而不信我的话。

因此必定有一种虚空，

一种其中无物而不可触的空间。

如果不是这样，东西就绝不能运动。

既然物体有种能堵塞的本性，

就会永远到处对一切发生作用。

这样就没有什么东西能推向前进，

因为没有什么东西会计路给它先开步。

但现在，遍海洋、陆地和高空，

由于不同的原因并以不同的方式，

有多少东西我们亲眼看见在运动，

如果没有虚空，它们就会被剥夺去

不停的运动；不，那时候它们甚至

根本就不能生出来，那时候物质

会停留在静止中，各部分被挤紧在一块。

再者，任何东西不管看来如何结实，

仍然还是由物质和虚空混合所形成：

在石洞里面，有水滴渗出，

石壁上的水珠像许多眼泪；

还有，食物在每一个机体中找到进路；

树木长大并按照自己的季节结果实，

因为养料灌注了它们的每个部分，

从最深的树根经过树干和树枝；

回声经过厚厚的墙壁回荡着，

经过房屋紧闭的门户；

使人僵冻的寒气，渗入我们的骨肌。

如果不是有空隙让物体通得过，

显然这种情形就绝不能发生。

再者，为什么在物与物之间我们能看见

有些东西更重，虽然它体积不更大？

真的，如果在一个棉花小团里面

有着和它同样大小的一块铅块那么多物体，

这两个东西就会同样那么重，

显然物体倾向于使东西坠下去；

反之虚空由于相反的本性却是无重量的。

因此，一个同样大小而却较轻的东西

无误地告诉我们它包含更多的虚空；

正如较重的东西表示更多的物质，

以及它内部包含着更少的虚空。

我们用论征来探求的东西

无疑是存在的，和物混合在一起，——

这就是虚空、那个不可见的无。

这里我却必须阐明一个问题，

预先对于某些人的思想加以答复，

不然它就会引你离开真理的道路；

水，他们说，在敏捷的鱼类面前

总是让开来，使水中立刻就有路，

这乃是因为鱼类留下空隙在背后，

而空隙立刻又被让路的水流所填上。

这样，在它们自己中间，物是能运动，

并且互相换位置，不管物的总和怎样满——

这被人接受了的意见其实完全是错误。

因为，鱼类怎能向前突过去，

除非水已经让开路？

而水又怎能让开路，

当鱼类还不能向前游去的时候？

所以或者是所有物体都该没有运动，

否则一切东西就应包含着虚空，

以便从它获得运动的开端。

最后，在两个宽而平的物体

撞在一起而又突然彼此跳开去的地方，

空气必定涌进这两个物体之间

刚刚形成的那整个虚空里面；

但空气不管冲流得多么快，

也不能一下子把空隙填满——

因为在它充满整个空隙之前，

它首先要流向一个地方。

但是，如果有人认为这件事

其所以发生在物体跳开的时候，

乃是由于空气如此这般地凝缩了，——

德谟克利特率先提出"万物由原子构成"的原子唯物论学说

那他们就是离开了真理。

因为本来不是虚空的，现在就会是虚空；

而本来是虚空的地方，现在则是被填满。

并且空气也不是能够这样被凝缩；

就算它能够，但如果没有虚空，

我想它仍然不能把自身收缩，

并把所有部位拉紧成一块。

因此，不管异论不管反驳，

你还应该承认物里有虚空。

本来我还可以用许多的论据，

在这里来为我的话收集证明。

但是对于锐利的眼睛，

仅仅这些注脚已够用，

借着它们，你自己就能认识其他的；

犹如猎犬常常地用鼻子嗅地，

只要它们嗅出了路面上某些足迹，

就能够找到虽然隐藏在树丛里面的

野兽的巢穴，那些山岭的逡巡者；

同样地，在像这样的问题上面，

你自己能够逐一循思想的足迹去追猎，

警觉地沿蜿蜒的道路

向秘密的地方前进，

而真理从那里拉出来。

但是如果你懒洋洋游荡，

或者离开要点，就算所差极小，

那么，明米佑，我就能对你许纳：

我的歌喉将倾注出如此之多的

从我满怀深深水泉涌出的甘液，

因为我深恐步履徐徐的岁月

将会偷偷地沿我们的肢体爬进，

而把我们体内的生命的链锁解开，

当我还来不及借我的诗篇在你双耳中

灌进关于一个问题的全部证明的时候。

● 简 评 ●

　　《物性论》以诗歌的形式，融汇了哲学、科学、诗歌等不同领域的众多内容，是一部百科全书式的著作，且是现存唯一系统阐述古希腊罗马的原子唯物论的著作，对后世文学、哲学唯物主义等领域的发展产生了极其深远的影响。

小档案

作者：卢克莱修

成书时间：公元前1世纪初

结构：分6卷，7000多行诗

地位：最完整、最系统地叙述古希腊原子论学说的哲学长诗

经典名句：心灵中的黑暗必须用知识来驱除

读一读 《新工具》，是英国哲学家弗兰西斯·培根的主要哲学著作。全书分上、下两卷，共182条格言。上卷着重分析批判经院哲学，提出了著名的四假相说；下卷重点论述了包括科学归纳法在内的唯物主义经验论哲学思想，并把经验上升为一种科学原则和考察方法，创立了研究自然科学的新方法——归纳法，即"新工具"。

新工具：第一卷 第一章（摘选）

1. 人作为自然界的臣相和解释者，他所能做、所能懂的只是如他在事实中或思想中对自然进程所已观察到的那样多，也仅仅那样多：在此以外，他是既无所知，亦不能有所作为。

2. 赤手做工，不能产生多大效果；理解力如听其自理，也是一样。

事功是要靠工具和助力来做出的，这对于理解力和对于手是同样的需要。手用的工具不外是供以动力或加以引导，同样，心用的工具也不外是对理解力提供启示或示以警告。

3. 人类知识和人类权力归于一；因为凡不知原因时即不能产生结果。要支配自然就须服从自然；而凡在思辨中为原因者在动作中则为法则。

4. 在获致事功方面，人所能做的一切只是把一些自然物体加以分合。此外则是自然自己在其内部去做的了。

5. 着眼于事功的自然研究是为机械学家、数学家、医生、炼金家和幻术家所从事着；但都（如现在的情况）努力甚微，成功亦少。

6. 期望能够做出从来未曾做出过的事而不用从来未曾试用过的办法，这是不健全的空想，是自相矛盾的。

7. 从许多书籍和许多制造品看来，心和手所产出的东西是很多了，但所有这些花样乃是出于少数已知事物的精化和引申，而无关于原理的数目。

8. 并且，已得的一些事功义还是得自偶遇和经验而非出于科学；因为我们现在所拥有的科学还只不过是把若干已经发现的事物加以妥善调整并予以提出的一些体系，而并不是什么发明新事功的方法或对新事功的指导。

9. 在各种科学当中，几乎一切毛病的原因和根源都在这一点：我们于虚妄地称赞和颂扬人心的能力之余，却忽略了给它寻求真正的帮助。

10. 自然的精微较之感官和理解力的精微远远高出若干倍，因此，人们所醉心的一切"像煞有介事"的沉思、揣想和诠释等等实如盲人暗摸，离题甚远，只是没有人在旁注视罢了。

11. 正如现有的科学不能帮助我们找出新事功，现有的逻辑亦不能帮助我们找出新科学。

12. 现在所使用的逻辑，与其说是帮助着追求真理，毋宁说是帮助着把建筑在流行概念上面的许多错误固定下来并巩固起来。所以它是害多于益。

13. 三段论式不是应用于科学的第一性原理，应用于中间性原理又属徒劳；这都是由于它本不足以匹对自然的精微之故。所以它是只就命题迫人同意，而不抓住事物本身。

14. 三段论式为命题所组成，命题为字所组成，而字则是概念的符号。所以假如概念本身（这是这事情的根子）是混乱的以及是过于草率地从事实抽出来的，那么其上层建筑物就不可能坚固。所以我们的唯一希望乃在一个真正的归纳法。

15. 我们的许多概念，无论是逻辑的或是物理的，都并不健全。"本体""属性""能动""受动"及"本质"自身，都不是健全的概

培根

念；其他如"轻""重""浓""稀""湿""燥""生成""坏灭""吸引""排拒""元素""物质""法式"以及诸如此类的概念，就更加不健全了。它们都是凭空构想的，都是界说得不当的。

• 简 评 •

《新工具》为近代新兴的自然科学制订了一套正确的方法，即新的认识工具，也就是建立在唯物主义经验论基础上的归纳法。它奠定了近代归纳逻辑的基础，开近代唯物主义经验论之先河，是欧洲近代哲学史上第一部系统地批判中世纪经院哲学、探讨科学认识方法的不朽著作。

小档案

作者：弗兰西斯·培根

成书时间：1620 年

结构：分上、下两卷，上卷 130 条格言，下卷 52 条格言

地位：近代自然科学方法——归纳法的"先驱"

经典名句：知识就是力量／讨论犹如砺石，思想好比锋刃

读一读

方法论（摘选）

……我现在的目的不是讲一种每个人为了正确地指导他的理性必须遵循的方法，而只是揭示我是如何努力指导我自己的理性的。……我希望它会对一些人有用，而对任何人都无害，并且，每个人都会因我的坦率而感激我。

从幼年起，我就享受到书籍教育的益处，因为人们使我相信，通过这种方法能够对所有有益于人生的东西有一种明白确定的知识。我十分渴望地去学习……

然而，我没有轻视学校中的各种练习，我知道学习语言对于理解古代的著作是必须的。神话的魅力唤醒了心灵，而历史上值得纪念的英雄事迹在被人读到的时候则提高人的心灵，帮助其形成判断；读好书就像与过去时代里最杰出的人谈话——实际上是一次不断重复的谈话——在其中，这些作者向我们展示的尽是他们思想中的精华；雄辩术有无比的力量和美；诗歌有迷人的优美和甜蜜；数学包含着一些非常精妙的手段，适用和满足严谨的学科，同样也适用于所有的学科，以减轻人的劳动。论道德的作品包含着许多对品德非常有益的教诲和劝告；神学教我们如何升天堂；哲学教我们貌似有理地去谈论任何主题的方法，以及赢得学问浅薄的人的赞美的方法；法学、医学及别的科学给那些研究它们的人带来荣誉和财富。最后，即使所有这些学科充满迷信和谬误，检查它们，以便知道它们的价值，以免受到它们的欺骗，这样做也是有益的。

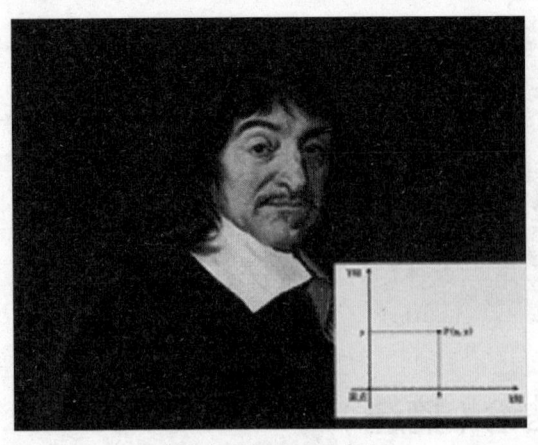
笛卡尔与平面直角坐标系

但是，我认为我已经花了足够的时间学习古代的语言，阅读古代的著作、它们的历史和传说。因为与过去这些世纪的交谈就像是在过去旅行。这有助于我们知道其他不同民族的习俗，以便我们可以更正确地判断自己，不像那些对世界一无所知的人那样，认为与我们的习俗不同的每种东西都是荒唐可笑的和不合理的。但是，一个花费了太多时间去旅行的人最终在他自己的家乡却变成了陌生人，一个对过去时代的行为过于好奇的人通常对于我们今天的行为很无知。况且，传说使我们把许多已不存在的事件想象成可能的，甚至最精确的历史，它们虽不改变和夸大事件的重要性，以使其更值得读，但无论如何，几乎总是省略了价值较小的、不太著名的事件，结果使得别的事件失去了真实的面貌，那些以这些著作中的例子来指导他的行为的人都会陷入我们的传奇故事中的骑士狂的状态，设想超出了他们的能力的计划。

我很重视雄辩术，喜爱诗歌，但我认为这二者是心灵的天赋而非研究的结果。那些在组织他们的思想方面有很强的推理能力，有很多的技巧，使其清晰、可理解的人总是最有说服力的，即使他们说着低等布列塔尼人的凯尔特语，并且从未学过修辞学。那些有着最令人愉快的比喻，有能力以最好的修饰和甜蜜把它们表示出来的人，即使他们对诗歌理论一无所知，也仍然是最好的诗人。

我尤其喜欢数学，因为它的推理确定而明白。但是，我当时还未注意到它的真正用处，自从我想到它只是用于机械的技术时，我就惊奇于没有更高大的东西建立在如此稳固、坚实的基础上。另一方面，我把古代异教徒的道德作品当作只是建立在沙土上的极其雄伟壮丽的宫殿。他们赞颂美德，使美德显得比世上别的东西更值得敬重；但是他们却没能说明如何去认识美德，他们经常用这个美好的名称称呼的东西只是一种冷酷无情、一种自负、一种铤而走险、一种杀亲罪。……

在 1960 年代以前，西方人的思维方式、思想观念和科学研究方法，从机械到人体解剖的研究，基本是按照笛卡尔的"方法论"进行的。虽然《方法论》只有 2 万字，但它所反映的思想观念却在哲学史和思想史上产生着深远的影响。

小档案

作者：笛卡尔

成书时间：1637 年

地位：近代哲学的宣言

经典名句：我思故我在 / 读好书就像与过去时代里最杰出的人谈话

●●●●● 《伦理学》，全名为《用几何学方法作论
读
一
读
证的伦理学》，是荷兰伟大哲学家、唯物主义
者和战斗的无神论者斯宾诺莎系统阐述唯物主
义自然观、认识论和伦理学的重要哲学著作。

伦理学：第四部分 命题 35

命题 35

唯有遵循理性的指导而生活，人们的本性才会必然地、永远地相符合。

证明：

人们只要受情欲的激动，据第四部分命题 33 他们的本性便会相异，并且据第四部分命题 34 他们便会互相反对。但人们唯有遵循理性的指导而生活据第三部分命题 3 才可说是主动的，因此只要是从为理性所决定的人性发出的行为据第三部分界说二必须纯以人性为其最近因，加以理解。但是因为每一个人据第四部分命题 19 依照他自己的本性的法则，必然追求他所认为是善的，而避免他所认为是恶的，又因为据第二部分命题 41 凡根据理性的指示而判定为善的或为恶的，即必然地是善的或是恶的，由此可以推知，人们唯有遵循理性的指导而生活，才可以做出有益于人性并有益于别人的事情来，换言之据第四部分命题 31 绎理才可以做出符合人本性的事情来。所以唯有遵循理性的指导而生活，人们的本性才可必然地永远相符合。此证。

绎理一：

天地间没有任何个体事物比起遵循理性的指导而生活的人对于人更为有益。因为据第四部分命题 31 绎理对于人最有益的就是本性与他相符合的，换

言之，就是人是自明的。唯有当一个人遵循理性而生活据第三部分界说二，他才可说是绝对地依照他自己的本性的法则而行动，而且也唯有这样据第四部分命题 35 他才能永远地必然地与别人的本性相符合。所以没有任何个体事物比能遵循理性的指导而生活的人对于人更为有益。此证。

绎理二：

假如每一个人愈能寻求他自己的利益时，则人们彼此间便最为有益。因为每人愈能寻求他自己的利益，并保持他自己的存在，则据第四部分命题 20 他将愈具有德性，或据第四部分界说八换句话说，他将愈具有较大的力量，依照他自己的本性的法则而行动，据第三部分命题 3 亦即遵循理性的指导而生活。但是据前一命题唯有当人们遵循理性的指导而生活时，他们的本性才最能符合。所以据前一绎理当每一个人最能寻求他自己的利益时，则他们彼此间便最为有益。此证。

附释：

我们刚才所证明的说法，日常经验中有许多异常显明的证据，足资参证。如"每人对于别人都是一个神"的谚语，几乎成了每个人的口头禅。诚然，人类很少真正遵循理性的指导而生活，反之，人与人间很多常怀忌妒，互相损害。但是人们并不能忍受孤独的生活，所以"人是一个社会的动物"这个定义，颇受大多数人的赞许。而其实，就人类共同的社会生活而言，还是利多而害少。无论玩世者流如何嘲笑人事酬酢，无论出世者流如何指斥人世的污浊，无论悲观消极者流如何颂扬原始草昧的生活，如何蔑视人群，赞美鸟兽，但经验告诉我们，通过人与人的互相扶助，他们更易于各获所需，而且唯有通过人群联合的力量才可易于避免随时随地威胁着人类生存的危难。姑且不说观察人类的行为比起观察禽兽的生活如何远为

斯宾诺莎

高尚而值得我们的注意。关于此点，他处将另有详说。

· 简 评 ·

《伦理学》是用几何学方法论述的，即从定义开始，接着是公理，最后是命题和论证。虽然其中没有直接的证明，但内涵显然是可以让人接受的。这一表达思想的形式在西方思想史上是一种创新，明晰明快，条理简要，深刻的思想散落在结构的形式当中，给人以启迪。不过，书中更难能可贵的是作者所坚持的从世界本身即自然或神说明世界的唯物史观，这对阻止当时的哲学误入歧途具有重要的影响作用。

小档案

作者：斯宾诺莎

成书时间：1662 年～ 1675 年写成，1677 年出版

结构：共分 5 部分，即论神、论心灵的性质和起源、论情感的起源和性质、论人的奴役或情感的力量、论理智的力量或人的自由

●●●●●《哲学通信》，又称《英国通信》，是被誉为"法兰西
思想之王"的伏尔泰的一部重要的哲学著作，全书以书
信形式撰写而成，一封信为一个方面，共21封信。在书
中，伏尔泰对哲学、宗教、自然科学、文学、历史等各
个方面的成就作了有见地的犀利的评述，并大胆揭露了
黑暗的封建专制主义的所作所为及宗教神学的种种迫害。

读一读

哲学通信（摘选）

　　据说，现在孕育着未来。诸事件彼此间被一种战无不胜的宿命连结在一起：荷马将命运之神甚至置于朱庇特之上。这位众神与人的主宰直率地声明，他没有能力阻止其子萨耳珀冬在其被指定的时刻死去。萨耳珀冬生于其必生之时，而不会生在别的时刻；他不会亡于特洛伊战争之前；他不会被葬在别处，而只会葬在吕基亚；他必须在被指定的时候生产出蔬菜，而它们又必定会变为几个吕基亚人的财富；他的继承人必定在其国家中建立新的秩序；这种新秩序又必定会对邻国产生影响；由此，又必定会导致其邻国的邻国之间的战争与和平关系的新调整；这样，一步步地，一环扣一环地，整个世界的命运早就依赖于萨耳珀冬之死，而这又基于海伦的被诱拐；而这一诱拐又必然与赫卡柏的婚姻相关联，如果再进一步追溯下去的话，那么，赫卡柏的婚事又与其他一些事情的起因有关。

　　只要这些事实中的一件被做了不同的安排，那么，就会产生另一个世界；然而，我们今天的世界不可能不存在，因而，朱庇特也不可能拯救其子的生命，无论谁是朱庇特都一样。据悉，这种有关必然性和宿命的体系目前已被莱布尼茨发明出来了，名曰"自足的理性"。不过，没有无因之果这种观念是非常古老的，而常常是最小的原因引起最大的结果，这样的观念也并不是新近才出现的。

　　……

可是在我看来，这一原理的真理被不可思议地滥用了。从这一真理出发，某些人得出结论说，没有哪一个微小原子的运动没有对世界目前的这种安排产生过影响；没有哪一个微不足道的偶然事件——无论它是在人们中还是在动物中发生的——不是巨大的命运锁链中的一个必不可少的环节。

让我们彼此都懂得：很清楚，任何结果都有其原因，在永恒性的深渊里，可以从一个原因追溯到另一个原因；可是，每个原因并不都有其持续数百年的结果。我承认，所有的事件都是彼此产生的；如果说现在派生于过去，那么，未来就是派生于现在；每个人都有其父，然而并非所有的人总有其子。这情形恰如一幅家谱图：像我们所说的，每一个家庭都可以追溯到亚当；但是，在这个家族中，会有许多人无嗣而终。

伏尔泰曾在巴士底狱"蹲"过牢房

法国先贤祠安放着伏尔泰的骨灰

……

必须引出这样的结论：每一事物，像牛顿所证实的那样，就性质讲并不都是完满的；每一运动，像牛顿进一步证实的那样，就算绕上地球一圈，也不是都步步贯通的。将一个与水的密度相仿的物体投入水中，你不难推测出，一会儿，这个物体的运动以及由它传给水的运动就会消失。总之，这种运动会变得蓦然消逝。同样，由玛各向池里吐痰所引起的运动也不可能影响到今天在摩尔达维亚和瓦拉几亚所发生的事；因此，现在的事件并不是过去的所有事件的后裔；今日之事有其直系亲属；而众多的分系对它们则毫无意义。再重复一遍：

每个人都有其父，但并非都有其子。

·简 评·

　　《哲学通信》是一部石破天惊的哲学鸿篇巨制，被称为是"向宗教神学公开宣战的檄文""投向旧制度的第一颗炸弹"，文章褒扬唯物主义哲学思想的热情与倡导法律面前人人平等的观点，激励并影响了整个世界。

　　作者：伏尔泰

　　成书时间：1733 年（英文版）

　　结构：书信形式撰写而成，一封信为一个方面，共 21 封信

　　地位：向宗教神学公开宣战的檄文，投向旧制度的第一颗炸弹

小档案

●●●●●《纯粹理性批判》，是德国著名古典哲学家康德撰

读
一   写的一部认识论巨著，常被称作康德的"第一批判"，
读   与其后的《实践理性批判》和《判断力批判》并称为

康德"三大批判"。在书中，康德尝试将理性主义和经

验主义接合起来，从认识论角度建立科学的形而上学。

纯粹理性批判：先验感性论（摘选）

知识不问其以何种式样何种方法与对象相关，其所由以直接与对象相关，及一切思维所由以得其质料者，为直观。但直观仅限在对象授与吾人之限度内发生。对象授与吾人，又仅在心有所激动之限度内始可能，此点至少就人而言（译者按：意盖谓人之直观而外，尚有其他思维的存在者之直观，此点康德既不肯定亦不否定，以为吾人对之毫无概念所不能判断者）。"由吾人为对象所激动之形相以接受表象"之能力（感受性），名为感性。对象由感性授与吾人，仅有此感性使吾人产生直观；直观由悟性而被思维，且自悟性发生概念。但一切思维，不问其直接间接，由其性格最后必与直观相关，故在吾人人类，最后必与感性相关，盖因舍此以外别无其他方法能使对象授与吾人也。在吾人被对象激动之限度内，对象所及于"表象能力"之结果，为感觉。由感觉与对象相关之直观，名为经验的直观。经验的直观之对象（未规定其内容者）泛称为现象。

在现象中与感觉相应者，我名之为现象之质料；其所以规定现象中之杂多使之能在某种关系中整理者，我名之为现象之方式。感觉所唯一能由以设定，唯一能由以在某种关系中整理者，其自身决不能亦为感觉；故一切现象之质料仅后天的授与吾人，而现象之方式则必先天的存于心中以备整理感觉，故必容许离一切感觉而考虑之也。

凡一切表象其中绝无属于感觉之成分者，我名之为纯粹的（此就先验的意义而言）。普泛所谓感性直观之纯粹方式（直观中之一切杂多皆以某种关系

在此方式中被直观者）必须先天的存于心中。此种感性直观之纯粹方式，亦可名之为纯粹直观。今如在物体表象中，取去悟性关于物体所思维者，如实体、力、可分性，等等，又取去其属于感觉者，如不可入性、坚、色，等等，顾自此经验的直观尚有留存之事物，即延扩与形体。此延扩与形体二者属于纯粹直观，纯粹直观者即无感官或感觉之现实对象而先天的存于心中为感性之纯然方式者也。

一切先天的感性原理之学，我名之为先验感性论。必须有此种学问成为先验原理论之第一部分，以与论究纯粹思维之原理名为先验逻辑者相对待。

是以在先验感性论中，吾人：第一，须从感性中取去悟性由其概念所思维之一切事物，使感性单独孤立，于是除经验直观以外无一物留存；第二，须从经验直观中取去属于感觉之一切事物，于是除感性所能先天的唯一提供之纯粹直观及现象之纯然方式以外，无一物存留。在此种研究途程中，将发见有两种感性直观之纯粹方式，用为先天的知识原理，即空间与时间。……

·简 评·

《纯粹理性批判》虽然艰深难懂，却是一部具有创造性的划时代哲学巨著。它把先前唯理论和经验派研究过的知识归结为先天分析知识与后天综合知识，提出了第三种知识类型，即"先天综合知识"，追问它的可能性，提出"对象必须与我们的知识形式一致"的假说，从而转向先验论，推翻了旧形而上学的统治，建立了科学的形而上学，引发了德国哲学界的思想革命，被称作哲学史上的"哥白尼革命"。时至今日，康德学说仍是西方哲学史上绕不开的思想体系。

小档案

作者：康德

成书时间：1781 年

地位：哲学上的"哥白尼革命"

经典名句：我们的时代特别是一个批判的时代，一切事物都必须接受批判

读一读 ●●●●●《精神现象学》，是德国近代客观唯心主义哲学代表、政治哲学家黑格尔的一部阐述他的哲学观点和方法论原则的纲领性巨著。此书是他《哲学全书》（也称《哲学体系》）的导言，主要描述人类意识自身从最初的感性知识向科学发展的历程。

精神现象学：导论（摘选）

我们根本不必去操心考虑，像这样的一些把认识当做一种用以把握绝对的工具或我们赖以窥见真理的媒介物等无用的观念和说法（可以说一切关于与绝对不相关联的认识的观念和关于与认识不相关联的绝对的观念，都归结于工具和媒介物等关系上）；我们也完全无需去注意那些借口，它们都是没有能力从事于科学的人从假定这样一些关系中所找到的借口，借以逃避科学研究的辛勤劳动，同时还借以装出一副严肃认真和奋勉努力的样子；同样地，我们也用不着费心替这一切一切去寻找答案，因为它们都是会被当作偶然的和任意的概念而抛弃掉的，而且甚至于使用这些字眼，如绝对、认识、客观与主观，以及其他无数的、被假定大家都已熟知其意义的那些字眼，就可以被认为是一种欺骗。因为，佯言它们的意义已为众所周知以及每个人本身都具有着关于它们的概念等，这似乎勿宁只是一种计谋，想逃避其主要任务，即是说，想借以免除提供这种概念的任务。

其实，与此相反，另外的一种工作倒应该说是更有理由予以免除，即我们大可不必去注意那些足以根本否定科学的观念和说法，因为这些观念和说法只构成一种空的知识现象，当科学出现时，空的知识现象就会立即消逝的。但是，正在出现过程中的科学，本身也还是一种现象；科学的出现，还不是真正的、实现了和展开了的科学自身。所以无论我们鉴于科学与另外一种知识并列在一起从而把科学也想象为现象，或是把那另外一种不真实的知识称之为科学的现象，都是没有什么差别的。不过科学毕竟必须摆脱这种现象；而它要想做到这一点，就只有转过来面对着这种现象。因为，科学要抛弃或驳斥一种不是真理的知识，说它是对事物的一种庸俗见解，则不能全凭断言，断言自己是完全另一种性质的知识，至于那种庸俗的见解在自己看来一文不值等；也不能全凭揣想，说在这种不真的知识本身存在着一种较好知识的朕兆。如果

黑格尔

只作断言，那么科学等于声明它自己的价值与力量全在于它的存在，但不真的知识恰恰也是诉诸它的存在而断言科学在它看来一文不值的；一个赤裸的枯燥的断言，只能跟另一个断言具有完全一样多的价值而已。我们说科学更不能凭借对一种较好知识的揣想，认定它存在于不真实的知识里而又是在这里指示着真实的科学，乃是因为如果这样，那么从一方面说，科学又同样诉之于一种赤裸的存在了，而从另一方面说，它之诉诸它自身，并不是它自在自为地存着的自身，而勿宁是存在于不真实的知识里的，即它的一种坏的存在方式，它的现象。

由于这个原故，我们在这里应该将正在显现为现象的知识加以陈述。

……

· 简　评 ·

因为《精神现象学》，黑格尔抓住了劳动的本质，把对象性的人、现实的因而是真正的人理解为他自己的劳动的结果；也由于它，《精神现象学》中隐藏着批判的一切要素。但是，马克思指出，黑格尔了解的劳动是抽象的精神

的劳动，《精神现象学》是一种被神秘化的批判，其中已经潜伏着非批判的实证主义和同样非批判的唯心主义。对此，我们应批判地看待。

小档案

作者：黑格尔

成书时间：1807 年

地位：黑格尔的第一部纲领性巨著

经典名句：实体本质上即是主体

反杜林论：第二编 政治经济学（摘选）

七、资本和剩余价值

……简单的商品所有者为买而卖；他卖出他不需要的东西，而以所得的货币买进他需要的东西。开始经营的资本家一开头就买进他自己不需要的东西；他为卖而买，而且要卖得贵些，以便收回最初用于购买的货币价值，并且在货币上有所增加；马克思把这种增加叫做剩余价值。

这种剩余价值是从什么地方来的呢？它既不能来自买者以低于商品的价值购买商品，也不能来自卖者以高于商品的价值出卖商品。因为在这两种情况下，每个人的赢利和亏损由于彼此交替地成为买者和卖者而互相抵销了。剩余价值也不能来自欺骗，因为欺骗固然能牺牲一个人而使另一个人发财致富，但是不能增加两人所拥有的总数，因而也不能增加流通的价值的总额。"一个国家的整个资本家阶级不能靠欺骗自己来发财致富。"（《资本论》）

可是我们发现，每个国家的整个资本家阶级，因卖出贵于买进，因占有剩余价值，而在我们眼前不断地发财致富。因此我们还是回来谈我们开始提出的问题：这种剩余价值是从什么地方来的？这个问题必须解决，而且要排除任何欺骗，排除任何暴力的任何干涉，用纯粹经济学的方法来解决，于是问题就是：即使假定相等的价值不断地和相等的价值交换，又怎样才能不断地使卖出贵了买进呢？

这个问题的解决是马克思著作的划时代的功绩。它使社会主义者早先像

恩格斯

资产阶级经济学者一样在深沉的黑暗中摸索的经济领域，得到了明亮的阳光的照耀。科学的社会主义就是从此开始，以此为中心发展起来的。

这个问题是这样解决的：应该转化为资本的那种货币的价值的增加，不能由这种货币产生，也不能起源于购买，因为这种货币在这里只是实现商品的价格，而这种价格，由于我们假定相等的价值互相交换，并不和商品的价值不同。根据同一理由，价值的增加也不能由商品的出卖产生。所以这种变化必定发生在所购买的商品中，但不是发生在商品的价值中——因为商品是按照它的价值买卖的，而是发生在商品的使用价值本身中，就是说，价值的变化一定是从商品的使用中产生。"要从商品的使用上取得价值，我们的货币所有者就必须幸运地……在市场上发现这样一种商品，它的使用价值具有成为价值源泉的特殊属性，因此，它的实际使用本身就是劳动的物化，从而是价值的创造。货币所有者在市场上找到了这种特殊商品，这就是劳动能力或劳动力。"（《资本论》）如果说，正像我们所看到的，劳动本身不能具有任何价值，那么关于劳动力就绝不能这样说了。劳动力一旦变成商品（它现在事实上就是商品），就获得一种价值，而这种价值也"同任何其他商品的价值一样，是由生产从而再生产这种特殊物品所必需的劳动时间决定的"（《资本论》），就是说，是由劳动者为制造维持自己能劳动的状态和延续后代所需要的生活资料而必需耗费的劳动时间决定的。……

　　《反杜林论》在批判杜林的唯心主义先验论和小资产阶级社会主义时，总结了马克思主义诞生后无产阶级革命的经验和自然科学发展的成就，第一次系统地阐发了马克思主义的三个主要组成部分——哲学、政治经济学和科学社会主义理论，以及许多自然科学的基础理论，这是一部"深刻透彻的每个有思想的人都能理解的科学百科全书"。

小档案

作者：恩格斯

成书时间：1876 年 ~ 1878 年

结构：共分五个部分，即序言、引论、哲学、政治经济学和科学社会主义

地位：马克思主义的百科全书

经典名句：我们拒绝想把任何道德教条当作永恒的、终极的、从此不变的伦理规律强加给我们的一切无理要求

读一读

●●●●● 《查拉图斯特拉如是说》，是德国哲学家、思想家尼采的一部里程碑式作品。在书中，尼采以散文诗体，借"超人"查拉图斯特拉之口宣讲未来世界的启示，几乎包括了他的全部哲学思想，如"超人哲学""权力意志"等。

查拉图斯特拉如是说：夜歌

夜来了。现在一切跳跃的喷泉都更加高声地说话。而我的灵魂也是一注跳跃的喷泉。

夜来了。现在一切热爱者之歌才苏醒过来。而我的灵魂也是一个热爱者之歌。

在我心中有一种不平静、无法平静之感；它要公开出来。在我心中有一种爱的渴望，它自己说着爱的语言。

我是光：唉，但愿我是夜！可是，我被光围裹着，这乃是我的孤独。

唉，但愿我像夜一样黑暗！我多么想吮吸光的乳房！

我甚至也想祝福你们，你们，闪烁的星星，天上的萤火虫！——你们的光之赠礼使我感到快乐。

可是我生活在我自己的光里，我把我自己发出的火焰又吸回我的身体里。

我不知道受取者的幸福；我常常梦想着，盗窃一定比受取还要幸福。

我的手总是不停地赠予，这就是我的贫穷；我看着期待的眼睛和充满渴望的明亮的夜，这就是我的嫉妒。

哦，一切赠予者的不幸啊！哦，我的太阳的日食啊！哦，有所渴望的欲望啊！哦，吃饱了还要吃的馋痨啊！

他们从我手里受取；可是我还会触到他们的灵魂吗？在施予和受取之间有一道鸿沟；而最小的鸿沟乃是最不容易逾越的。

从我的美中生出饥饿：我要让那些被我照耀的人们感到痛苦，我要让受我施予的人们再被我夺取——我就这样渴望作恶。

当他们的手已经向我伸出时，我缩回我的手；我迟疑不决，就像在落下时还迟疑不决的瀑布一样——我就这样渴望作恶。

我的充实图谋这样的报复：从我的孤独中涌出这样的诡计。

我的赠予的幸福消逝于赠予之中，我的道德由于它的充实而厌倦它自己。

不断赠予的人，他的危险就在于他会丧失羞恶之心；不断分配的人，他的手和心会由于纯粹分配而起老茧。

我的眼睛，看到乞求者的羞耻，不再溢出眼泪；我的手，感到获取得满满的手的颤抖，变得硬邦邦。

我眼睛里的眼泪，我心脏上的软毛，都到哪里去了？哦，一切赠予者的孤独！哦，一切光照者的沉默！

许多太阳在荒寂的空间里旋转，它们用它们的光向一切黑暗的万物说话——它们对我却默默无言。

哦，这是光对光照者包藏的敌意，它无情地继续走它的行程。

在深心中对光照者的不公平，对许多太阳的冷酷——每个太阳就这样运行。

许多太阳像一阵暴风，在它们的轨道上飞行，这就是它们的运行。它们遵循它们的无情的意志，这就是它们的冷酷。

夜

夜景

哦，你们黑暗的，你们夜晚的，只有你们才是从光照者摄取温暖！哦，只有你们才从光的乳房上吸啜奶汁和活力！

唉，我的周围全是冰，我的手在冰冷上面发烫了！唉，我心中有一种焦渴，它渴望你们的焦渴！

夜来了。唉，我竟不得不做光！渴望夜晚的一切！而且孤独！

夜来了。现在一切跳跃的喷泉都更加高声地说话。而我的灵魂也是一注跳跃的喷泉。

夜来了。现在一切热爱者之歌苏醒过来。而我的灵魂也是一个热爱者之歌。

查拉图斯特拉如是歌唱。

• 简　评 •

《查拉图斯特拉如是说》宣告"上帝死了"，让"超人"出世，大胆反对基督教所造成的精神奴性的方方面面，谱写了一曲自由主义的人性壮歌。虽然它的怪异和野蛮不被传统接纳，但不可否认其为一本"为所有人而又不为任何人"的惊世之作，"一部充满青年人的勇气和青年人的忧伤的青年之作（尼采）"。

小档案

作者：尼采

成书时间：1885 年

地位："第五福音书"

新教伦理与资本主义精神：

第一章 宗教派别和社会分层（摘选）

　　有一个事实可以部分地解释天主教徒在近代工业的熟练工人中为何只占少数——这是一个更为令人注目的事实。众所周知，工厂在很大程度上要从青年手工业者中吸收熟练工人，但这种情况多发生在新教徒而不是天主教徒身上。换言之，在手工业者中，天主教徒更趋于一直待在他们老祖宗的行业中，而新教徒却更多地被吸引到工厂里以填充熟练技工和管理人员的位置。对于这些情况无疑只能这样解释：由环境所得的心理和精神特征（在这里是家族共同体和父母家庭的宗教气氛所首肯的那种教育类型）决定了对职业的选择，从而也决定了一生的职业生涯。

　　天主教徒很少参与到德国的近代经济生活——这一事实更加令人惊诧，因为它与任何时候（包括现在）都可以观察到的一种趋势恰好相反。屈从于一个统治者集团的少数民族或少数派宗教，由于他们自愿或不自愿地被排除在政治影响之外，一般都会以一种异乎寻常的力量介入经济行为。他们最富有才干的成员都在这一领域来寻求使自己的才干得到承认的愿望得到满足，因为他们没有机会为政府工作。俄国境内的波兰人和普鲁士人无疑正是这样，他们的经济势力在那里的发展比在他们占统治地位的加里西亚要快得多。从前，法国路易十四统治下的胡格诺教徒，英国的不信国教者和贵格会教徒，

马克斯·韦伯与马克思（德国）与爱米尔·杜尔凯姆（法国）被公认为社会学的三大奠基人

最后还有不可不提到的两千年来一直如此的犹太人，也都是这样的。然而，德国的天主教徒却并未明显地带有这种社会地位所造成的那种后果。从前，不管是在荷兰还是在英格兰，不管是在他们受到迫害时还是被宽容时，他们从未像新教徒那样在经济上取得令人注目的进展。另一方面，确实无疑的是新教的所有支派教徒，不管是作为统治阶级还是被统治阶级，不管是作为多数还是作为少数，都表现出一种特别善于发扬经济理性主义的倾向；而这种经济理性主义在天主教徒身上，却从未表现出来过。这样，我们就必须在其宗教信仰的永恒的内在特征中，而不是在其暂时的外在政治历史处境中，来寻求对这一差异的主要解释。

我们将致力于研究这些宗教以求找出它们所具有的或曾有过的特征，因为这些特征可以导致我们已经描述过的那种行为。只作表面的分析，只根据一些平常的印象，人们便不免会这样表述这一差异：天主教更注重来世，其最高理想更具禁欲苦行色彩，这无疑会将其信徒培养得对现世的利益无动于衷。这样的解释正符合在判断两个教派时的流行倾向。在新教一方，这种解释被作为抨击天主教生活方式中（真实的或想象的）禁欲理想的根据；天主教方面则非难说，正是因为新教把全部理想世俗化才搞得人人唯利是图。最近，一位作家试图这样来阐述它们对经济生活的不同态度："天主教更为恬静，更少攫取欲；天主教徒宁愿过一辈子收入不高但尽可能安稳的生活，也不愿过有机会名利双收但却惊心动魄、担当风险的生活。俗话说得有趣：'吃好睡好，两者择一。'用在这里，就是新教徒宁愿吃得美味，天主教徒则乐意睡得安稳。"

简 评

在一个片面强调竞争、优胜劣汰、尔虞我诈的社会中，理性的资本主义伦理——诚实、信任、责任、互惠等是多么难以建立起来，而这就是《新教伦理与资本主义精神》的意义。《新教伦理与资本主义精神》强调意识形态，特别是宗教的作用，对现代理性资本主义精神进行了全面详细的分析，隐藏着巨大的精神力量。

小档案

作者：马克斯·韦伯

成书时间：1904 年～1905 年

结构：分上、下两部分，共 7 章

地位：对现代理性资本主义精神进行详细分析的伟大著述

经典名句：没有企业家阶层就没有资本主义的发展，没有道德宪章就没有企业家阶层，没有宗教信念就没有道德宪章

读一读 ●●●●● 《存在与虚无》，是法国存在主义代表人物萨特的最负盛名的哲学著作，其内容包括对存在的探索（导言），虚无的起源，自为的存在，我和他人，拥有、作为和存在等五个方面。它是法国存在主义运动的奠基之作。

存在与虚无：导言·对存在的探索（摘选）

近代思想把存在物还原为一系列显露存在物的显象，这是一个很大的进步。这样做的目的是为消除某些使哲学家们陷入困境的二元论，并且用现象的一元论来取代它们。这种尝试成功了吗？

首先，这样人们确实摆脱了那认可存在物中有内部和外表对立的二元论。如果人们真是那样把存在物的外表理解为一层掩盖对象真正本性的表皮，那就无所谓外表了。另一方面，如果这种真正的本性果真是事物的秘密实在，而由于它是被考察对象的"内部"。我们能够预感或假定它，但是永远不能得到它，那么，这种本性则同样不再存在了。显露存在物的那些显象，既不是内部也不是外表，它们是同等的，都返回到另一些显象，无一例外。例如，"力"不是掩藏在它的各种效应（加速度、偏差数等）背后的未知的形而上学的自然倾向，而是这些效应总体。同样，电流也没有隐秘的背面：它无非是显露它的许多物理——化学作用（电解、碳丝的白炽化，电流计指针的移动等）的总体。这些作用中的任何一种都不足以单独地揭示电流。但是它也不表明它自己背后有什么东西，它只表明它自身和整个系列。因此，存在和显现的二元论在哲学中显然不再有任何合法的地位。显象返回到整个显象系列，而不是返回到某个把存在物的整个存在吸收到自身中的隐藏着的实在。并且，显象本身也不是与这个存在不一致的显露。只要人们相信本体的实在性，就已表明了显象是纯粹否定的东西。它已是"不是存在的东西"；它已只不过是幻觉和错误的存在。但是甚至这个存在也是借来的，它本身也是一个虚假外表，而且，人们所面临的最大困难，就是在显象中保持足够的凝聚力和存在，以使它本身不致被吸收到存在中去。但是如果我们一旦摆脱了尼采所谓的"景象后的世界这幻觉"，如果我们不再相信"显象背后的存在"，那么显象就成了完全的肯定性。它的本质就是这样一种"显现"，它不再与存在对立，反而成为存在的尺度。因为存在物的存在，恰恰是它之所显现。于是我们获得了现象的观念，诸如人们在胡塞尔或海德格尔的"现象学"中所遇到的那种现象或"相对——绝对者"的观念。现象仍然是相对的。因为"显现"这种说法在本质上假设了有某个接受这种显现的人。但是它没有康德的现象概念所包含的双重相对性。它并不表明它背后有一个真实的、对它来说是绝对的存在。现象是什么，就绝对是什么，因为它就是像它所是的那样的自身揭示。我们能够对现象作这样的研究和描述，是因为它是它自身的绝对的表达。

在此同时，潜能与活动的二元性也消失了。活动就是一切。在活动背后，既没有潜能，也没有"潜在的持久性质"和效力。例如，我们拒绝在说普鲁斯特有天才或是天才的意义下把天才理解为创作某些作品的特殊能力，而创作中，这种能力又并未完全耗尽。普鲁斯特的天才，既不是被孤立地考察的作品，也不是产生作品的主观能力，而是作为人的各种显露之总和的作品。最终，我们同样能否认显象和本质的二元论。显象并不掩盖本质，它提示本质，它就是本质。存在物的本质不再是深藏在这个存在物内部的特性，而是支配着存在物的显象序列的显露法则。这就是系列的原则。彭加勒的唯名论把物理的实在 (例如电流) 定义为

萨特的漫画像

各种显露的总和。杜恒有理由把他自己的理论和这种唯名论对立起来，他把这种实在概念看成这些显露的综合统一。当然，现象学完全不是唯名论。然而，作为系列原则的本质显然只是诸显象的联系，就是说，本质自身就是一种显象的联系。这正说明何以有对本质的直观。于是，现象的存在显露其自身，它就像显露它的存在一样显露它的本质。它无非是把这些显露紧密联系起来的系列而已。

· 简　评 ·

在《存在与虚无》中，萨特以人为中心，号召人们在无法改变的情境下，通过自由选择不断创造自己的存在，承担自由的重负，对自己、对整个世界承担责任。最终，它引发了法国20世纪50年代存在主义运动思潮，并超出了法国国界，帮助当时人们驱散了萦绕心底的迷雾般的孤独、恐惧、迷惘，从而明白了"生命是必须不断自我超越的，必须从高于自身的东西那里去寻求自身的意义和目的"人生真谛。

小档案

作者：萨特

成书时间：1943年

地位：法国存在主义运动的奠基之作

经典名句：他人，就是另一个人。换句话说，我非我

第二部分　自然科学

几何原本：第一卷 几何基础（摘选）

23 条定义：

1. 点是没有部分的东西。

2. 线只有长度而没有宽度。

3. 一线的两端是点。

4. 直线是它上面的点一样地平放着的线。

5. 面只有长度和宽度。

6. 面的边缘是线。

7. 平面是它上面的线一样地平放着的面。

8. 平面角是在一平面内但不在一条直线上的两条相交线相互的倾斜度。

9. 当包含角的两条线都是直线时，这个角叫做直线角。

10. 当一条直线和另一条直线交成邻角彼此相等时，这些角每一个被叫做直角，而且称这一条直线垂直于另一条直线。

11. 大于直角的角称为钝角。

12. 小于直角的角称为锐角。

13. 边界是物体的边缘。

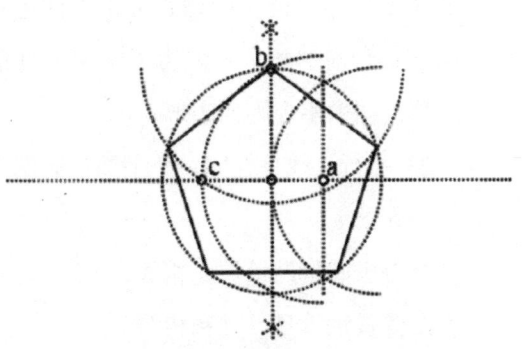

《几何原本》中描述了一个用直尺和圆规做出正五边形的过程

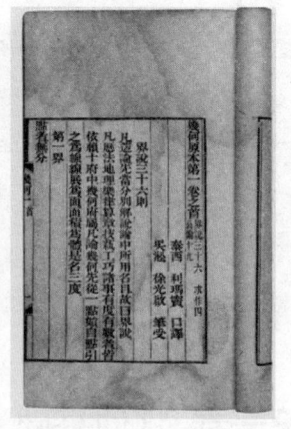

清代版《几何原本》

14. 图形是一个边界或者几个边界所围成的。

15. 圆，是由一条线包围着的平面图形，其内有一点与这条线上任何一个点所连成的线段都相等。

16. 这个点（指定义 15 中提到的那个点）叫做圆心。

17. 圆的直径是任意一条经过圆心的直线在两个方向被圆截得的线段，且把圆二等分。

18. 半圆是直径与被它切割的圆弧所围成的图形，半圆的圆心与原圆心相同。

19. 直线形是由直线围成的，三边形是由三条直线围成的，四边形是由四条直线围成的，多边形是由四条以上直线围成的。

20. 在三边形中，三条边相等的，叫做等边三角形；只有两条边相等的，叫做等腰三角形；各边不等的，叫做不等边三角形。

21. 此外，在三边形中，有一个角是直角的，叫做直角三角形；有一个角是钝角的，叫做钝角三角形；各边不等的，叫做不等边三角形。

22. 在四边形中，四边相等且四个角是直角的，叫做正方形；角是直角，但四边不全相等的，叫做长方形；四边相等，但角不是直角的，叫做菱形；对角相等且对边相等，但边不全相等且角不是直角的，叫做斜方形；其余的四边形，叫做不规则四边形。

23. 平行直线是在同一个平面内向两端无限延长不能相交的直线。

5 条公理：

1. 等于同量的量彼此相等。

2. 等量加等量，其和相等。

3. 等量减等量，其差相等。

4. 彼此能重合的物体是全等的。

5. 整体大于部分。

5 条公设：

1. 过两点能作且只能作一直线。

2. 线段（有限直线）可以无限地延长。

3. 以任一点为圆心，任意长为半径，可作一圆。

4. 凡是直角都相等。

5. 同平面内一条直线和另外两条直线相交，若在直线同侧的两个内角之和小于 180°，则这两条直线经无限延长后在这一侧一定相交。

注：《几何原本》中有"公设"与"公理"之分，近代数学对此不再区分，都称"公理"。

· 简 评 ·

《几何原本》是至今流传最广、影响最大的一部世界数学名著，它对数学及其他科学乃至人类思想的产生具有巨大推动作用。2000 多年来，《几何原本》一直是人们学习几何的主要教材。哥白尼、伽利略、笛卡尔、牛顿等许多伟大的学者都曾学习过《几何原本》，从中汲取了丰富的营养，从而作出了许多伟大的成就。《几何原本》其作用无法取代。

小档案

作者：欧几里得

成书时间：公元前 300 年

结构：共 13 卷，包含 5 条"公理"、5 条"公设"、23 个"定义"和 467 个"命题"

地位：世界上最著名、最完整且流传最广的数学著作，它的诞生标志着几何学已成为一个有着比较严密的理论系统和科学方法的学科

●●●●● 《天体运行论》，又译作《天球运行论》，是波兰天文学家哥白尼所著的一本天文学说著作。本书中记录了哥白尼近 30 年的观测数据及计算研究，大胆完整地提出了太阳中心学说：太阳居于宇宙的中心静止不动，而包括地球在内的行星都绕太阳转动；离太阳最近的是水星，其次是金星、地球、火星、木星和土星；只有月球绕地球转动；恒星在离太阳很远的一个天球上静止不动；等等。

读一读

天体运行论（摘选）

托勒密担心地球和地上的一切会因地球自转而土崩瓦解，这是毫无根据的。地球自转是大自然的创造，它与人的技能和智慧的产品完全不同。

可是他为什么不替运动比地球快得多并比地球大得多的宇宙担心呢？由于无比强大的运动使天穹偏离宇宙中心，天穹是否就变得辽阔无际呢？一旦运动停止，天穹也会崩溃吗？如果这种理解是正确的，天穹的尺度肯定也会增长到无穷大。因为 24 小时运转所经过的途程不断增加，运动把天穹驱向愈高的地方，运动就变得愈快。反过来说，随着运动速度的增长，天穹会变得更加辽阔。就这样，速度使尺度增大，尺度又引起速度变快，如此循环下去，两者都会变成无限大。可是根据我们所熟悉的物理学原理，无限体既不能转动也不能运动，因此天穹必须静止不动。

地球局限在两极之间，以一个球面为界，我们认为这是确凿无疑的。那么为什么我们还迟迟不肯承认地球具有在本性上与它的形状相适应的运动，而宁愿把一种运动赋于整个宇宙（它的限度是未知的，也是不可能有的）呢？为什么我们不承认看起来是天穹的周日旋转，实际上是地球运动的反映呢？这种情况正如维吉尔在史诗《埃涅昂斯》中所说的：

"我们离开港口向前远航，陆地和城市悄悄退向后方。

"当船舶静静地行驶，船员们从外界每件事物都可看到船的运动的反映。

而在另一方面，他们可以设想自己和船上一切东西都静止不动。与此相同，地球的运动无疑地会产生整个宇宙在旋转这样一种印象。"

那么，该怎样说明云和空中其他悬浮物，以及下落和上升的物体呢？我们只需要认为，不仅土和水跟着地球一道在动，而且不小的一部分空气也连接在一起运动。这个原因也许是靠近地面的空气，与含土或水的物质混杂在一起，也遵循和地球一样的自然法则；也可能是由于这部分空气靠近地球而无阻力，于是从不断旋转的地球获得了运动。在另一方面，同样令人惊奇的是，空气顶层伴随着天体的运动。这可以由那些突然出现的天体（我指的是希腊人称之为"彗星"和"长胡须"的星）表现出来。和其他天体一样，它们也有出没。可以认为，它们是在那个区域产生的。我们能够确信，那部分空气离地球太远，因此不受地球运动的影响。最靠近地球的空气似乎是静止的。悬浮在其中的物体也会是这样，除非有风或其他某种扰动使它们来回摇晃——实际情况正是这样。空气中的风难道不像海洋的波浪吗？

……

进一步说，上下起伏的物体，即使没有圆周运动，也不做简单的、恒定的和均匀的运动。它们不受轻重的支配。任何落体都是开始时慢，而在下坠时加快。与此相反，地上的火（这是唯一看得见的）在上升到高处时，突然减慢了，这就显示出原因是对地上物质的作用。圆周运动总是均匀地运转，这是因为它有一个永不衰减的动力。而直线运动的动力很快就停止作用。直线运动一旦使物体到达其应有位置后，物体不再有轻重，它们的运动就停止了。因为圆周运动属于整体，而各部分还另有直线运动，我们可以这样说，圆周运动可以和直线运动并存，有如"活着"与"生病"并存一样。亚里士多德把简单运动分为离中心、向中心和绕中心三类，这只能看

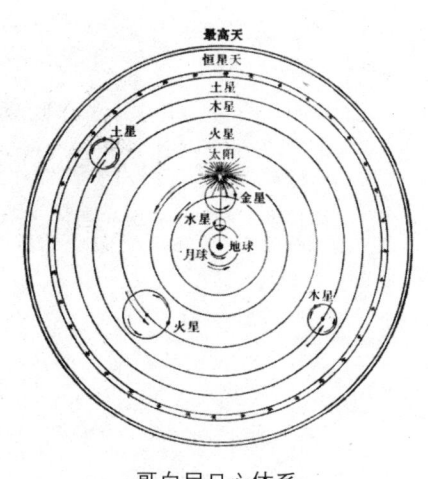

哥白尼日心体系

成是一种逻辑的演习。这正如我们区分点、线和面，虽然它们都不能单独存在，也不能脱离实体而存在。

作为一种品质来说，可以认为静止比变化或不稳定更高贵、更神圣，因此把变化和不稳定归之于地球比归之于宇宙更适当。此外，让运动归属于包容全部空间的框架，而不是归属于被包容的只占局部空间的更为适宜的地球，这会是非常荒唐的。最后，行星离地球显然是时近时远。因此，单独一个天体绕中心（可以认为这就是地心）的运动，既可以是离开中心的也可以是向着中心的运动。这样一来，对绕心运动应当有更普遍的理解，充分条件是任何这种运动都必须环绕自己的中心。你从这一切论证都可以了解到，地球在运动比它静止不动的可能性更大。

· 简　评 ·

《天体运行论》这部不朽著作宣告了"地心说"的破产，提出了"日心说"，将科学的理性精神和理性精神的科学从中世纪宗教神学中独立开来。尽管它还有许多欠缺和不足，但作为第一部建立新的宇宙观的著作，它对人类思想认识和以后天文学的发展产生了极其巨大、深远的影响。

小档案

作者：哥白尼

成书时间：1535 年完成，1543 年 5 月 24 日出版

结构：共 6 卷

地位：天文学的一次革命

读一读

●●●●●《心血运动论》，也称《动物心血运动解剖论》，是英国伟大的生理学家和胚胎学家威廉·哈维在医学史上贡献的一部具有"拨乱反正"意义的著作。

该书提出：血液是循环运行的，心脏有节律地持续搏动是促使血液在全身循环流动的动力源泉。

心血运动论：第一章 作者的写作背景及意图（摘选）

……当我第一次用活体解剖的方式，通过实际的观察发现了心脏的运动和用途，而并非一味参照书本中对它的描述，我才发觉，这项工作充满了困难和挑战。在此过程中，我甚至产生了和弗拉卡图琉斯相同的想法，认为人类是根本不可能了解心脏运动的。在实验的最初阶段，我不知道也看不见心脏和动脉在何时何地舒张和收缩，因为它们舒张和收缩的速度太快了。在许多动物中，这一系列的运动在极短的时间内就完成了。犹如闪电一般，让人措手不及。所以开始我便片面地认为，心脏和动脉有时在这里舒张闭合，有时在那里舒张闭合。但后来一切似乎又改变了，它们的运动实在令人难以琢磨。这几乎令我崩溃，我不知道该相信谁，甚至不知道我将得出什么样的结论，这让我想起了安德里斯·劳伦修斯的话："心脏的运动就如欧里普斯河的涨潮落潮一样令人费解。"事实的确如此。

为了彻底了解心脏和动脉的运动机理，我对各种动物进行了反复而深入的解剖，通过日复一日广泛地观察和研究，我终于发现了心脏和动脉的运动机理及用途，我坚信，它是真理，是让我不再彷徨的灯塔。从那一刻开始，我便不遗余力地向我的朋友们解说我的观点，并把我对这些问题的看法融入到我的解剖课上。

不可否认，新事物的产生都会遭到质疑，对于我的这些观点众说纷纭，在当时教会和神学的束缚下，有的人恶劣地诽谤和指责我，认为我亵渎了作

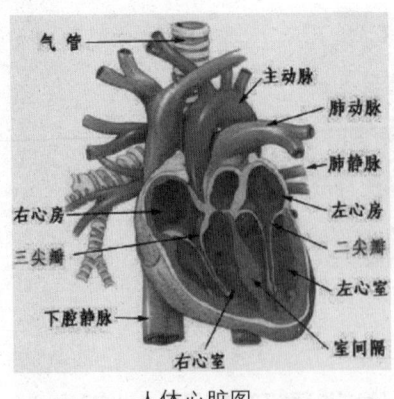

人体心脏图

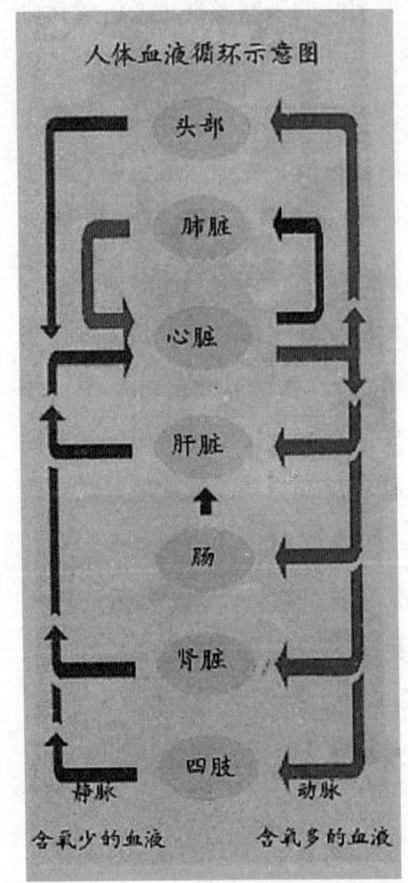

人体血液循环示意图

为一个解剖家的专业操守，是一个十恶不赦的罪犯。但更多的人则希望进一步了解这些新兴的观点，他们认为这些观点或许真还有些价值。最后，我应我的朋友们（他们之中，有的支持和参与我的这项工作，是我敬佩的战友；有的则是出于忌妒，曲解了我的观点，并公开发表文章讽刺我、诋毁我）的要求，不得不在本书中公开陈述我的观点，这些是我辛勤研究的结晶。我写这本书，还有一个重要的原因是为了补充医学专著中有关心脏研究的空缺。

……

· 简 评 ·

《心血运动论》被称为全部生理学史上最重要的著作，它的诞生具有划时代的意义，标志着新的生理科学的开始。从此，新医学与旧传统决裂，医学生理学开始踏上科学的发展轨迹，人们不再满足于小心翼翼地观察和精确无误地描述，也不再满足于精心编造的理论和梦想，有史以来第一次以现代科学意识、用实验的方法研究重大的生理问题。《心血运动论》与《天体运行论》《关于托勒密和哥白尼两大体系的对话》《自然哲学之数学原理》

等著作一样，是科学革命时期以及整个科学史上极为重要的文献。

小档案

作者：威廉·哈维

成书时间：1628 年

地位：全部生理学史上最重要的著作

经典名句：心脏是微型宇宙的太阳，正如太阳是世界的心脏一样

读一读

●●●●● 《关于托勒密和哥白尼两大世界体系的对话》，是意大利天文学家，近代实验科学的先驱者伽利略撰写的一部天文学著作。本书采用对话的形式，以充分的论据和大量无可争辩的事实，有力地批判了亚里士多德和托勒密的错误理论，科学地论证了哥白尼的日心说。

关于托勒密和哥白尼两大世界体系的对话：
第一天（摘选）

发言人：萨尔维阿蒂、沙格列陀、辛普利邱

萨：昨天我们决定在今天碰头，把那些自然规律的性质和功用谈谈清楚，并且尽量地谈得详细一点；关于自然规律，到目前为止，一方面有拥护亚里士多德和托勒密立场的人提出的那些，另一方面还有哥白尼体系的信徒所提出的那些。由于哥白尼把地球放在运动的天体中间，说地球是像行星一样的一个球，所以我们的讨论不妨从考察逍遥学派攻击哥白尼这个假设不能成立的理由开始；看他们提出些什么论证、论证的效力究竟有多大。为了这个目的，先得把自然界分为本质上迥然不同的两种物质。这就是天上的物质和作为元素的物质。前者是不变的，永恒的；后者是暂时的，可破坏的。亚里士多德的这个论点是在他的《天论》一书中述及的，他提出时先根据某些普遍假设论述一番，然后再以实验和某些特殊的论证来肯定这些假设。我现在也采用同样的方法，先阐述一下逍遥学派理论，然后自由发表我的意见，并听取你们对我的批评——特别是辛普利邱这位亚里士多德学说的豪迈战士和辩护者的批评。

逍遥学派的论证，首先提出了亚里士多德关于世界的完整性和完善性的

证明。因为亚里士多德告诉我们，世界并不仅仅是一条线，也不仅仅是一个面，而是一个有长度、宽度和深度的物体。既然空间只能有三度，世界有了三度空间，就什么都全了，而且既然都"全"了，也就是完善的了。诚然，我很盼望，亚里士多德当初能够以严格的推理证明：简单的长度构成我们叫做线的一度空间，加上宽度就成为面；在这上面再加上高度或者深度，就得出立体，而有了这三度之后，就不能再有所进展，所以单靠这三者，完整性，或者直截了当一点，完全性就得出来了。特别是亚里士多德很可以非常明白而且迅速地证明这一点。

辛：你对他在《天论》第二节、第三节、第四节课文里继"连续性"定义之后所作的那些漂亮论证怎么看呢？他在那些课文里不是证明了不能比三度空间再多，因为"三"就是一切，是到处都有的。而且这一点不是也为毕达哥拉斯学派的学说和权威所证实了吗，因为这一派人说，一切事物都决定于三——即开端、中间、末尾——所以三是完整的数？还有，你为什么撇开亚里士多德的另一个理由不谈，即"三"这个数，就好象是由自然规律规定的那样，祭神时也用三牲？再者，我们在谈到事物时，只有在不少于"三"时，才能用"全部"这个字眼，这难道不是自然界所规定的吗？对于二，我们只称"两者"，"双方"，只有碰到三时，我们才说"全部"。

你在第二节课文里可以找到这个学说，后来，我们在第三节课文里读到，为了使知识更加完备，须知"全部""完整"和"完善"形式上都是一个东西；所以在各种形状里，只有立体是完整的。因为只有立体是由三决定的，这就"全

传说伽利略曾在比萨斜塔演示自由落体实验

伽利略望远镜

备了；它能够从三个方面分开，也就能用一切可能的方式分开。至于其他的形状，长度只能从一个方面分开，面积只能从两个方面分开，这是由于它们的可分性和连续性是由赋予它们的广度决定的。所以长度只在一个方式上是连续的，面积在两个方式上是连续的；但三度空间，即立体，从任何方式上看都是连续的。

再就是在第四节课文里，亚里士多德阐述了一些别的学说之后，不是给这个问题加上另一条证明吗？例如：转化只是由于缺少某些东西才作出的；因此从线到面就是一个转化，原因是线没有宽度。但是完善的东西从各方面说来都是完整的，因而不可能缺少什么；所以立体就不可能转化为任何别的形状。

在所有这些课文里，你难道不认为亚里士多德都充分证明了，在三度空间之外，即长度、宽度、厚度之外，再不能添出什么来了；而立体，既然这三度都具备了，就是完善的了，是不是？

萨：老实告诉你，我觉得所有这些理由都说服不了我，我只能承认一点，就是任何事物有了开端、中间、末尾，都可以而且都应当称做完善的。我觉得没有必要承认三是一个完善的数，也不认为"三"数能赋予事物以完善性。我甚至于不懂得，更谈不上相信了，譬如拿腿来说，为什么三（条腿）这个数要比四或者二（条腿）更完善些；以元素而论，我也不懂得四这个数有什么不完善的地方，而三就会更完善些。所以对亚里士多德说来，这些玄虚还是让修辞学家去玩弄吧，他自己应该拿出谨严的论证来证明他的论点，就像实验科学中所适用的那种论证一样。

辛：……

　　《关于托勒密和哥白尼两大世界体系的对话》一书在人类发展史上占有很重要的地位，它是继哥白尼《天球运行论》之后又一部对教会神学和经院哲学进行打击，并推动了科学和唯物主义思想的发展的重要著作。

小档案

作者：伽利略

成书时间：1632 年

地位：宣告了宗教神学的彻底破产

经典名句：科学的真理不应在古代圣贤的蒙着灰尘的书上去寻找，而应该在试验中和以实验为基础的理论中去找

●●●●● 《自然哲学的数学原理》，简称《原理》，是伟大
的英国科学家牛顿最重要的一篇论文著作。在该书
中，牛顿阐明了宇宙中最基本的法则——万有引力
定律和三大运动定律，并且发现了证明这些定律的
数学方法，奠定了数学成描述宇宙活动的语言基础。

读一读

自然哲学的数学原理：第二卷（节选）

引理2：

任一生成量的瞬等于各生成边的瞬乘以这些边的幂指数，再乘以他们的系数，然后求总和。

我称之为生成量的任意量，不是若干分立部分相加或相减形成的，而是算术上由若干项通过相乘、相除或求方根而产生或获得的；在几何上则是由求容积和边，或求比例外项和比例中项形成。这累量包括有乘积、商、根、长方形、正方形、立方体、边的平方和立方以及类似的量。在此，我把这些量看做是变化的和不确定的，可连续的运动或流动增大或减小；所谓瞬，即指它们瞬时增减；可以认为，呈增加时瞬为正值，呈减少时瞬为负值。但应注意这些不包括有限小量。有限小量是瞬，却正是瞬所产生的量。我们应把它们看作是有限的量所刚刚新生出的份额。在此引理中我们也不应将瞬的大小，而只应将瞬的初始比，

《自然哲学的数学原理》

看作是新生的。如果不用瞬，则可以用增加或减少（也可以称做量的运、变化）的速率，或相应于这些速率的有限量来代替，效果相同。所谓生成边的系数，指的是成量除以该边所得的量。

因此，本引理的含义是，如果任意量 A，B，C 等等由于连续的流动而增大或减小，而它门的瞬或与它们相应的变化率以 a，b，c 表示，则生成量 AB 的瞬或变化等于 aB+bA；乘积 ABC 的瞬等于 aBC+bAC+cAB；而这些变量所产生的幂 A^2，A^3，A^4，A^(1/2)，A^(3/2)，A^(1/3)，A^(2/3)，A^-1，A^-2，A^-(1/2) 的瞬分别是 2aA，3aA^2，4aA^3，(1/2)aA^-(1/2)，(3/2)aA^-(1/2)，(1/3)aA^-(2/3)，(2/3)aA^-(1/3)，-aA^-2，-2aA^-3，-(1/2)aA-(2/3)；一般地，任意幂 A^(n/m) 的瞬为 (n/m)aA^[(n-m/)m]。生成量 A^2B 的瞬为 2aAB+bA^2；生成量 A^3B^4C^2 的瞬为 3aA^2B^4C^2+4bA^3B^3C^2+2cA^3B^4C；生成量 A^3/B^2 或 A^3B^-2 的瞬为 (3aA^2B^-2)-2bA^3B^-3；以此类推。

本引理可以这样证明：

情形 1

任一长方形，如 AB，由于连续地流动而增大，当边 A 和 B 尚缺少其瞬的一半 (1/2)a 和 (1/2)b 时，等于 A-(1/2)a 乘以 B-(1/2)b，当边 A 和 B 长出半个瞬时，乘积变为 A+(1/2)a 乘以 B+(1/2)b。将此乘积减去前一个乘积，余下差 aB+bA。所以变量增加 a 和 b 时，乘积增加 aB+bA。

证毕。

情形 2

设 AB 恒等于 G，则容积 ABC 或 GC（由情形 1) 的瞬为 gC+cG，即（以 AB 和 aB+bA 代替 G 和 g)，aBC+bAC+cAB。不论乘积有多少变量，瞬的求法与此相同。

证毕。

情形 3

设变量 A，B 和 C 恒相等；则 A^2，即乘积 AB 的瞬 aB+bA 变为 2aA；而 A^3，即容积 ABC 的瞬 aBC+bAC+cAB 变为 3aA^2。同样的，任意幂 A^n 的瞬是 naA^(n-1)。

证毕。

情形 4

由于 1/A 乘以 A 是 1，则 1/A 的瞬乘以 A 再加上 1/A 乘以 a，就是 1 的瞬，即等于零。所以，1/A，或 A^−1 的瞬是 −a/(A^2)。一般地，由于 1/(A^n) 乘以 A^n 等于 1，1/(A^n) 的瞬乘以 A^n 再加上 1/

牛顿在树下思考苹果因何落下

(A^n) 乘以 naA^(n−1) 等于零。所以 1/(A^n) 或 A^−n 的瞬是 −na/A^(n+1)。

证毕。

情形 5

由于 A^(1/2) 乘以 A^(1/2) 等于 A，A^(1/2) 的瞬乘以 2A^(1/2) 等于 a（由情形 3）；所以，A^(1/2) 的瞬等于 a/[2A^(1/2)] 或 (1/2)aA^−(1/2)。推而广之，令 A^(m/n) 等于 B，则 A^m 等于 B^n，所以 maA^(m−1) 等于 nbB^(n−1)，maA^−1 等于 nbB^−1，或 nbA^−(m/n)；所以 m/naA^[(m−n)/n] 等于 b，即等于 A^(m/n) 的瞬。

证毕。

情形 6

所以，生成量 A^mB^n 的瞬等于 A^m 的瞬乘以 A^m，即 maA^(m−1)B^n+nbB^(n−1)A^m；不论幂指数 m 和 n 是整数还是分数，是正数还是负数，对于更高次幂也是如此。

证毕。

推论 1：对于连续成正比的量，如果其中一项已知，则其余项的变化率正比于该项乘以该项与已知项间的隔项数。令 A，B，C，D，E，F 连续正比；如果 C 为已知，则其余各项的瞬之间的比为 −2A，−B，D，2E，3F。

推论 2：如果四个正比量里两个中项为已知，则端项的变化正比于该端项。这同样试用于已知乘积的变量。

推论 3：如果已知两个量的平方的和或差，则变量的瞬反比于该量。

无论在科学史上，还是从整个人类文明史来看，《自然哲学的数学原理》都是一部划时代的巨著。在科学史上，它是经典力学的第一部经典著作，也是人类掌握的第一个完整的科学的宇宙论和科学理论体系，其影响遍布经典自然科学的所有领域。就人类文明史而言，它成就了英国工业革命，在法国诱发了启蒙运动和大革命，在社会生产力和基本社会制度两方面都有直接而丰富的成果。《自然哲学的数学原理》达到的高度前所未有，其后也不多见。迄今为止，还没有第二个重要的科学和学术理论，取得过如此大的成就，它具有永恒的价值。

小档案

作者：牛顿

成书时间：1687年

结构：共分5部分，标题分别为"定义"，"公理或运动的定律"，"论物体的运动（第一卷、第二卷的标题一样）"和"论宇宙的系统"。

地位：经典力学的第一部经典著作，古往今来最伟大的科学著作

物种起源：第四章 自然选择，即适者生存（摘选）

我们可以比喻他说，自然选择在世界上每日每时都在仔细检查着最微细的变异，把坏的排斥掉，把好的保存下来加以积累；无论什么时候，无论什么地方，只要有机会，它就静静地、极其缓慢地进行工作，把各种生物同有机的和无机的生活条件的关系加以改进。这种缓慢变化的进行，我们无法觉察出来，除非有时间流逝的标志。然而我们对于过去的悠久地质时代所知有限，我们能看出的也只是现在的生物类型和先前的并不相同罢了。

一个物种要实现任何大量的变异，就必须在变种一旦形成之后，大概经过一段长久期间，再度发生同样性质的有利变异或个体差异；而这些变异必须再度被保存下来，如此，一步一步地发展下去。由于同样种类的个体差异反复出现，这种设想就不应被看作没有根据。但这种设想是否正确，我们只能看它是否符合并且能否解释自然界的一般现象来进行判断。另一方面，普通相信变异量是有严格限度的，这种信念同样也是一种不折不扣的设想。

虽然自然选择只能通过并为各生物的利益而发生作用，然而对于我们往往认为极不重要的那些性状和构造，也可以这样发生作用。当我们看见吃叶子的昆虫是绿色的，吃树皮的昆虫是斑灰色的；高山的松鸡在冬季是白色的，而红松鸡是石南花色的，我们必须相信这种颜色是为了保护这些鸟和昆虫来避免危险。松鸡如果不在一生的某一时期被杀害，必然会增殖到无数；我们知道它们大量受到食肉鸟的侵害；鹰依靠目力追捕猎物——鹰的目力这样锐利以致欧洲大陆某些地方的人相戒不养白色的鸽，因为它们极容易受害。因此，自然选择便表现了如下的效果，给予各种松鸡以适当的颜色，当它们一旦获得了这种颜色，自然选择就使这种颜色纯正地而且永久地保存下来。我们不要以为偶然除掉一只特别颜色的动物所产生的作用很小；我们应当记住，在一个白色绵羊群里，除掉一只略见黑色的羔羊是何等重要。前面已经谈到，吃"赤根"的维基尼亚的猪，会由它们的颜色来决定生存或死亡。至于植物，植物学者们把果实的茸毛和果肉的颜色看作是极不重要的性状；然而我们听到一位优秀的园艺学者唐宁（Downing)说过，在美国，一种象鼻虫（Curculio）对光皮果实的为害，远甚于对茸毛果实的为害；某种疾病对紫色李的为害远甚于对黄色李的为害；而黄色果肉的桃比别种果肉颜色的桃更易

受某种病害。如果借助于人工选择的。一切方法，这等微小差异会使若干变种在栽培时产生巨大差异，那么，在自然状况下，一种树势必同一种树和大量敌害作斗争，这时，这种感受病害的差异就会有力地决定哪一个变种——果皮光的或有毛

松鸡

的，果肉黄色的或紫色的——得到成功。

• 简 评 •

　　《物种起源》以全新的进化思想推翻了神创论和物种不变论，把生物学建立在科学的基础上，提出了震惊世界的论断：生命只有一个祖先，生物是从简单到复杂，从低级到高级逐渐发展而来的。它挑战了上帝创造世界说、世界的不变性和神的威力，让人类得以在科学实证的基础上审视自身的处境，

对人类整个意识形态领域产生了深远影响。可以说，它是人类思想发展史上最伟大、最辉煌的划时代的里程碑。

小档案

作者：达尔文

成书时间：1859 年 11 月 24 日

结构：共 15 章，前面有引言和绪论

地位：它的问世，第一次让生物学建立在完全科学的基础之上

经典名句：适者生存

电磁学通论：第三编 磁学·磁学的初等理论（摘选）

371. 人们发现，某些物体，例如被称为磁石的一种铁矿石、地球本身以及经过某种处理的钢铁具有下述的性质并称为"磁体"。

如果一个磁体在地球表面附近除地磁极以外的任何地方被悬挂起来，使得它可以绕一个竖直轴而自由转动，则一般说来它将倾向于使自己沿着一个确定的方位，而如果从该方位上被扰动，它就将在该方位附近进行振动。一个没被磁化的物体并不具备这样的倾向，而是在任何方位上都同样处于平衡。

372. 经发现，作用在磁体上的力，倾向于使磁体中叫做"磁体轴线"的一条确定的线和空间中一条叫做"磁力的方向"的定线相平行。

让我们假设，磁体被悬挂得可以绕一个固定点而向一切方向自由转动。为了消除重力的影响，我们可以假设这个点就是它的重心。设磁体达到了一个平衡位置。在磁体上标出两个点，并记下它们在空间中的位置。然后让磁体达到一个新的平衡位置，并注意磁体上两个标志点在空间中的位置。

既然在两个位置上磁体的轴线都和磁力的方向相重合，我们就必须找出在运动前后在空间中占据相同位置的那

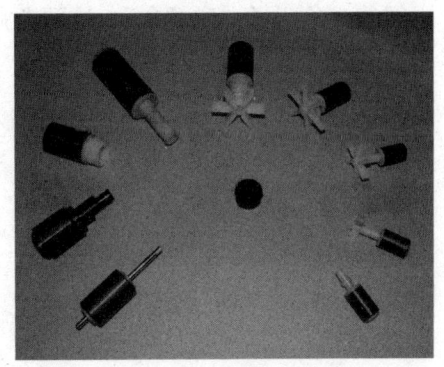

磁体，一般定义为能够吸引铁、钴、镍一类物质的物体

麦克斯韦和他的妻子凯瑟琳

条线。由不变形物体的运动理论可知，这样一条线总是存在的，而和实际运动相等价的一种运动可以通过绕该线的简单转动来实现。

为了求得这条线，把每一标志点的起始位置和终末位置连结起来，并作这些连线的垂直平分面。二平面的交线就将是所求的线，它指示着磁体轴线的方向和磁力在空间中的方向。

上述这种方法在确定这些方向时是不方便的。当处理磁学测量时我们还将回到这一课题上来。

经发现，在地面上的不同部分磁力的方向是不同的，如果注意磁体轴线指向北方的一端，就会发现磁轴所沿的方向通常是从真实经线偏开一个一定的角度的，而二标志端点的整体则在北半球向下倾斜，而在南半球向上倾斜。

磁力方向从真正北方向西的偏转，叫做"磁偏角"。磁力方向和水平面之间的夹角叫做"磁倾角"。这两个角度确定了磁力的方向，而当磁力强度也为已知时，磁力就是完全确定的了。地面不同部分的这三个要素之值的测量，它们按照观测地点和观测时间的变化方式的讨论，以及磁力及其变化的原因的考察就构成"地磁"科学。

· 简 评 ·

《电磁学通论》有着非同小可的历史意义，可与牛顿的《自然哲学的数学原理》、达尔文的《物种起源》相提并论。从安培、奥斯特，经法拉第、汤姆逊，最后到麦克斯韦，通过几代人的不懈努力，电磁理论的宏伟大厦，终于建立起来。同时，电磁理论从技术上产生出惊人结果：一方面通过电工学使整个文明社会电气化，使工业自动化成为可能；另一方面，通过电磁波的预言和发现，直接把人类引导到无线电世纪，而这构成了信息与传媒社会的必不可少的物质基础。

小档案

作者：麦克斯韦

成书时间：1873 年

结构：包括静电学、动电学、磁学和电磁学四部分

地位：标志着完整电磁学理论体系的建立

读一读

●●●●●《昆虫记》，又译作《昆虫物语》《昆虫学札记》《昆虫的故事》《昆虫世界》等，是法国杰出昆虫学家法布尔的传世佳作。书中真实地记录了多种昆虫的日常生活习性以及特征，包括本能、习性、劳动、婚姻、繁衍和死亡等。

昆虫记：第五卷（摘选）

蝉爱唱歌

见过蝉的人都知道，蝉在夏天几乎都在唱歌。它翼后的空腔里带有一种乐器，像乐队中的钹一样。它对此还不满意，还要将响板安置在胸部，以增加声音的强度。的确，为了满足对音乐的嗜好，蝉牺牲了很多。因为安置这种巨大的响板，需要占据生命器官的空间，它只得把它们压紧到身体最小的角落里。当然了，要热心委身于音乐，那么在安置乐器的地方，此处的器官就得缩小了。

可是，令蝉大失所望的是，它所喜欢的音乐，却完全不能引起别人的兴趣，就是我也还没有发现它唱歌的真正目的。通常的猜想以为它是在召唤同伴，然而事实却与这个观点相悖。

到现在为止，十五年过去了，蝉一直都与我比邻相守，每个夏天差不多有两个月之久，它们总出现在我的视线中，而歌声也不离我的耳畔。我通常看见它们在筱悬木的柔枝上排成一列，与歌唱者比肩而坐的是它的伴侣。插到树皮里的吸管动也不动，一直这样狂饮。夕阳西下，它们就沿着树枝用慢而且稳的脚步，寻找温暖的地方。无论在饮水或行动时，它们的歌声却从未停止。

由此可见，叫喊同伴的观点是错误的。你想想看，如果你的同伴在你面前，你会这么费力地整日呼喊它们吗？

其实，蝉也未必听得见自己唱的歌。不过是想用这种强硬的方法，逼迫他人去听它的歌声。

蝉

它的视觉非常灵敏。它的五只眼睛会告诉它，左右以及上方有什么事情发生，只要发现可疑的东西在向它移动，它会立刻停止歌唱，悄然飞去。然而，喧哗却对它完全不起作用。你尽管站在它的背后讲话、吹哨子、拍手、撞石子。就是比这种声音更轻微，要是换了别的雀儿、鸟儿，虽然你没有被它看

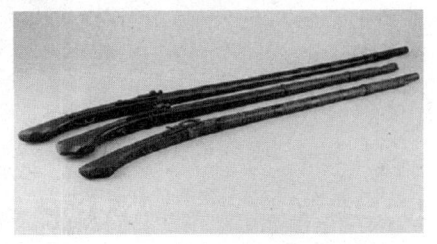
土铳

见，应当早已惊慌得飞走了。然而镇静的蝉却仍然继续发声，似乎毫不在意。

一次，我将乡下人办喜事用的土铳借来，里面装满火药，就是最重要的喜庆事也只用这么多。我将它放在门外的筱悬木树下。我小心地打开窗，以防玻璃被震破。在头顶树枝上的蝉，根本看不见下面发生的事情。

我热心倾听头顶上的乐队会受到什么影响。"砰！"枪放了出去，声音似霹雷一样响。

然而，蝉却丝毫没有受到影响，它仍然继续歌唱。它既没有表现出一点儿惊慌扰乱之状，甚至声音的质与量都没有一点轻微改变。第二枪和第一枪一样，对它根本没起作用。

通过这个试验，我们可以确定，蝉是听不见的，它就像一个聋子，它对自己所发出的声音丝毫没有感觉。

·简　评·

《昆虫记》是一部文学化的科学百科巨著，在法国自然科学史与文学史上都享有美誉，被誉为"昆虫的史诗"。在本书中，作者将专业知识与人生感悟

融于一炉，以人性观照虫性，将昆虫世界化作供人类获得知识、趣味、美感和思想的美文，字里行间洋溢着作者本人对生命的尊重与热爱。

小档案

作者：法布尔

成书时间：1878 年～1910 年

结构：共 10 卷

地位：昆虫的史诗

经典名句：我们应当不是把生命当做一种享乐，一种磨难，而是当做一种义务，一种只要最后期限未到我们就必须全力而尽的义务

海陆的起源：第一编 大陆漂移说的基本内容（摘选）

任何人观察南大西洋的两对岸，一定会被巴西与非洲间海岸线轮廓的相似性所吸引住。不仅圣罗克角附近巴西海岸的大直角突出和喀麦隆附近非洲海岸线的凹进完全吻合，而且自此以南一带，巴西海岸的每一个突出部分都和非洲海岸的每一个同样形状的海湾相呼应。反之，巴西海岸有一个海湾，非洲方面就有一个相应的突出部分。如果用罗盘仪在地球仪上测量一下，就可以看到双方的大小都是准确地一致的。

这个现象是关于地壳性质及其内部运动的一个新见解的出发点，这种新见解就叫做大陆漂移说，或简称漂移说；因为，这个学说的最重要部分是设想在地质时代的过程中大陆块有过巨大的水平移动，这个运动即在今日还可能在继续进行着。

举具体例子来说，根据这个见解，南美洲高原和非洲高原在数百万年前原是相互接合的一整块大陆，自白垩纪时才分裂成两部分，以后它们就像漂浮的冰山一样逐步远离开来。同样，北美洲过去和欧洲极为接近，至

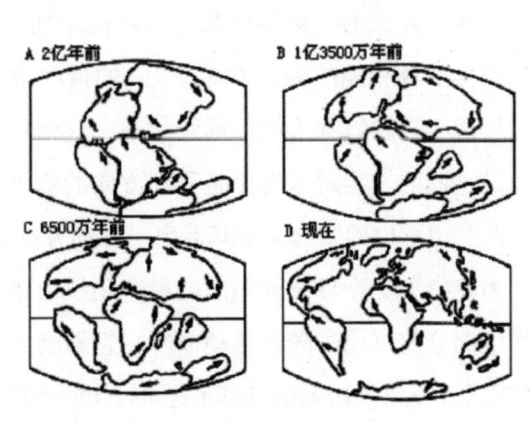

大陆漂移示意图

1912 年 ~ 1913 年冬天，魏格纳在格陵兰岛

少在纽芬兰与爱尔兰以北是如此。这两个大陆连同格陵兰一起原是连结为一个陆块的，到了白垩纪末，它们才被格陵兰附近的一个枝状断裂所扯破，更北一带则到了第四纪时才破裂，以后大陆块就彼此漂移开来。

……直到侏罗纪初期，南极大陆、澳洲、印度与南非洲还是相连接的。它们和南美洲一起接合为一个单一的巨大陆块（虽然有时候部分地区为浅海所淹没）。在侏罗纪、白垩纪和第三纪时分裂为破碎的小块，然后各自向四方漂散。……，至于印度，情况稍有不同。它原来是以一个长形的地带和亚洲大陆相连接的（虽然它大部分确曾被浅海所淹没）。自从印度一方面与澳洲分离（在下侏罗纪），另一方面和马达加斯加岛分离（在白垩纪与第三纪之间）后，由于印度不断地逐步移近亚洲，长形地带与亚洲的连接部分才一再压缩褶皱拢来，形成今日世界上最巨大的褶皱山系——喜马拉雅山系以及亚洲高原的许多褶皱山脉。

在别处，大陆块的移动和大山系的起源也有着因果联系。南北美洲在向西漂移中，由于受到古老的冷却的坚硬的太平洋底的阻挠，它们的前缘部分就褶皱成高大的安第斯山脉，从阿拉斯加一直伸延到南极洲。澳洲陆块（包括仅为陆棚相隔的新几内亚在内）的情况也是一样。年轻高大的新几内亚山脉形成于陆块移动方向的前缘。……这个移动的方向在它和南极洲分裂的前后是不同的。当时东海岸是移动方向的前缘。接着，在靠近这个海岸前方的新西兰山脉也褶皱起来；其后由于移动方向的改变，这带山脉就脱落在后方，成为花彩岛。今日澳洲东部的科迪勒拉山系形成年代更早，它形成于澳洲与南极洲分离以前的陆块移动前缘。它和南北美洲较古的褶皱即所谓前科迪勒拉山系（安第斯山系的基础）是同时代的产物。

除了向西漂移以外，我们也看到在大范围内陆块向赤道的冲击。巨大的第三纪褶皱带的形成就和这个运动有关。这个褶皱带从喜马拉雅山延伸为阿尔卑斯山和阿特拉斯山。当时这些山地是位于赤道带以内的。

……

·简 评·

在《海陆的起源》中，魏格纳系统地阐述、论证了他在 1912 年提出的大陆漂移说。但是，由于当时科学发展水平的限制，大陆漂移说遭到正统学者的非议，成了超越时代的理念。直到魏格纳去世 30 年后，板块构造学说席卷全球，人们才终于承认了大陆漂移学说的正确性。由此可见，一种正确的理论在其初期阶段常常被当做错误抛弃或是被当做与宗教对立的观点被否定，后期阶段则被当做信条来接受。但无论如何，人们至今还纪念着魏格纳，纪念他毕生寻求真理、正视事实、勇于探索和不惜献身的科学精神。

小档案

作者：魏格纳

成书时间：1915 年

结构：分 3 篇，共 13 章

地位：全面系统论证了大陆漂移学说

读一读

狭义和广义相对论浅说：
第二部分 广义相对论·狭义和广义相对性原理

作为我们以前全部论述的中心的一个基本原理是狭义相对性原理，亦即一切匀速运动具有物理相对性的原理。让我们再一次仔细地分析它的意义。

从我们由狭义相对性原理所接受的观念来看，每一种运动都只能被认为是相对运动，这一点一直是很清楚的。回到我们经常引用的路基和车厢的例子，我们可以用下列两种方式来表述这里所发生的运动，这两种表述方式是同样合理的：

（1）车厢相对于路基而言是运动的。

（2）路基相对于车厢而言是运动的。

我们在表述所发生的运动时，在（1）中是把路基当作参考物体，在（2）中是把车厢当作参考物体。如果问题仅仅是要探侧或者描述这个运动而已，那么我们相对于哪一个参考物体来考察这一运动在原则上是无关重要的。前面已经提到，这一点是自明的，但是这一点决不可同我们已经用来作为研究的基础的称之为"相对性原理"的更加广泛得多的陈述混淆起来。

我们所引用的原理不仅认为我们可以选取车厢，也可以选取路基作为我们的参考物体来描述任何事件（因为这也是自明的）。我们的原理所断言的乃是：如果我们表述从经验得来的普遍的自然界定律时引用

（1）路基作为参考物体，

（2）车厢作为参考物体，

那么这些普遍的自然界定律（例如力学诸定律或真空中光的传播定律）在这两种情况中的形式完全一样。这一点也可以表述如下：对于自然过程的物理描述而言，在参考物体 K，K' 中没有一个与另一个相比是唯一的（字面意义是"特别标出的"）。与第一个陈述不同，后一个陈述并不一定是根据推论必然成立的；这个陈述并不包含在"运动"和"参考物体"的概念中，也不能从这些概念推导出来：唯有经验才能确定这个陈述是正确的还是不正确的。

但是，到目前为止，我们根本没有认定所有参考物体 K 在表述自然界定律方面具有等效性。我们的思路主要是沿着下列路线走的。首先我们从这样的假定出发，即存在着一个参考物体 K，它所具有的运动状态使伽利略定律对于它而言是成立的：一质点若不受外界作用并离所有其他质点足够远，则该质点沿直线作匀速运动。参照 K（伽利略参考物体）表述的自然界定律应该是最简单的。但是除 K 以外，参照所有参考物体 K' 表述的自然界定律也应该是最简单的，而且，只要这些参考物体相对于 K 是处于匀速直线无转动运动状态。这些参考物体对于表述自然界定律应该与 K 完全等效；所有这些参考物体都应认为是伽利略参考物体，以往我们假定相对性原理只是对于这些参考物体才是有效的，而对于其他参考物体（例如具有另一种运动状态的参考物体）则是无效的。在这个意义上我们说它是狭义相对性原理或狭义相对论。

与此对比，我们把"广义相对性原理"理解为下述陈述：所有参考物

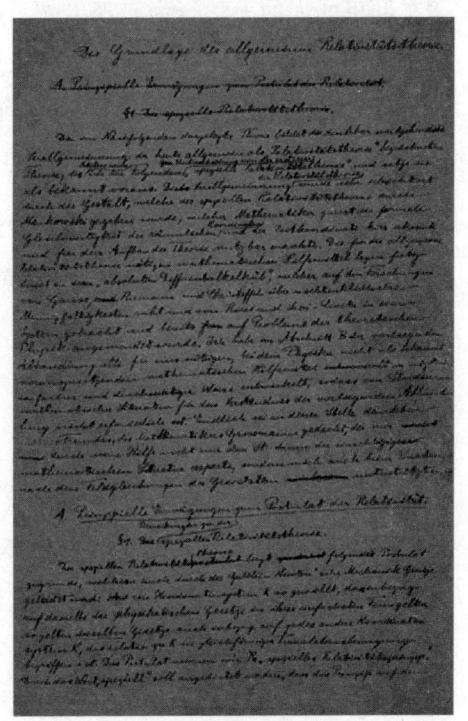

《广义相对论》手稿

体 K，K′ 等不论它们的运动状态如何，对于描述自然现象（表述普遍的自然界定律）都是等效的。但是在我们继续谈下去以前应该指出，这一陈述在以后必须代之以一个更为抽象的陈述，其理由要等到以后才会明白。

由于已经证明引进狭义相对性原理是合理的，因而每一个追求普遍化结果的人必然很想朝着广义相对性原理探索前进。但是从一种简单而表面上颇为可靠的考虑看来，似乎至少就目前而论这样一种企图是没有多少成功的希望的。让我们转回到我们的；旧相识，匀速向前行驶的火车车厢，来设想一番。只要车厢作匀速运动，车厢里的人就不会感到车厢的运动。由于这个理由，他可以毫不勉强地作这样的解释，即这个例子表明车厢是静止的，而路基是运动的。而且，按照狭义相对性原理，这种解释从物理观点来看也是十分合理的。

如果车厢的运动变为非匀速运动，例如使用制动器猛然刹车，那么车厢里的人就经验到一种相应的朝向前方的猛烈冲力。这种减速运动由物体相对于车厢里的人的力学行为表现出来。这种力学行为与上述的例子里的力学行为是不同的；因此，对于静止的或作匀速运动的车厢能成立的力学定律，看来不可能对于作非匀速运动的车厢也同样成立。无论如何，伽利略定律对于作非匀速运动的车厢显然是不成立的。由于这个原因，我们感到在目前不得不暂时采取与广义相对性原理相反的做法而特别赋予非匀速运动以一种绝对的物理实在性。但是在下面我们不久就会看到，这个结论是不能成立的。

·简 评·

相对论是人类对自然界认识的一次大飞跃，它建立在经典力学基础之上。同时又彻底否定了经典力学的理论体系。广义相对论更开阔了人类的视野，使科学研究的范围从微观世界扩大到无限大的宏观世界。今天，相对论已成为原子能科学、航天及天文学的理论基础，被广泛运用于各种理论科学和应用科学之中。《狭义和广义相对论浅说》虽然是一本有关"相对论"的普及性的小册子，但是正如爱因斯坦在前言中所说的"以便不熟悉物理的读者不致感到像一个只见树木不见森林的迷路人"，它已经使我们对这座"神秘宫殿"有了初步探求，对物理学的制高点有了初步领略，从而有了"愉快的思考时间"。

生命是什么：第三章 突变（摘选）

26. 近亲繁殖的有害效应

隐性突变只要它们是杂合的，自然选择对它们当然是不起作用的。如果它们是有害的，而突变通常又都是有害的，由于它们是潜在的，所以它们是不会被消除的。因此，大量的不利突变可以积累起来而并不立即造成损害。可是，它们一定会传递给后代中的半数个体，这对人、家畜、家禽或我们直接关心其优良体质的任何其他物种来说，都是非常适用的。假如一个男人（说具体些，比如我自己）是以杂合的状态带有这样的一个隐性有害突变，所以它没有表现出来。假如我的妻子没有这种突变。于是，我的子女中将有半数也会带有这种突变，而且也是杂合的。倘若他们同非突变的配偶结婚，那么，在我们的孙儿女中，平均有四分之一将以同样的方式受到突变的影响。

除非受到同样效应的个体彼此杂交，否则有害的危险始终不会明显地表现出来。但只要稍微注意一下就可看到，当他们的子女中有四分之一是纯合的时候，危害性就表现出来了。仅次于自体受精的（只有雌雄同体的植物才有此可能）最大的危险是我的儿子同我的女儿结婚。他们中间的每一个人受或不受潜在的效应的机会是相等的，这种乱伦的结合中有四分之一将表现出伤害。因此，对于乱伦生下来的一个孩子来说，危险因子是 1:16。

同样地，我的两个（纯血缘的）孙儿女，即堂、表兄妹之间结婚生下的后代的危险因子是 1:64。这种机会看上去并不太大，而且第二种情况事实上常常是容许的。可是不要忘了我们已经分析过的、在祖代配偶的一方（"我和我的妻子"）带有一个可能的潜在损伤的后果。事实上，他们两人藏匿的这种潜在的缺陷都不止一个。如果你知道自己藏匿着一个缺陷，那么，就可以推算出，在你的 8 个堂、表兄妹中间，有一个也是带有这种缺陷的。根据动植物的实验来看，除了

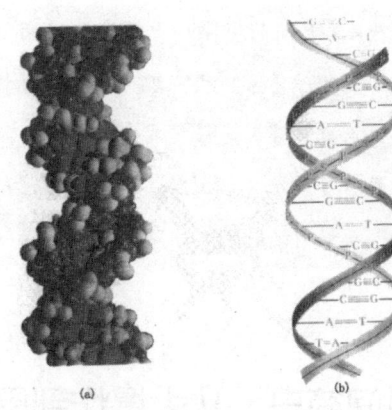

DNA 分子双螺旋结构模型（a）及图解（b）

一些严重的、比较罕见的缺陷外，还有很多较小的缺陷，产生这些缺陷的机遇加在一起就会使得整个近亲繁殖的后代衰退恶化。我们既然不想用斯巴达人在泰杰托斯山经常采用的残暴方式去消灭失败者，那么，我们必须采取特别严肃的观点，来看待在人类中发生的这些事情；在人类中，对最适者生存的自然选择是大大地减少了，不，简直是转向了反面。战争，在原始状态下还具有使最适合的部落生存下去的、积极的选择价值；现代大量屠杀各国的健康青年的反选择效应，连这一点理由也没有了。

·简 评·

《生命是什么》使许多物理学家开始注意生命科学中提出的问题，引导他们用物理学、化学方法去研究生命的本性。受此影响，沃森和克里克发现了DNA 双螺旋模型，奠定了分子生物学的伟大成就，使其后 50 年生物学完全改变面貌，而且还将在下一个 50 年、100 年改变世界的面貌。

小档案

作者：埃尔温·薛定谔

成书时间：1944 年

地位：分子生物学诞生的概念准备

读一读 ●●●●●《时间简史：从大爆炸到黑洞》是由英国伟大的物理学家、黑洞理论和"大爆炸"理论的创立人史蒂芬·威廉·霍金撰写的一本有关宇宙学的科普读物，试图解答人类最古老的命题：时间是有始有终的吗？宇宙是无限的吗？等等。

时间简史：从大爆炸到黑洞：第三章 膨胀的宇宙

宇宙膨胀的发现是 20 世纪最伟大的智慧革命之一。……当爱因斯坦和其他物理学家正在想方设法避免广义相对论的非静态宇宙的预言时，看来只有一个人，即俄国物理学家和数学家亚历山大·弗利德曼愿意只用广义相对论着手解释它。

弗利德曼对于宇宙作了两个非常简单的假定：我们不论往哪个方向看，也不论在任何地方进行观察，宇宙看起来都是一样的。弗利德曼指出，仅仅从这两个观念出发，我们就应该预料宇宙不是静态的。事实上，弗利德曼在 1922 年所做的预言，正是几年之后埃得温·哈勃所观察到的结果。

很清楚，关于在任何方向上宇宙都显得是一样的假设实际上是不对的。例如，正如我们所看到的，我们星系中的其他恒星形成了横贯夜空的叫做银河系的光带。但是如果看得更远，星系数目就或多或少显得是同样的。所以假定我们在比星系间距离更大的尺度下来观察，而不管在小尺度下的差异，则宇宙确实在所有的方向看起来是大致一样的。在很长的时间里，这为弗利德曼的假设——作为实际宇宙的粗糙近似提供了充分的证实。但是，近世出现的一桩幸运的事件所揭示的事实说明了，弗利德曼假设实际上异常准确地描述了我们的宇宙。

1965 年，美国新泽西州贝尔电话实验室的阿诺·彭齐亚斯和罗伯特·威尔逊正在检测一个非常灵敏的微波探测器时（微波正如光波，但是它的频率只有每秒 100 亿次振动的数量级），他们的检测器收到了比预想的还要大的噪声。彭齐亚斯和威尔逊为此而忧虑，这噪声不像是从任何特别方向来的。首先他们在探测器上发现了鸟粪并检查了其他可能的故障，但很快就排除了这些可能性。他们知道，当探测器倾斜地指向天空时，从大气层里来的噪声应该比原先垂直指向时更强，因为光线在沿着靠近地平线方向比在头顶方向要穿过更厚的大气。然而，不管探测器朝什么方向，这额外的噪声都是一样的，所以它必须是从大气层以外来的，并且在白天、夜晚、整年，也就是甚至地球绕着自己的轴自转或绕太阳公转时也是一样的。这表明，这辐射必须来自太阳系以外，甚至星系之外，否则当地球的运动使探测器指向不同方向时，噪声必须变化。事实上，我们知道这辐射必须穿过我们可观察到的宇宙的大部分，并且由于它在不同方向都一样，至少在大尺度下，这宇宙也必须是各向同性的。现在我们知道，不管我们朝什么方向看，这噪声的变化总不超过万分之一。这样，彭齐亚斯和威尔逊无意中极其精确地证实了弗利德曼的第一个假设。

大约同时，在附近的普林斯顿的两位美国物理学家，罗伯特·狄克和詹姆士·皮帕尔斯也对微波感兴趣。他们正在研究乔治·伽莫夫（曾为亚历山大·弗利德曼的学生）的一个见解：早期的宇宙必须是非常密集的、白热的。狄克和皮帕尔斯认为，我们仍然能看到早期宇宙的白热，这是因为光是从它的非常远的部分来，刚好现在才到达我们这儿。然而，宇宙的膨胀使得这光被如此厉害地红移，以至于现在只能作为微波辐射被我们所看到。正当狄克和皮帕尔斯准备寻找这辐射时，彭齐亚斯和威尔逊听到了他们所进行的工作，并意识到，自己已经找到了它。为此，彭齐亚斯和威尔逊被授予 1978 年的诺贝尔奖。（狄克和皮帕尔斯看来有点难过，更别提伽莫夫了！）

膨胀中的宇宙

现在初看起来，关于宇宙在任何方向看起来都一样的所有证据似乎暗示，我们在宇宙的位置有点特殊。特别是，如果我们看到所有其他的星系都远离我们而去，那似乎我们必须在宇宙的中心。然而，还存在另外的解释：从任何其他星系上看宇宙，在任何方向上也都一样。我们知道，这正是弗利德曼的第二个假设。我们没有任何科学的证据去相信或反驳这个假设。我们之所以相信它只是基于谦虚：因为如果宇宙只是在我们这儿看起来各向同性，而在宇宙的其他地方并非如此，则是非常奇异的！

简 评

《时间简史：从大爆炸到黑洞》是一部将高深的理论物理通俗化的经典畅销科普范本，成为了科学著述的里程碑。这不仅归因于作者迷人的表达方式，还归因于他讨论的令人敬畏的主题——空间和时间的本质，上帝在创生中的作用及宇宙的历史和将来，尤其是它彻底改变了人类对宇宙的观念。

小档案

作者：史蒂芬·威廉·霍金

成书时间：1988 年

地位：经典畅销科普范本

经典名句：是先有鸡，还是先有蛋／当你面临着夭折的可能性，你就会意识到，生命是宝贵的，你有大量的事情要做

第三部分　社会科学

十二铜表法（摘选）

第一表　传唤

一、原告传被告出庭，如被告拒绝，原告可邀请第三者作证，扭押同行。

二、如被告托辞不去或企图逃避，原告有权拘捕之。

三、如被告因疾病或年老不能出庭，原告应提供交通工具，但除自愿外，不必用有篷盖的车辆。

四、如诉讼当事人为富有者，则担保其按时出庭的保证人，应为具有同等财力的人；如为贫民，则任何人都可充任。

五、如当事人双方能自行和解的，则讼争即认为解决。

六、如当事人不能和解，则双方应于午前到广场或会议厅进行诉讼，由长官（magistratus）审理。

七、诉讼当事人一方过了午时仍不到庭的，长官应即判到庭的一方胜诉。

八、日落为诉讼程序休止的时限。

九、保证人应担保诉讼当事人于受审时按时出庭。

第六表　所有权和占有

一、凡依"要式现金借贷"（nexum）或"要式买卖"（mancipium）的方式缔结契约的，其所用的语言即为当事人的法律。

罗马市民围观和议论《罗马法》

二、凡主张曾缔结"要式现金借贷"或"要式买卖"契约的，负举证之责；缔结上述契约后又否认的，处以双倍于标的的罚金。

三、使用土地的取得时效为二年，其他物品为一年。

四、妻不愿依一年使用时效而缔结有夫权婚姻的，则应每年连续外宿三夜以中断时效的完成。

五、外国人永远不能因使用而取得罗马市民财产的所有权。

六、于诉讼进行中，在长官前对物的所有权有争议时，应裁定该物归事实上的占有者，或认为合适的人暂行占有。有关自由身份之诉，应裁定由主张该人为自由人的一方占有所争的对象。

七、出卖的物品纵经交付，非在买受人付清价款或提供担保以满足出卖人的要求后，其所有权并不移转。

八、凡依"要式卖买"或"拟诉弃权"（ceessioinjure）的方式转让物品的，具有法律上的效力。

九、凡以他人的木材建筑房屋或支搭葡萄架的，木料所有人不得擅自拆毁而取回其木料。

十、但在上述情况下，可对改用他人木料者，提起赔偿双倍于木料价金之诉。

十一、在木料和建筑物已分离，或作葡萄架的柱子已从地中拔出后，则原所有人有权取回。

第九表　公法

一、不得为任何个人的利益，制定特别的法律。

二、对剥夺一人的生命、自由和国籍的判决，是专属百人团大会（Comitia Cenuriata）的权力。

三、经长官委任的承审员或仲裁员，在执行职务中收受贿赂的，处死刑。

四、执行死刑时由刑事事务官监场。对一切刑事判决不服的，有权上诉。

五、凡煽动敌人反对自己的国家，或把市民献给敌人的，处死刑。

六、任何人非经审判，不得处死刑。

·简　评·

《十二铜表法》是罗马平民与贵族斗争胜利的产物，反映了平民在政治、经济、法律地位上的要求，对后世罗马法以及欧洲法律的制定有着深刻的影响，促使法治逐步成为欧洲国家的传统，后又成为美国等新兴资本主义国家效仿的榜样，以至于每当发生社会革命时，废除旧法律并颁布新法律成为革命阶级的必要手段。

小档案

作者：罗马法典编纂委员会

成书时间：公元前 452 年

结构：包括传唤、审判、求偿、家父权、继承及监护、所有权及占有、房屋及土地、私犯、公法、宗教法、前五表之补充、后五表之补充等十二表

地位：古罗马第一部成文法典

经典名句：使人民幸福就是最高的法律

工具论：上卷 前分析篇（摘选）

1. 三段论是一种论证，其中只要确定某些论断，某些异于它们的事物便可以必然地从如此确定的论断中推出。所谓"如此确定的论断"，我的意思是指结论通过它们而得出的东西，就是说，不需要其他任何词项就可以得出必然的结论。如果一个三段论除了所说的东西以外不需要其他什么就可明确得出必然的结论，那么，我们就称这个三段论是完满的；如果一个三段论需要一个或多个尽管可以必然从已设定的词项中推出但却不包含在前提中的因素，那么，我们就称这个三段论是不完满的。

一个词项整个地包含在另一个词项中，与后一个词项可全部地表述前一个词项，这二者意义相同。我们说一个词项表述所有的另一个词项，那就是说，在后一个词项之外再也找不到可断定的东西。根据同样方式，我们说一个词项不表述任何词项。

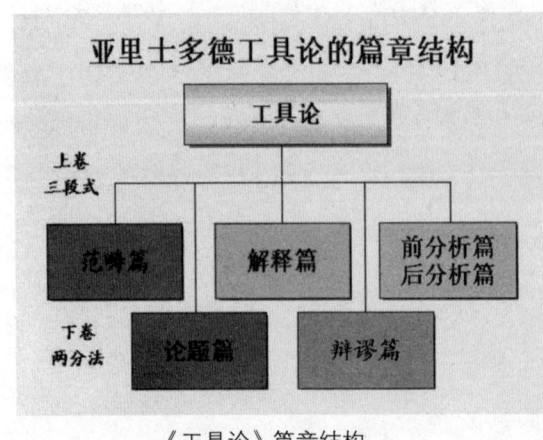

《工具论》篇章结构

24. 在每个三段论中，一个前提必须是肯定的并且必须有一个全称前提。如果没有全称前提，那就要么三段论不能成立，要么结论与设定无关，要么犯"预期理由"的错误。设定我们要证明音乐的快乐是好的。那么，如果我们设定"快乐"是好的，除非把"所有"加在"快乐"之上，否则三段论便不能成立。如果我们设定有些快乐是好的，那么如果它们是与音乐的快乐不同的，则与原来的设定无关；如果它是相同的快乐，则就是"预期理由"。

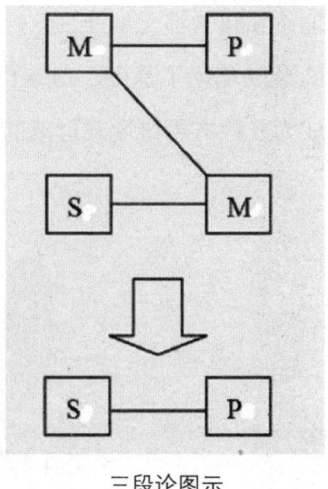

三段论图示

在几何学定理中可以更清楚地看到这一点。我们取"与等腰三角形底边相连的内角相等"这一定理为例。向圆心划直线 A 和 B。如果你断定了∠AC=∠BD，却没有普遍地断定半圆中的三角形相等；再者，如果你断定了∠C=∠D，却没有确定同一切割部分中的所有角相等，此外，如果你断定当相等的角从全部角中减去时，剩余的角 E 和 F 相等，那么，除非你断定"当相等从相等者中减去时，剩余者相等"，不然就要犯"预期理由"的错误。

所以，很显然，每个三段论必须有全称前提。只有当所有前提都是全称时，才能证明全称的结论；但无论前提是全称的还是非全称的，都可以证明特称的结论。所以，如果结论是全称的，则前提必定是全称的；但如果前提是全称的，结论也可能不是全称的。同样清楚的是，在每个三段论中，两个前提或者至少有一个前提必须与结论相同；所谓"相同"，我不仅是指在肯定或否定方面，而且是指在必然、实然、或然方面。我们还必须讨论其他指谓形式。

不过，总的说来，我们已经很清楚，三段论在什么时候能够成立，在什么时候不能够成立，在什么时候是完善的。如果三段论能成立，则词项之间的联系必定与已经讨论过的三种方式之一相同。

· 简 评 ·

逻辑是整理思想和知识的框架。没有它，思想就会混乱一团；没有它，理论和科学都无从产生。《工具论》主要论述了三段论演绎法，为形式逻辑学的形成奠定了基础，对这门科学的独立和发展有着深远的影响。同时，它也成为了西方思维形式形成的主要来源。

百科全书（法国）：
艺术 (Art) · 自由艺术与机械艺术的区分

考察一下艺术作品，我们就可以看到，为了制作它们，有些用脑多于用手，有些则相反，用手多于用脑。某些艺术之所以优于其他艺术，艺术之所以被分为自由艺术（Liberalarts）和机械艺术（Mechanicalarts）两大类，其部分根源正在于此。

这种分类法，尽管很有道理，却产生了一种不好的作用，即贬低了一些极有价值的、有用的人，并强化了我们的某种天然惰性，它使我们更倾向于相信：经常不断地使人从事于实践活动，特别是与可感觉到的、物质的对象有关的实践活动，会有损于人类的尊严；而去实践，甚至只是去研究一下机械艺术，就意味着把自己降低到了一般事物的水平，考察这种事物没有理论意义，是难以解释，让人丢脸，没完没了，毫无价值的；"若与那局于感官、限于物质的一些实验和特殊的东西长久而密切地接触，就有损于人心的尊严。"培根的《新工具》中这种偏见将使城市里充满了傲慢的理论家和无用的思想家，而使乡村里充满了懒惰而跋扈的小暴君。英国最伟大的天才之一培根，和法国最伟大的大臣之一柯尔贝尔（Colbert）。

都不取这种想法；一切时代的优秀思想家和明智的人都不这么想。培根认为，机械艺术的历史是真正哲学的一个最重要的分支，因此他非常注意，

百科全书派人物画像

《百科全书》中关于裁缝店忙碌情景的一幅插图

1752 年的法国，不知从什么时候开始，巴黎的贵族妇女都喜欢在梳妆台上，放上两本精装的《百科全书》。这种作法很快风靡一时，几乎成为巴黎上流社会妇女的一种时尚

不轻视其实践。柯尔贝尔认为，民族产业和制造业的建立，是王国的真正财富所在。根据那些对事物的价值持有健康观念的人的判断，那些能使刻印工、画家、雕刻家以及各类艺术家移居法国的人，那些从英国发现了织袜机、从热那亚发现了织丝绒机、从威尼斯发现了制玻璃机的人，他们对于国家的贡献，并不亚于那些攻城斩将的人。而且，在哲学家眼中，他们还应功高一等，因为他们曾使勒布朗、勒叙厄和奥德兰这样的人得以出现，从而能画出和印出亚历山大的历次战役，并把我军赢得的各次胜利织入壁毯。

衡量一下那些备受青睐和赞颂的科学和艺术，与机械艺术所带给我们的实惠，你将会发现那与人们对它们的评价是不相称的。有些人所做的事，是为了让我们相信自己是幸福的，有些人则实际做着能让我们幸福的事。但是，人们对前者的颂扬却大大地超过了对后者的。我们的评价多古怪！它要求人人都做有用的事，却轻视那些真正有用的人。

·简 评·

　　《百科全书》反对 17 世纪的"正统"思想，反对封建统治和君主专政，反对人们对天主教绝对信仰，追求政治上和学术思想上的自由，提倡科学技术、振兴工业，坚信人类物质文明与精神文明的不断进步，誓用资产阶级理性主义的理想改造人类社会……它是 18 世纪启蒙运动的总精神和象征。

小档案

　　作者：狄德罗等

　　成书时间：1772 年

　　结构：以字母顺序排列的多卷本图书，共计 32 卷，包括正文 17 卷、附录 4 卷、图片 11 卷

　　地位：18 世纪启蒙运动的总精神和象征

　　经典名句：我们的荣衔就寄托在这部著作中，后代人将会作出判断

读一读

●●●●●●《人口原理》，又译作《人口论》，是英国人口学家、政治经济学家马尔萨斯关于人口理论的一部重要著作。全书从两个不变法则（食物为人类生存所必需；两性间的情欲是必然的）出发，论证人口以几何级数增加，生活资料以算术级数增加，人口增长必然超过生活资料增长，人口过剩和食物匮乏是必然的。从而得出结论：必然发生强大的妨碍，阻止人口的增加，这种妨碍就是贫穷与罪恶。

人口原理（摘选）

我认为，我可以正当地提出两条公理。第一，食物为人类生存所必需。第二，两性间的情欲是必然的，且几乎会保持现状。

这两条法则，自从我们对人类有所了解以来，似乎一直是有关人类本性的固定法则。既然迄今为止它们未发生任何变化，我们也就无权断言，于今日为然者，于将来当不为然，除非当初安排了宇宙秩序的神进行某种直接的干预，但眼下神为了创造物的利益，仍按照固定法则操纵着世间的一切。

据我所知，还没有哪个著述家设想过在这个地球上人类最终将能够不依靠食物而生存。但葛德文先生却推测说，两性间的情欲总有一天会被消除。不过，既然他声明，他著作的这一部分进入了推测的境地，所以我在这里对此不想多加评论，而只想说，支持人类可完善性的最好论据，是人类已摆脱了野蛮状态而取得了长足进步，且很难说这种进步会止于何处。但在消除两性间的情欲方面，迄今却尚未取得任何进展，两性间的情欲今天仍同两千年或四千年前一样强烈。现今同以往一样，也有个别的例外。但是，由于这种例外的数目似乎没有增加，因而，若仅仅从存在着例外就推论说例外最终将成为规则，规则最终将成为例外，则很显然，这种推论是很不讲究辩论的哲学方式的。

一旦接受了上述两项公理，我便可以说，人口的增殖力无限大于土地为人类生产生活资料的能力。人口若不受到抑制，便会以几何比率增加，而生活资料却仅仅以算术比率增加。懂得一点算术的人都知道，同后者相比，前者的力量多么巨大。根据食物为人类生活所必需这一有关人类本性的法则，必须使这两种不相等的能力保持相等。这意味着，获取生活资料的困难会经常对人口施加强有力的抑制。这种困难必然会在某地发生，必然会被很大一部分人口强烈地感受到。

在整个动物界和植物界，大自然极其慷慨大方地到处播撒生命的种子。但大自然在给予养育生命种子所必需的空间和营养方面，却一直较为吝啬。我们这个地球上的生命种子，若得到充足的食物和空间，经过几千年的繁殖，会挤满几百万个地球。但贫困这一专横而无处不在的自然法则却可以把它们限制在规定的范围内。植物与动物都受制于这一伟大的限制性法则，人类虽有理性，也不能逃避这一法则的制约。在植物和动物当中，自然法则表现为种子不发芽，害病和夭折；在人类当中，自然法则表现为苦难与罪恶。苦难是贫困的绝对必然的结果。罪恶也是贫困很可能会带来的后果，因而我们看到到处都有罪恶，但也许不应把罪恶称为贫困的绝对后果。可以通过磨砺道德，抵御一切罪恶的诱惑。

人口增殖力和土地生产力天然地不相等，而伟大的自然法则却必须不断使它们的作用保持相等，我认为，这便是阻碍社会自我完善的不可克服的巨大困难。与此相比，所有其他困难都是次要的，微不足道的。这一法则制约着整个生物界，我看不出人类如何能逃避这一法则的重压。任何空想出来的平等，任何大规模的土地调整；都不会消除这一法则的压力，甚至仅仅消除100年也不可能。所以，要使全体社会成员都过上快活悠闲的幸福生活，不为自己和家人的生活担忧，那是无论如何不可能的。

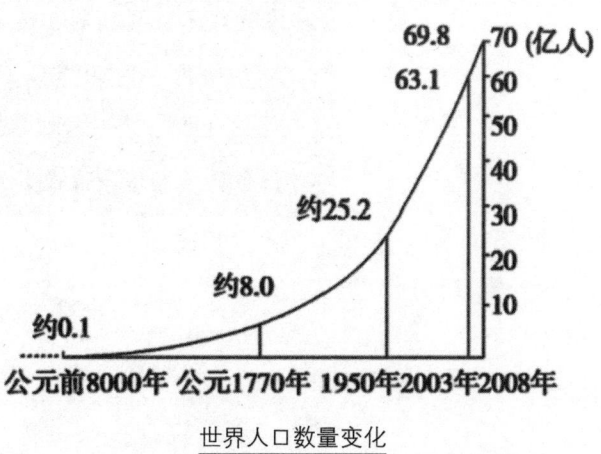

世界人口数量变化

因此，如果我们的前提是正确的，则所得到的结论必然是否定全体人类的可完善性。……

● 简 评 ●

1985 年，在法国巴黎召开的联合国人口统计学大会上，来自全球 60 多个国家的 300 多名代表，以 99.8% 的赞成票，通过了《人口原理》。《人口原理》关于人口的理论，影响着一代又一代的社会科学家及政治家，人口问题正日益成为人们关注的重要话题。在新的世纪，在当今全球"人口爆炸"的时代，《人口原理》仍将焕发新的青春。

小档案

作者：马尔萨斯

成书时间：1798 年第 1 版，书名《论影响社会改良前途的人口原理，以及对葛德文先生、孔多塞先生和其他作家推测的评论》，约 5 万字；1803 年第 2 版，书名《人口原理，或关于其过去及现在对人类幸福影响的见解；以及有关我们将来消除或减轻由此而引起的灾难前景的研究》，约 20 万字（现在的版本主要指第 2 版）

结构：共 19 章

地位：第一本重要的人口学著作，出版以来在社会科学领域争议最多的一部著作

拿破仑法典：

第二编 财产及对于所有权的各种限制（摘选）

第544条：所有权是对于物有绝对无限制地使用、收益及处分的权利，但法令所禁止的使用不在此限。

第545条：任何人不得被强制出让其所有权；但因公用，且受公正并事前的补偿时，不在此限。

第546条：物之所有权，不问其为动产或不动产，得扩张至该物由于天然或人工而产生或附加之物。此种权利为添附权。

第一节　关于物所产生之物的添附权

第547条：以下权利依添附权归属于原物所有人：土地产生的天然果实或人工果实，法定果实，家畜繁殖的小家畜。

第548条：物所生的果实归属于原物所有人，但所有人负责偿还第三人支出的耕作、劳动及钟的费用。

第549条：占有人仅于善意占有的情形，取得占有物的果实。在恶意占有的情形，占有人负责对请求返还的所有人返还占有物及其果实。

第550条：占有人所有权移转行为的瑕疵，而根据该所有权移转行为以所有人的资格占有时，为善意占有。自占有人知悉瑕疵时起，其占有即中止为善意。

第二节　关于物的附加及组合的添附权

第551条：一切附加及组合于原物之物，依以下规定的原则，归属于原物所有人。

第一目：关于不动产的添附权

第552条：土地所有权并包含该地上空和地下的所有权。所有人得在地上从事其认为适当地种植或建筑。但役权或地役权章规定的例外，不在此限。所有人得在地下从事其认为适当的建筑或发掘，并采取掘获的产物，但矿山法规定及警察法规所定的限制，不在此限。

第553条：地上或地下的一切建筑物、植物及农作物，在无相反证据前，推定土地所有人以自己费用所设置并归其所有；但第三人对于在他人建筑物的地下或任何其他部分因时效而已经或可能取得的所有权，不受影响。

第554条：土地所有人以不属于自己的材料从事建筑、种植及施设时，应支付其代价；如有必要，所有人并得被判令赔偿损害；但材料所有人无拆取之权。

第555条：如第三人以材料种植、建筑及施设时，土地所有人有权保存此等种植物、建筑物及施设物，或要求该第三人拆除之。土地所有人要求拆除种植物及建筑物时，拆除的费用由该第三人负担之；如有必要，该第三人并得被判令赔偿土地所有人所受的损害。土地所有人愿保存此等种植物及建筑物时，应返还材料的价值与人工的代价，不问土地增值额的大小。但如此项种植、建筑及施设系由不判令返还果实的善意占有土地的第三人所为时，在该第三人返还土地后，土地所有人不得要求拆除此等施设物、建筑物、种植物；但所有人有权就下列两种办法选择其一：或者返还材料的价值与人工的代价，或者返还相当于土地增值的价额。

……

第二目：关于动产的添附权

第565条：关于分属于不同所有人的两个动产的添附权，应完全依照自然平衡原则处理之。以下规定，供审判员作为在法律无规定时按照特殊情况作出判决的范例。

第566条：分属于不同所有人的两个物体附合而构成一个整体时，如该两个物体尚能分离，即其中任何一个物体脱离另一个物体尚能独立存在，则该整个合成物归属于构成其主要部分的物体的所有人，但该所有人应对他方负担偿还后者原有物体的价值。

第567条：乙物仅为甲物的使用、装饰或补成而附合于甲物时，甲物视为主要部分。

第568条：但如附合物的价值远高出主要物的价值，且该物被用作附合物时，附合物所有人并未知悉，该所有人得请求分离附合物，并予归还，即使主物可能因分离而受损害时亦同。

· 简 评 ·

《拿破仑法典》以法律形式巩固了资产阶级革命成果，打击了封建势力，确立了资本主义社会的立法规范。因其是适应资产阶级需要而制定的，因此深深地打上了资产阶级的烙印，恩格斯曾称它为"典型的资产阶级社会的法典"。《拿破仑法典》是资产阶级国家的第一部民法典，对后来很多资本主义国家的立法产生了很大影响。至今，它仍在法国使用，但随着法国社会经济和政治的变化，法典也进行了100多次修改。

小档案

作者：拿破仑等

成书时间：1804年

结构：除总则外，分为3编，共2281条

地位：资产阶级国家的第一部民法典，世界法制史上的一个里程碑

●●●● 《梦的解析》，又译作《释梦》，是奥地利著名心理

学家西格蒙德·弗洛伊德的最为有名的一本心理学著作。

读一读 该书引入了本我概念，描述了弗洛伊德的潜意识理论，

用于解释梦，开创了"梦的解析"理论。该书还包含了

许多对文学、神话、教育等领域具有启示性的观点。

梦的解析：第三章 梦是愿望的达成

当一个人爬山涉水、披荆斩棘终于爬上一个视界辽阔的空旷地，而再发现下去便是一路坦途时，他最好是停下来，好好地想一想下一步如何走才好。同样地，我们现在在学习"释梦"的途中，此时也该做这份功夫。如今，我们正发现那乍现的曙光。梦，它不是空穴来风、不是毫无意义的、不是荒谬的、也不是一部分意识昏睡，而只有少部分乍睡少醒的产物。它完全是有意义的精神现象。实际上，是一种愿望的达成。它可以算是一种清醒状态精神活动的延续。它是由高度错综复杂的智慧活动所产生的……

梦所代表的"愿望达成"往往是毫无掩饰、极为明显的，以致反而使人觉得奇怪，为什么梦会到最近才开始为人了解。有些梦，我经常可以以实验手法，随心所欲地引出来。譬如，如果我当天晚上吃了咸菜或其他很咸的食物，那么晚上我会渴得醒过来。但在这"醒过来"之前，往往先有一个同样内容的梦——我在喝水，我正喝着大碗的水，那滋味就有如干裂了的喉头，饮入了清凉彻骨的冰水一般地可口。然后我惊醒了，而发觉我确实想喝水。这个梦的原因就是我醒来后所感到的渴。由这种感觉引起喝水的愿望，而梦告诉了我它已使这愿望达成，因此它确有其功能，而其本质我不久即会提到。我平时睡眠极好，不易被身体的需求所扰醒；如果我能用这喝水的梦来缓和我的渴，我就可以不用渴得醒过来。它就是如此一种"方便的梦"梦就如此取代了动作。然而，很不幸地，饮水止渴的需求，却无法像我对 M 医师、奥

图等报复的渴望一般，用梦就能满足，但其动机是一样的。不久前，我有一个与这稍微有点不同的梦，这次我在上床前就已觉得口渴，而把我床头旁小几上的开水整杯喝光，再去睡觉。但到了深夜，我又因口渴而不舒服，如果要再喝水，势必要起床，走到我太太床边的小几上拿茶杯不胜麻烦。因此，我就梦见我太太由一瓮子内取水给我喝。这瓮子是我以前从意大利西部古邦 Etrusia 所买回来收藏的骨灰坛。然而，那水喝起来是那么样的咸，（可能是内含骨灰吧）以致我不得不惊醒过来。梦就是这般地善

西格蒙德·弗洛伊德

解人意。由于愿望的达成是梦唯一的目标，其内容很可能是完全自私的。事实上，贪图安适是很难与体贴别人不冲突的。梦见骨灰坛很可能又是一次愿望的达成，很遗憾我未能再拥有那坛，就像那放在我太太床侧的茶杯一样，我现拿不到了。而且，这坛子很适合我梦中的咸味，也因此才能促使我惊醒。

……

现在我们仅仅利用很浅显的话，我们就已可以简单地看出梦里所隐藏的真意。诚然，格言智笺中对梦不乏讽刺轻蔑之语，正如科学家们"梦有如气泡一般"的说法，但就口语来说，梦实在是非常美妙的"愿望的达成"。当我们一旦发现事实出乎意料而兴奋时，我们不是会情不自禁地叹道："就是在我最荒唐的梦中，我也不敢作如是想"吗？

· 简 评 ·

《梦的解析》是精神分析理论体系的奠基作之一，它通过对梦的科学探索和解析，发掘了人性的另一面——潜意识，揭示了人类心灵的奥秘。它不但

为人类潜意识的学说奠定了牢固的基础，而且也建立了人类认识自己的新里程碑，影响了整个 20 世纪的人类文明。

小档案

作者：西格蒙德·弗洛伊德

成书时间：1900 年

结构：共 7 章

地位：标志着精神分析理论体系形成

经典名句：梦，它不是空穴来风、不是毫无意义的、不是荒谬的、也不是一部分意识昏睡，而只有少部分乍睡少醒的产物。它完全是有意义的精神现象。实际上，是一种愿望的达成

●●●●●　《第二性》，是法国著名存在主义作家、女权运动的创始
人之一西蒙娜·德·波伏娃（也称西蒙·波娃）的一部世界
级巨著。本书以涵盖哲学、历史、文学、生物学、古代神话
和风俗的文化内容为背景，纵论了从原始社会到现代社会的
历史演变中，妇女的处境、地位和权利的实际情况，探讨了
女性个体发展史所显示的性别差异。

读一读

第二性：第四章 游牧族中的女人（摘选）

　　这始终是一个男人的世界；迄今为止，为解释这一事实提出的种种理由，似乎还没有一个是充分的。但是，如果我们根据存在主义哲学去重温史前研究的和人种学的论据，就可以认识到两性的等级制度是怎样确立的。我已经说过，两种类别的人在一起时，每一种类别都想把他的主权强加给对方。如果两种类别的人都能够抵制这种强求，他们之间就会产生一种时而敌对、时而和睦、永远处于紧张状态的相互关系。如果其中一个类别的人以某种方式取得了特权，有了某种优势，那么这一类别就会压倒另一类别，准备让他处于受支配的地位。因此不难理解，男人将会希望支配女人。但是，是什么优势使他能够实现这种意愿？人种学家对人类社会原始形态的解释是极其矛盾的。这种解释得到的信息越多，越不系统，情况就越是如此。

　　要形成女人在前农业时期的处境的观念尤其困难。我们甚至还不知道，女人的肌肉组织或她的呼吸器官，在不同于今天的条件下，发育得是否不如男人那么完善。她要做艰苦的工作，特别是她要承受起做母亲的负

达荷美王国女兵

担。这最后一个事实,其含义是模糊的。很可能意味着,要是她被指定去发挥母性的功能,那是因为男人为了抵御动物或他人可能发动的攻击,在紧紧控制着随时跟踪追击的权力。男人的角色更为危险,也更有活力。不过情况也好像是,女人在多数情况下是强健的、顽强的,可以参加战士的远征。

我们只要回忆一下希罗多德讲的故事以及他后来对达荷美女战士的描写,就可以清楚看到,女人参加过战斗,而且其勇猛凶残的程度不亚于男人。但是,即便如此,在棍棒与野兽的时代,男人的优越体力也必然是无比重要的。不论女人有多么强健,在反抗敌对世界的斗争中,生殖的束缚在任何情况下都是一种可怕的障碍。怀孕、分娩和月经削弱了她们的劳动能力,使她们往往完全依附于男人,以得到保护和食物。由于显然没有实行生育控制,由于自然没有像对待其他雌性哺乳动物那样为女人提供不育的周期,多次怀孕就必然要消耗掉她们的大部分体力和时间,以至于无力供养自己生出的孩子。

由这个基本事实,我们可以导出一系列结论:人类的早期生活是很艰难的;从事采集、狩猎和捕鱼的人们所付出的努力很大,却只能从土地上得到很少的产品;对于群体资源而言,出生的孩子实在是太多了。女人由于生育力旺盛,无法积极参与旨在增加资源的活动,而由她产生的新需求,却又增加到令人难以捉摸的程度。尽管女人是延续物种所必需的,但她把物种延续得太慷慨了,于是男人不得不去维护生殖与生产的平衡。甚至在人类十分需要生育和母性备受尊崇的时代,体力劳动也还是最基本的需要,根本不允许把女人放在首位。原始部落没有永久性的财产或领地,所以对后代简直不予重视。孩子对部落是个负担,而不是值得珍视的财产。

萨特与波伏娃

杀婴在游牧族当中是常见的，许多幸免于难的新生儿，由于普遍受到冷漠和得不到照料而死去。

……

·简　评·

　　《第二性》是"有史以来讨论妇女的最健全、最理智、最充满智慧的一本书"，堪称一部俯瞰整个女性世界的百科全书，甚至被尊为西方妇女的"圣经"。它提示了当代妇女面临的各种问题，如生命的自由、坠胎、卖淫、两性平等等，揭开了妇女文化运动向久远的性别歧视开战的序幕，使女性在这个男权社会里得以觉醒。

小档案

作者：西蒙娜·德·波伏娃

成书时间：1949年

地位：女权运动的"圣经"，女人的教科书

经典名句：如果说女人是世俗的、平庸的、基本上是功利主义的，那是因为她被迫把自己的生存奉献给做饭和洗尿布——她无法取得一种崇高感！承担单调重复的生活，处在无知觉的实在性之中，这是她的义务

读一读 《动机与人格》，是第三代心理学——人本主义心理学的开创者、美国著名社会心理学家亚伯林罕·马斯洛的最重要的一部学术著作。在书中，马斯洛提出了许多精彩的理论，包括人本心理学科学观的理论、元动机理论、心理治疗理论、高峰体验理论，以及影响最大的需要层次论和自我实现论等。

动机与人格：自我实现者的人际关系

自我实现者比其他成年人（当然不必与儿童相比），具有更深刻和深厚的人际关系。他们比一般人具有更多的融合，更崇高的爱，更完美的认同，以及更多的摆脱自我限制的能力。然而，他们的这些人际关系有着一定的特殊性质。首先，我观察到，这些关系中的其他成员很可能比一般人更健康，更接近（常常是非常接近）自我实现者。考虑到这种人在全部人口中只占很小的比例，这里就有一个很高的选择标准。

这种情况以及某些其他情况说明：自我实现者只与少数几个人有这种特别深的联系。他们的朋友的圈子较小，他们深爱的人在数量上是很少的，其原因部分在于以这种自我实现的方式去接近某人似乎需要占用很多时间。忠诚不是一时的事情。一位研究对象对此这样说："我没有时间照应许多朋友，也就是说，如果要交真正的朋友，是不可能同时交很多的。"在我的小组里，唯一的一个例外是一位妇女，她似乎特别善于交际，简直使人感到她生活的天职就是与她家庭的成员、家庭成员的家庭成员，以及她的朋友们、朋友的朋友们保持密切、温暖、美好的关系。也许，这是因为她没有正式的工作和事业，是一个未受过教育的妇女。这种专一的排他主义的确能够与普遍的社会感情、仁慈、爱和友谊（正如上面所描述的那样）同时存在。这些人倾向于对几乎所有人和蔼，或至少对他们都有耐心。他们对儿童有一种特别温柔的爱，并且为儿童们所接近。在一种非常真实即使是特殊的意义上，他们爱或者更确切地说同情整个人类。

这种爱并不意味着缺乏鉴别能力。事实上，他们能够的确也以严厉的口吻，认真地谈到那些应受谴责的人，特别是那些伪善者、狂妄自大者、自命不凡的人或自高自大的人。然而，这种实际上的低评价甚至在与这类人面对面地接触时也并非总是表现出来。对此，有段话大致可以作出解释："大多数人毕竟没有什么了不起，但他们本来有可能很了不起。他们犯各种愚蠢的错误，以致感到极为痛苦，但仍不明白他们良好的意愿为何会落得这个结果。那些令人不愉快的人往往会在深深的痛苦中付出代价。他们应该受到怜悯而不是攻击。"

也许，关于他们对他人的敌对反应，最简明的解释是：（1）这是理所应当的；（2）这是为被攻击者或某一个人好。按照弗洛姆的意思，他们的故意的基础并不是来自性格，而是反应性或情境性的。

我所掌握有材料的那些研究对象还一致表现出另一个特点，在此也不妨一提，这就是，他们至少吸引一些钦佩者、朋友甚至信徒、崇拜者。自我实现者与他的一系列钦佩者之间的关系往往是一厢情愿的。钦佩者们要求的总是多于被钦佩者愿意给予的。而且钦佩者们的热心常常使被钦佩者为难、苦恼甚至厌恶。因为他们常常越轨。情况总是这样：当被迫建立这种关系时，我们的研究对象通常是和蔼的、令人愉快的，但是，他们一般都尽可能有礼貌地回避那些钦佩者。

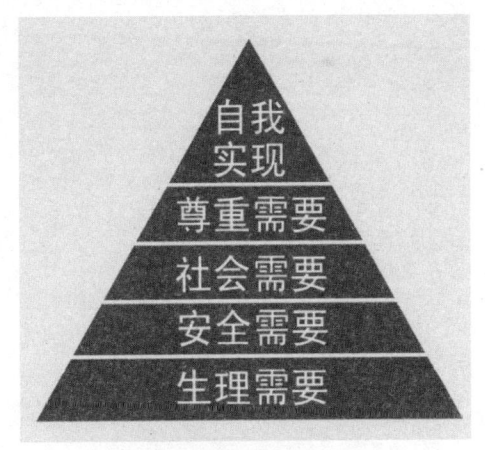

马斯洛的需要层次论

· 简 评 ·

《动机与人格》是心理学、教育、商业管理和文化研究领域公认的经典名著。它的诞生，吹响了人本主义的号角，不仅充满了作者对人类的精神健康和发展的坚定信念，而且也充满了对人与人之间的爱的信心，其思想成为心理学史上的"第三思潮"（第一思潮是弗洛伊德的精神分析学，第二思潮是华生的行为主义），成为了人们立足人类社会的锋利的精神武器。

小档案

作者：亚伯林罕·马斯洛

成书时间：1954 年

地位：奠定了"人本主义"学说

经典名句：人总是在希望着什么，这是贯穿他整个一生的特点／一个人除非在生命的每一时刻都敢于倾听自己，倾听他自己的自我，否则他不可能明智地选择生活

●●●●● 《寂静的春天》，是美国海洋生物学家蕾切

尔·卡逊最重要的一部著作。本书详述了滥用

DDT 等杀虫剂给自然环境带来的严重危害，预

言人类可能将面临一个没有鸟、蜜蜂和蝴蝶的

世界，由此引发了全世界的环境保护事业。

读一读

寂静的春天：第一章 明天的寓言（摘选）

从前，在美国中部有一个城镇，这里的一切生物看来与其周围的环境很和谐。这个城镇坐落在像棋盘般排列整齐的繁荣的农场中央，其周围是庄稼地，小山下果园成林。春天，繁花像白色的云朵点缀在绿色的原野上；秋天，透过松林的屏风，橡树、枫树和白桦闪射出火焰般的彩色光辉，狐狸在小山上叫着，小鹿静悄悄地穿过笼罩着秋天晨雾的原野。

沿着小路生长的月桂树、荚和赤杨树以及巨大的羊齿植物和野花在一年的大部分时间里都使旅行者感到目悦神怡。即使在冬天，道路两旁也是美丽的地方，那儿有无数小鸟飞来，在出露于雪层之上的浆果和干草的穗头上啄食。郊外事实上正以其鸟类的丰富多彩而驰名，当迁徙的候鸟在整个春天和秋天蜂拥而至的时候，人们都长途跋涉地来这里观看它们。还有些人来小溪边捕鱼，这些洁净又清凉的小溪从山中流出，形成了绿荫掩映的生活着鳟鱼的池塘。野外一直是这个样子，直到许多年前的一天，第一批居民来到这儿建房舍、挖井筑仓，情况才发生了变化。

从那时起，一个奇怪的阴影遮盖了这个地区，一切都开始变化。一些不祥的预兆降临到村落里：神秘莫测的疾病袭击了成群的小鸡，牛羊病倒和死亡。到处是死神的幽灵，农夫们诉说着他们家庭的多病，城里的医生也愈来愈为他们病人中出现的新病感到困惑莫解。不仅在成人中，而且在孩子中出现了一些突然的、不可解释的死亡现象，这些孩子在玩耍时突然倒下了，并

鹪鹩

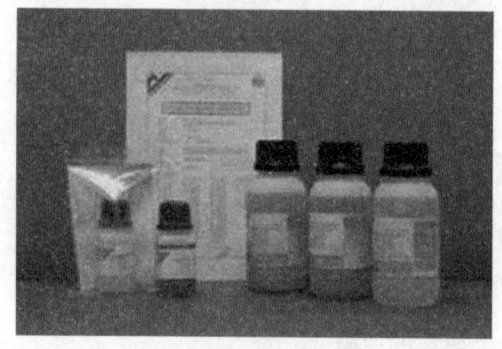

DDT（又叫滴滴涕）

在几小时内死去。

一种奇怪的寂静笼罩了这个地方。比如说，鸟儿都到哪儿去了呢？许多人谈论着它们，感到迷惑和不安。园后鸟儿寻食的地方冷落了。在一些地方仅能见到的几只鸟儿也气息奄奄，它们战栗得很厉害，飞不起来。这是一个没有声息的春天。这儿的清晨曾经回荡着乌鸦、鸫鸟、鸽子、鸟、鹪鹩（jiāo liáo）的合唱以及其他鸟鸣的音浪；而现在一切声音都没有了，只有一片寂静覆盖着田野、树林和沼泽。

农场里的母鸡在孵窝，但却没有小鸡破壳而出。农夫们抱怨着他们无法再养猪了——新生的猪仔很小，小猪病后也只能活几天。苹果树花要开了，但在花丛中没有蜜蜂嗡嗡飞来，所以苹果花没有得到授粉，也不会有果实。

曾经一度是多么引人的小路两旁，现在排列着仿佛火灾劫后的、焦黄的、枯萎的植物。被生命抛弃了的这些地方也是寂静一片。甚至小溪也失去了生命；钓鱼的人不再来访问它，因为所有的鱼已死亡。

在屋沿下的雨水管中，在房顶的瓦片之间，一种白色的粉粒还在露出稍许斑痕。在几星期之前，这些白色粉粒象雪花一样降落到屋顶、草坪、田地和小河上。

不是魔法，也不是敌人的活动使这个受损害的世界的生命无法复生，而是人们自己使自己受害。

　　《寂静的春天》是环保运动的里程碑，它的诞生引发世界范围内人们对环境问题的关注，唤起了人们的环境意识，并促使各种环境保护组织纷纷成立。1972 年 6 月 12 日，联合国在斯德哥尔摩召开了"人类环境大会"，各国签署了"人类环境宣言"，开始了环境保护事业。如《常识》刺激北美独立战争、《汤姆叔叔的小屋》引发美国南北战争一样，《寂静的春天》发出了"生态运动"的信号。

小档案

作者：蕾切尔·卡逊

成书时间：1962 年

地位：环境保护事业在美国和全世界迅速发展的导火线

经典名句：不是魔法，也不是敌人的活动使这个受损害的世界的生命无法复生，而是人们自己使自己受害／每个人都与他们的生身之人乃至周边生命有着难以割断的肉体与空间联系

● ● ● ● ● 《理解媒介——论人的延伸》，是西方传播学巨匠

读一读 马歇尔·麦克卢汉（加拿大）的成名作。在本书中，

作者通过对电话、电报、广播、电视等不同媒介的比

较，以及与种种文化现象的关联，勾画了一种电子媒

介文化社会的图景，并对其发展趋向作出了某些预言。

理解媒介——论人的延伸：第二部（摘选）

21. 报纸——靠透露消息的政治

书籍是一种个人的自白形式，它给人以"观点"。报纸是一种群体的自白形式，它提供群体参与的机会。……英美的新闻业一向趋于利用报纸的马赛克形态，去表现平凡生活中不连续的多样性和非协调性。……报纸自问世之日起，始终不趋向于书本的形式，而趋向于马赛克形式或参与的形式。……马赛克形式不意味着抱超然的"观点"，而意味着参与到过程中去。……这种参与是公共的而不是隐私的，是包容性的而不是排他性的。

一种很晚才得到报纸的文化，一种把报纸当做书籍形态来接受并且把工业当作集体政治行动来看待的文化，都不大可能到新闻中去寻找娱乐

广告也是新闻。广告的错处在于，它们总是报告好消息。为了使效果保持平衡并兜售好消息，就需要许多坏消息。而且，报纸是热媒介。为了确保报纸的热度和读者的参与，它必须登载坏的消息。真正有影响的新闻是不好的消息。

媒介的主人总是刻意提供公众想要的东西，因为他们明白自己的力量存在于媒介本身，而不是存在于讯息或节目之中。

29. 电影——拷贝盘上的世界

电影是老式的机械技术和新兴的电力世界最令人叹为观止的结合。……拷贝盘上的世界和印刷文字中个人的梦幻经验有密切的关系。

读者看书时是在用一种投射的方式使文字形象化，他必须追踪印刷物中黑白序列的"静物照"，边看边给自己提供一条声道。他竭力追随作家的思想轮廓，以变换的速度和各种理解中的幻觉去加以把握。

电影不仅是机械主义的最高表现，而且它提供的是最具有魔力的消费品，即梦幻。……重印刷文化的人之所以很容易爱上电影，正是因为电影和书本一样，提供了一个虚幻和梦境的内在世界。看电影的人和看书的人一样坐在那里沉入心理孤独之中。

无线电和电影合作给我们提供了有声片，使我们在经过爆炸和膨胀的机械时代之后，进一步踏上了内爆和重新整合的逆转过程。……他非但没有拓宽我们的世界，反而宣布我们的世界缩小到了一个村落的规模。

电影播放机

电视媒介

31. 电视——羞怯的巨人

电视媒介具有清晰度很低、使人深度介入的特性。……电视这一媒介拒斥形象鲜明的人物，它有利于表现过程而不是产品。……电视来临之后，方言被认为能提供深刻的社会纽带。……冷性的电视媒介促成了艺术和娱乐中的深度结构，同时又造成了受众的深度卷入。……触觉是各种感官的相互作用，而不是孤立的皮肤和物体的接触。……电视与其说是一种动作的媒介，不如说是一种动作反应的媒介。……除了媒介"内容"外，过去谁也不愿意研究媒介的形式本身对个人和社会的影响。……一切封闭的空间，是一切空间品质已被转换为视觉品质的空间。……由于电视形象着重参与、对话和深度，它给美国带来了强化教育节目的需求。

电视是一种冷性的、观众参与的媒介。当它被表演和刺激加热之后，它的表现功能相对减弱，因为观众参与的机会随之减少。广播是热媒介。当它被赋予额外的强度时，它的表现功能更为出色。广播吸引收听者的参与程度，不如电视机要求收视者的参与度。

迷恋冷性电视媒介的人想看的，是它们喜爱的明星所担任的角色，而电影迷想看的，却是真格的东西。……收视者介入并参与其间。电视明星的角色在这一方面，似乎比他的私生活更富有魅力。

· 简 评 ·

《理解媒介——论人的延伸》提出了"媒介即是讯息""媒介是人的延伸"的重要理论和观点，并运用了反常的研究方法——探索而不做结论，定性而不定量，因此给整个西方乃至全世界引起了强烈的冲击，毁誉参半。尽管《理解媒介——论人的延伸》还有许多问题需要进一步挖掘，但它在传播学学术领域占有不可替代的神圣的一席。

小档案

作者：马歇尔·麦克卢汉

成书时间：1964 年

地位：最早提出媒体对个人、对社会的改造作用

经典名句："媒介即是讯息""媒介是人的延伸"

第四部分　政治、军事

孙子兵法：虚实第六

原文：

1.孙子曰：凡先处战地而待敌者佚，后处战地而趋战者劳。故善战者，致人而不致于人。能使敌人自至者，利之也；能使敌人不得至者，害之也。故敌佚能劳之，饱能饥之，安能动之。

2.出其所不趋，趋其所不意。行千里而不劳者，行于无人之地也；攻而必取者，攻其所不守也。守而必固者，守其所必攻也。故善攻者，敌不知其所守；善守者，敌不知其所攻。微乎微乎，至于无形；神乎神乎，至于无声，故能为敌之司命。

3.进而不可御者，冲其虚也；退而不可追者，速而不可及也。故我欲战，敌虽高垒深沟，不得不与我战者，攻其所必救也；我不欲战，虽画地而守之，

《孙子兵法》竹简

敌不得与我战者，乖其所之也。

4.故形人而我无形，则我专而敌分。我专为一，敌分为十，是以十攻其一也。则我众敌寡，能以众击寡者，则吾之所与战者约矣。吾所与战之地不可知，不可知则敌所备者多，敌所备者多，则吾所与战者寡矣。故备前则后寡，备后则前寡，备左则右寡，备右则左寡，无所不备，则无所不寡。寡者，备人者也；众者，使人备己者也。

5.故知战之地，知战之日，则可千里而会战；不知战之地，不知战日，则左不能救右，右不能救左，前不能救后，后不能救前，而况远者数十里，近者数里乎！以吾度之，越人之兵虽多，亦奚益于胜哉！故曰：胜可为也。敌虽众，可使无斗。

6.故策之而知得失之计，作之而知动静之理，形之而知死生之地，角之而知有余不足之处。故形兵之极，至于无形。无形，则深间不能窥，智者不能谋。因形而措胜于众，众不能知。人皆知我所以胜之形，而莫知吾所以制胜之形。故其战胜不复，而应形于无穷。

7.夫兵形象水，水之形，避高而趋下，兵之形，避实而击虚。水因地而制流，兵因敌而制胜。故兵无常势，水无常形。能因敌变化而取胜者，谓之神。故五行无常胜，四时无常位，日有短长，月有死生。

解读：

1.孙子说：大凡两军交战，先到达战地待敌的一方精力充沛、主动安逸；而后到达战地匆忙投入战斗的一方则被动劳累。所以，善战者调动敌人而决不为敌人所调动。调动敌人使之前来我方预想战地，要用利益引诱；使敌人不能先我到达战场，要设置障碍多方阻挠。所以，敌人若处军安逸，则使之疲劳；若敌人粮食充足，则使之匮乏；若敌人安然不动，则使他不得不动。

2.通过敌人不设防的地区进军，在敌人预料不到的时间地点进攻。行军千里而不疲惫，是因为走在无人抵抗的地区（所谓"如入无人之境"）。进攻定能获胜，是因为攻击敌人疏于防守的地方。防守必定稳固，是因为守在敌人一定会进攻的地方。所以善于进攻者，能使敌方不知道在哪防守，不知道怎样防守。而善于防守者，能使敌人不知道从哪进攻，不知怎样进攻。深奥精妙，见不到一丝形迹；神奇玄妙，不漏一点声息。所以能成为敌人命运的主宰。

3.进攻时，敌人无法抵御，是因为攻击敌人兵力空虚的地方；撤退时，敌人无法追击，是因为行动迅速使敌人无法追上。所以，如果我军意欲交战，须攻击敌军非救不可的要害之处，敌军就算垒高墙挖深沟也不得不出来交战；如果我军不想与敌军交战，只要设法改变敌军进攻的方向，即使我方只是在地上画线而守，敌人也无法与我军交战。

4.所以，敌军处于暴露状态而我军处于隐蔽状态，这样我军兵力可以集中而敌军兵力不得不分散。（在兵力相当的基础上）我集中于一体，敌分散为十处，相当于以十攻其一；这样，（在局部战场上）就出现我众敌寡的态势，在这种态势下，则我军参战者用力少而成功机会却多。敌军不知我军所攻何处，就会处处分兵防备，防备的地方越多，能够与我军在特定地点直接交战的兵力就越少。防备前方，则后方兵力不足；防备后方，则前方兵力不足；防备左侧，则右侧兵力不足；防备右侧，则左侧兵力不足；所有的地方都防备，则所有的地方都兵力不足。兵力不足，全是因为分兵防御；兵力充足，是因为使敌分兵防御我。

5.所以，既预知交战地点，又预知交战时间，即使行军千里也可与敌交战。不能预知与敌交战地点，又不能预知交战时间，仓促遇敌，就会左军不能救右军，右军不能救左军，前军不能救后军，后军不能救前军，何况远的相距数十里，近的也有好几里呢。据此分析，越国虽然兵多，但对他的胜利又有什么帮助呢？所以说：胜利是可以创造的。敌兵虽多，却可以使之无法有效地参加战斗。

6.通过仔细分析可以判断敌人作战计划的优劣得失；通过挑动敌人，可以了解敌方的活动规律；通过"示形"，可以弄清地形是否有利；通过试探性进攻，可以探明敌方兵力布置的强弱多寡。所以，示形诱敌的方法运用得极其巧妙时，可达到不漏蛛丝马迹、一点破绽也没有的地步。到此境地，即使隐藏再深的间谍也不能探明我军虚实，智慧高超的对手也想不出对付我的办法。根据敌情采取制胜的策略，即使摆在众人面前，众人也理解不了。人们知道我克敌制胜的方法，却不知道我是怎样运用这些方法制胜的。所以获得胜利的战略战术每次都是不一样的，应适应敌情灵活运用。

7.兵形如水。水的流动，避高就低；用兵取胜，避开敌军设防严密的地方而攻击其薄弱环节；水据地势而流动，军据敌情而制胜。所以用兵作战没有一成不变的态势，正如流水没有固定的形状和去向。根据敌情变化而变化取胜者，正所谓用兵如神。金、木、水、火、土这五行相生相克，没有哪一个常胜；四季相继相代，没有哪一个固定不移，白昼有长有短，月有阴晴圆缺。万物皆处于流变状态。

・简 评・

《孙子兵法》是中国最古老、最杰出的一部兵书，也是世界三大兵书之一（另外两部是德国克劳塞维茨的《战争论》和日本宫本武藏的《五轮书》）。在中国军事史上，它占有举足轻重的地位，其军事思想对中国历代军事家、政治家、思想家产生了非常深远的影响。但是，它不仅仅是一部军事著作，它更代表着中国人民的智慧、思想、文化，是几千年中华文明的智慧根基、源泉。

小档案

作者：孙武

成书时间：春秋末期

结构：共十三篇，5000余字

地位：中国最古老、最杰出的一部兵书、世界三大兵书之一

《乌托邦》，全名为《关于最完美的国家制度和乌托邦新岛的既有益又有趣的金书》，是英国空想社会主义者托马斯·莫尔的不朽巨著。在书中，莫尔借一位海外游人拉斐尔·希斯拉德之口，谈论自己对现实的思考和对未来的设想。

乌托邦：第二部（摘选）

这是一个全新的世界，这是一个宁静的岛国，它的河流、城镇、居民、法律、风俗，它的一切，无不透露着和谐、睿智和文明，给人一种震撼和感动，让人怀着一份向往和憧憬。我想我是幸福的，因为在我的一生里，我有幸见证了这样的文明，并在心里深深地刻下了那个美丽国度的印记。请和我一起做这样一段旅行，踏进那片神圣的土地。从此以后，你的生命里就有了可以珍惜的理由，有了可以追求的目标，而这一切，从乌托邦开始……

乌托邦岛像一叶小舟，静静地停泊在无边的海洋上。远远看去，就像一座海市蜃楼，虚无飘渺中透出神秘的气息。全岛呈新月状，中部最宽，达200英里。事实上，全岛大部分都是这样的宽度，只是两头逐渐变窄。小岛从一头到另一头大概有500英里，两角之间还有一个长约11英里的海峡，海峡外面是一片汪洋。由于海湾四周被陆地环绕，几乎不受狂风的侵袭，海湾内少了几分波涛汹涌，显得一片宁静。整个海湾更像一个巨大的湖泊或者说是一面镜子，清澈明净，倒映着蓝天白云，微风过处荡起层层涟漪。清晨，当太阳还没有升起时，整个海湾隐没在一片白茫茫的海雾中；傍晚，静静的海湾躺在夕阳的斜晖里，海水不断变化着绚丽的色彩；当夜色笼罩时，海湾低声絮语，宛如刚从睡梦中醒来。天地间一片宁静，水天相连，静谧得让人不忍破坏大自然最珍贵的赐予，所有的一切在此时此刻都悄悄沉淀了。不仅仅是这优美的景色，更因为这优越的地理位置，使这个岛国的几乎整个腹部都发

乌托邦地图

展成为一个重要的港口。来来往往的船舶、络绎不绝的游客，给这个原本安静的小岛带来了生机和活力。这里的船舶可以通航到各地，给居民带来了极大的便利。

港口出入处非常险要，布满了浅滩和暗礁。大约在正中的位置，矗立着高大的岩石，即使在远处也能够清楚地看到，所以一般不会造成什么危险。在这些岩石上，修筑有几座堡垒，并且有一支专门的戍卫部队占据防守。此外还有一些让人防不胜防的水底暗礁，使得想要入侵的敌人望而却步。只有本国人对进出的各条水道非常熟悉，外地人如果没有乌托邦人的带领和引导，他们的船舶很难进入这样一个充满危险的海湾。但确切地说，即使是在岛上生活了多年的本地人，这样的出入处有时也会给他们带来危险。除非他们根据岸上的那些非常明显的标志作出判断，并在那些标志的指引下顺利启航或登陆，否则连他们自己也不敢保证绝对的安全。这些标志在乌托邦人的生活中起着重要作用，除了用于航行，它们还用于军事方面。这些标志一旦被移动了位置，对于进攻的敌人来说，他们的舰队即使再强大，他们的设备即使再先进，在这样的天然屏障面前，也经常无计可施。如果他们无视危险的存在而贸然前进，就很容易被引诱并最终导致整个舰队的毁灭。这样一个既给乌托邦人带来危险又保护着乌托邦人安全的港口，对乌托邦发挥着双重作用。

《乌托邦》出版公告

在《乌托邦》这部不朽著作中，莫尔为当时处于水深火热之中的英国劳苦民众慷慨陈词，大声疾呼。他首次用"羊吃人"来揭露罪恶的"圈地运动"，并提出了公有制，讨论了以人为本、和谐共处、婚姻自由、安乐死、尊重女权、宗教多元等与现代人生活休戚相关的问题，勾画了一个在当时认为是理想社会的蓝图。这些讨论和构想成为空想社会主义及科学社会主义的重要思想来源。不可否认，莫尔超越了那个时代。

小档案

作者：托马斯·莫尔

成书时间：1515 年～ 1516 年

结构：采用海外奇谈式著述，用拉丁语写成，包括导读、托马斯·莫尔向彼得·贾尔斯问好的信、第一部、第二部、结语 5 个部分

地位：乌托邦文学开篇之作

●●●●●《君主论》，又译作《霸术》，是近代政治学
之父意大利政治家尼可罗·马基雅维利的代表
作。本书主要论述了君主国应该怎样进行统治和
维持、军队是一切国家的主要基础这两个问题。

读
一
读

君主论（摘选）

遴选自己的大臣，对于君主来说是一件异常重大的事情；大臣是否良臣，完全取决于君主的是否明智。人们对于一位君主和他的能力的第一印象，主要是通过观察对他左右的人来判断的，如果君主左右的人都是有能力的而且忠诚的，他就会被认定是明智的，因为君主已经清楚地知道怎样看出臣下的能力并且使他们忠贞不渝。但是如果臣下不是这样的人，人们常常就会对君主做出不好的判断，因为他做出的第一个错误就是在选择大臣这件事之上。

凡是知道安托尼奥·达·韦纳弗罗是锡耶纳君主潘多尔福·佩特鲁奇的大臣的，都无不认定潘多尔福是一位最卓越的人，就是因为他能够把这样一个人才作为自己的大臣。因为人的头脑可以分为三类：一类人靠自己就可以明白事理人情的，一类靠辨别别人所说明的道理来理解人情事理，最后一类既不能靠自己理解，也不能凭借别人的说明去做。无疑，第一类最优秀，第二类也优秀，第三类则可以称为是百无一用的。因此，我们可以这样说也许是更合适的：潘多尔福不属于第一类，就应该属于第二类，因为有些人尽管自己缺乏足够的能力去得出高见，但如果他对于别人的言语德行具有很好的鉴别力，就同样能够识别大臣所作所为的善恶之别；他可以激励优秀和善者更好前行，校正弱者的过失，弥补缺失；这样，大臣不敢指望蒙骗君主，而尽可能保持善的品性。

那么，一位君主如何才能够识别出一位大臣的品质优良与否呢？这里有

一条方法，可谓上上之策：如果你发觉该大臣处处为自己着想，超过了对你的顾及，而且在他的一切举动中都在追求自己的利益，那么就可以断定这样一个人绝非一个好的大臣，这个人是绝不能信赖依靠的；因为国家的权力操纵在他的手中，他就不应该想着自己，而应该只为君主着想，并且决不去思虑那些与君主无关的事情。另外，为了使自己的大臣保持忠贞不渝之心，君主必须常常为大臣着想，尊敬他，让他享有荣华富贵，使他对你感恩戴德，不能忘怀，并让他分享荣誉，分担职责：处处让他明了如果没有君主，他就会一无所有，无法立身，而且他所拥有的众多荣誉更是让他无所需求，他拥有的无数财富让他别无所求，而且他身负重任，所承担的职责让他不敢有所闪失，如履薄冰。至此，君主和大臣之间的关系，以及大臣的状态是这种情况的时候，上下彼此之间就能够诚信相待，互为资用；如果非此，则带来的结果对君臣上下总是有所损害的。

马基雅维利将《君主论》献给罗梭佐·美第奇（佛罗伦萨共和国僭主）

· 简　评 ·

综观《君主论》，推崇的是强力而独裁的君主制度，深刻而鲜明地体现了作者"为达目的，不择手段""强权至上"的思想特点。正因为此，它在问世后便引发激烈争论，毁誉参半，还一度列为禁书。有人说它像一本"恶棍手册"，因为它触及了道德信念在政治思考中的位置，在很长时期内受到了猛烈的攻击。不过，本书对人类劣根性的大胆揭示以及对政治斗争技巧的独到、精辟、诚实的剖析，对世界的政治思想和学术领域都产生了极为重要的影响，成为了后人研究和学习的极为宝贵的精神财富。

小档案

作者：尼可罗·马基雅维利

成书时间：1513年～1523年间，1532年印行

结构：全书有26章，后12章是全书的重点

地位：君主的床头或身上必带书

经典名句：君主必须是一头狐狸，以便认识陷阱，同时又必须是一头狮子，以便使豺狼惊骇

海权对历史的影响：引论（摘选）

……海权的历史乃是关于国家之间的竞争、相互间的敌意以及那种频繁
地在战争过程中达到顶峰的暴力的一种叙述。海上商业对于国家的财富及其
实力的深远影响，早在这些千真万确的原则昭然于天下之前，就已被洞察秋
毫，而正是这些原则指导着其增长与繁荣。为了使本国民众所获取的好处超
越寻常的份额，有必要竭尽全力排斥掉其他竞争者。要么通过垄断或强制性
条令的和平立法手段，要么在这些手段不能奏效时，诉诸直接的暴力方式。
……

在世界历史上的一个十分引人注目和重大的时期，海上霸权所具有的影
响和重要性并没有得到足够重视。现在也没有为详尽的追述其对第二次迦太
基战争影响所必需的资料，然而，仅存的迹象仍足以证实那是一个确定因素
的推测。如果仅仅通过把握已广为流传的特定角逐一类的事实，那么，基于
这种观点是不可能得出精确判断的，因为，正如同通常那样，海上事件处理
过程都已被可耻地忽略掉了。这也有必要熟知一般海军史的细节，以便从可
怜的蛛丝马迹中，基于其历史为人们所通晓之时期可能发生何事的知识基础
上，得出正确的推论。对于海洋的控制，无论如何有效，都不意味着敌军战
舰不可能单枪匹马或成群成队地偷偷溜出港口，不可能穿越多少显得繁忙的
海上通道，对漫长的海岸线上不受保护之地区进行骚扰性攻击，或闯入戒备
森严的港湾。与之相反，历史已经显示，在某种程度上，对于弱小的一方，

艾尔弗雷德·塞耶·马汉

德皇威廉二世是马汉海权论的狂热崇拜者

诸如此类的擦边战术永远都是可能的，而不论相互间海上实力的差异有多大。……

通常赋予"战略"一词的定义将其限定于军事组合之中，其包括一个或更多的行动领域，要么完全地各具特色，要么相互密不可分，但是都被视为实际的或迫在眉睫的战争场景。然而，这恐怕只是指在岸上，最近一位法国著作者十分正确地指出，这一定义对于海上战略，过分狭隘。"海上战略，"他说，"并不同于军事战略，因为它在和平时期正如同战争时期一样是必不可缺的。确实，在和平时期，它能够采取购买或条约的手段，通过占领一方疆土，可能会取得最具决定性的胜利，其优越的态势或许是通过战争都几乎不能取得的。要学会通过在海岸的某些选定之地站稳脚跟的所有机遇来获得好处，还要学会给最初只是仅作短暂用途之地予以确定性的占据。"有这样一代人，他们在十年时间内目睹了英国成功地占领了塞浦路斯和埃及，表面上是以暂驻的条件，然而这却无法促使他们放弃所占领之地。这样一代人可以欣然同意这一评论：这种暂驻确实可以从那种暗地里锲而不舍的精神中得到持续不断的说明，正是凭借这种精神，所有的海上强国取得了它们的人民和战舰渗透进的不同海域一处又一处的要冲，尽管比起塞浦路斯和埃及来，它们不太那么引人注目或不太那么值得注目。"海上战略确实因此得以奠定、支撑、提升一个国度的海上力量。战争时期如此，和平时期也如此"。所以，对它的研究对于一个自由国家的所有公民都是利害相关具有价值的，对于那些承担有外交和军事关系的国家而言，尤为如此。那些要么对于一个濒海国家至关重要，要么能够极大地塑造其伟大成就的一般条件，现在将要得到检验。在此之后，对在 17 世纪中叶的各种欧洲领海国家的更为专门的考查——历史总结就是从这里开始的——将会起到阐释与验证有关这一主题性结论的作用。

·简 评·

以《海权对历史的影响》为首，与《海权对法国大革命和帝国的影响》《海权的影响与 1812 年战争的关系》组成了马汉的"海权论三部曲"，确立了马汉的海权论思想体系，建立了适应时代的海军理论，对当时的英、德、日等国，尤其是美国的海军建设和海洋战略产生了重大影响。

小档案

作者：马汉

成书时间：1660 年~ 1783 年

地位：海军史最杰出的著作

经典名句：谁控制住海洋，谁就统治了世界／国家与人一样，无论怎样强大，与外世隔绝时，并且断绝可立即得到能够支援其内在力量的资源时，就会衰退，这两种教训是相同的

读一读

●●●●●《论法的精神》，是法国启蒙思想家孟德斯鸠有关政治和法律理论的奠基之作。在该书中，孟德斯鸠阐述了自然法理论、法和法律定义、法律与政体关系，以及政体分类、各种政体的性质和原则等问题，并提出了追求自由、主张法治、实行分权等著名理论。

论法的精神（摘选）

法，就最广的意义来说，就是由万物的本性派生出来的必然关系：在这个意义之下，一切实体都有它们的法；神有神的法，物质世界有物质世界的法，在人之上的天使有天使的法，禽兽有禽兽的法，人有人的法。

有些人说，有一种盲目的命运产生了我们在世界上看到的一切结果，这种说法是极其荒谬的；因为一种盲目的命运居然会产生出有理智的实体，岂不是绝大的荒谬吗？因此有一种原始的理；法就是这种理与各种不同的实体之间、以及这些不同的实体彼此之间的关系。

既然我们看到，这个由物质的运动造成的、并无理智的世界是永远存在的，那么它的运动就一定有一些不变的法则；如果我们可以在这个世界以外设想另一个世界的话，那个世界也会有一些常住不变的法则，要不然它就会消灭。

因此创世活动看起来好象是一种任意的行为，却要以一些同无神论者所说的命运一样不变的法则为前提。说创世主没有这些法则也能统治世界，那是荒谬的说法，因为世界没有这些法则是不会存在下去的。

这些法则是一种确定不移的关系。在一个运动的物体和另一个运动的物体之间，一切运动都是遵照着质量和速度的关系而取得、增加、减少和丧失的；每一种殊异都有齐一性，每一种变化都有恒定性。

有理智的特殊实体可以有他们自己制定的法；但是他们也有并非他们自

已制定的法。在有理智实体之前，他们是可能的理智实体，因此他们有着可能的关系，并因而有着可能的法。在有制定的法之前，已经有可能的公道关系。说除了制定法规定或禁止的以外根本没有什么公道不公道，那就等于说在人们画出圆形以前所有的半径并不相等一样。

因此必须承认公道关系先于确定这些关系的制定法：例如，假定有了人类社会，遵守这些社会的法才是公道的；如果有一些理智实体受了另一实体的恩惠，他们才应当对他感恩；

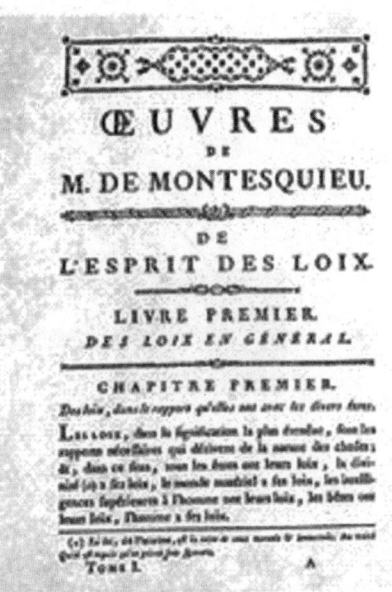

《论法的精神》书影

如果有一个理智实体创造了一个理智实体，被创造者才应当始终保持着它一起头就有的那种从属地位；一个理智实体对一个理智实体作了恶，才应当接受同样的恶；诸如此类。

但是理智界远不如自然界治理得那样好。因为理智界也有本性上不变的法，却并不始终不渝地遵守这些法，像自然界遵守它的法那样。其理性在于特殊的理智实体受到自己本性的局限，因而会犯错误；而另一方面，他们的本性又使他们凭自己行动。因此他们并不始终不渝地遵守他们的原始法；甚至他们自己制定的法他们也并不永远遵守。

我们不知道禽兽究竟受一般的运动法则支配，还是受一种特殊的运动支配。不管怎样，它们并不比物质世界的其余部分与神关系更密切；感觉只是用于它们的相互关系中，这种相互关系或者是它们与其他特殊实体的关系，或者是它们与自己的关系。

凭着快乐的吸引，它们保持着它们的个体存在；也是凭着同样的吸引，它们保持着它们的种类。它们有自然法，因为它们是凭感觉结合的：它们并无制定法，因为它们不是凭知识结合的。然而它们并非经常不变地遵守它们

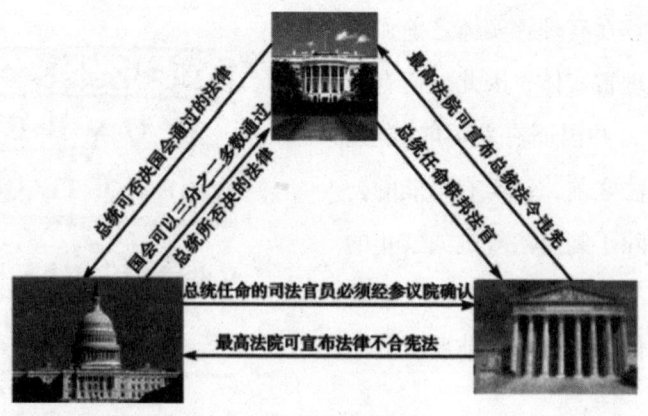

三权分立示意图

的自然法：我们看到植物既没有知识也没有感觉，它们却比禽兽更守自然法。

禽兽没有我们所享有的那些最大的好处；它们享有我们所没有的好处。它们没有我们的希望，但是也没有我们的恐惧；它们也和我们一样不免于死，但是它们不知道死；甚至于大部分禽兽比我们更善于自保，并不像我们那样滥用自己的感情。

人，作为自然实体，是和其他物体一样，受一些不变的法支配的；作为理智实体，则不断地违犯神所制定的法，变更自己所制定的法。他必须引导自己，然而他是一个有限的实体；他是会陷于无知和错误的，正如一切有限的理智实体一样；他所具有的微弱的知识，也不要丧失。作为有感觉的创造物，他变得受千百种感情支配。这样一个实体是时时刻刻可能忘掉他的创造主的，于是神曾用宗教法来提醒他；这样一个实体是时时刻刻可能忘掉他自己的，于是哲学家们曾有道德法来告诫他；他生就要在社会中生活，在社会中又有可能忘掉，于是立法者们曾用政治法和公民法来使他尽自己的义务。

· 简　评 ·

《论法的精神》内容丰富，体系完整，论点严密，是风行世界的经典之作。《论法的精神》把法律置于决定地位，认为只有法律才能保障人民的自由权利，而专制则是对人性的蔑视和对自由的践踏。由此，它深入探讨了自由赖以存在的体制条件，并借此找到恢复自由的基本手段——三权分立，以权力制约权力，防止权力滥用。书中还提出了宪法统率下权力分立与制衡的政治制度。如此，法律、自由与宪法相结合，奠定了近代西方政治与法律理论发展的基础，并对世界范围的资产阶级革命和建权产生了大大影响。

小档案

作者：孟德斯鸠

成书时间：1748 年

结构：分三卷，第一卷是关于法的概述以及法与政体的关系论述；第二卷讨论的是法与政治权力的关系；第三卷论述了法律与地理环境的关系

地位：亚里士多德以后第一本综合性的政治学著作

●●●●●《社会契约论》,又译作《民约论》,又名《政治权利的原理》,是在法国启蒙运动中,杰出的政治思想家、文学家卢梭的一部杰出的政治法律学说。《社会契约论》以反封建反专制、建立民主共和、人民主权为主题和主要内容,概括了激进的资产阶级民主派的革命理论。

读一读

社会契约论:第二卷 第二章 主权是不能分割的

由于主权是不可转让的,同样理由,主权也是不可分割的。因为意志要么是公意,要么不是;它要么是人民共同体的意志,要么就只是一部分人的。在前一种情形下,这种意志一经宣示就成为一种主权行为,并且构成法律。在第二种情形下,它便只是一种个别意志或者是一种行政行为,至多也不过是一道命令而已。

可是,我们的政论家们不能从原则上区分主权,于是便从对象上区分主权:他们把主权分为强力与意志,分为立法权力与行政权力,分为税收权、司法权与战争权,分为内政权与外交权。他们时而把这些部分混为一谈,时而又把它们拆开。他们把主权者弄成是一个支离破碎片凑起来的怪物;好像他们是用几个人的肢体来凑成一个人的样子,其中一个有眼,另一个有臂,另一个又有脚,都再没有别的部分了。据说日本的幻术家能当众把一个孩子肢解,把他的肢体一一抛上天空去,然后就能再掉下一个完整无缺的活生生的孩子来。这倒有点像我们政论家们所玩的把戏了,他们用的不愧是一种江湖幻术,把社会共同体加以肢解,随后不知怎么回事又居然把各个片断重新凑合在一起。

这一错误出自没有能形成主权权威的正确概念,出自把仅仅是主权权威所派生的东西误以为是主权权威的构成部分。例如,人们就这样把宣战与媾和的行为认为是主权的行为;其实并不如此,因为这些行为都不是法律而只是法律的应用，是决定法律情况的一种个别行为。只要我们把法律一词所附有的观念确定下来，就会很明显地看出这一点。

在同样考察其他分类时，我们就会发现，每当人们自以为看出了主权是分立的，他们就要犯错误；而被人认为是主权各个部分的那些权利都只

卢梭的大部头著作

是从属于主权的，并且永远要以至高无上的意志为前提，那些权利都只不过是执行最高意志而已。

当研究政治权利的作家们，想要根据他们已经确定的原则来判断国王与人民的相应权利时，我们简直无法述说这种缺乏确切性的结果给他们的种种论断投下了怎样的含混不清。每个人都可以看出在格老秀斯的著作第一卷的第三、第四两章中，这位渊博的学者以及该书的译者巴贝拉克是怎样地纠缠于并迷失在自己的诡辩之中的；他们唯恐把自己的见解说得太多或者太少，并唯恐冒犯了他们所要加以调和的各种利益。格老秀斯不满意自己的祖国，逃亡到法国；他有意讨好路易十三，他的书就是献给路易十三的，所以他不遗余力地要剥夺人民的一切权利，并且想尽种种办法要把它们奉献给国王。这一定也投合了巴贝拉克的胃口，巴贝拉克是把自己的译书献给英王乔治一世的。然而不幸雅各二世的被逐——他是称之为逊位的——使他不得不小心谨慎，回避要害，含糊其词，以免把威廉弄成是个篡位者。假如这两位作家能采取真正的原则的话，一切难题就都可以迎刃而解，而他们也就可以始终一贯了。他们本该是忍痛说出真理来的，他们本该是只求讨好人民的。然而，真理却毕竟不会使他们交运，而人民也不会给他们以大使头衔或教授讲席或高薪厚俸的。

　　《社会契约论》第一次提出了"天赋人权和主权在民的思想"，为1789年法国大革命奠定了思想基础，对封建专制下的广大人民寄予了更加深切的关注和同情，富有战斗性和建设性。还有，如天赋人权、自由平等、主权等民主思想被《人权宣言》和《独立宣言》吸纳，成为它们的直接蓝本。法国国家格言"自由、平等、博爱"便来自《社会契约论》。《社会契约论》获得"人类解放的第一个呼声，世界大革命的第一个煽动者"的美誉，当之无愧。

小档案

作者：卢梭

成书时间：1762年

结构：共4卷

地位：世界政治法律学说史上最重要的经典之一

经典名句：人是生而自由的，但却无往不在枷锁之中

常　识（摘选）

有人曾经这样对我说："在以前，既然北美与大不列颠交往时曾经繁荣过，那么为了北美将来的幸福，还有必要保持同样的联系，并且还会产生同样的效果。"我敢说再也没有比这更错误的任何论证了。如果这样，你还不如说，因为一个孩子是吃奶长大的，所以他永远不该吃肉，或者说，我们一生第 2 个 20 年应该仿照开头的 20 年。不管怎样说，这些说法都太言过其实了，在此，我可以直率地说，假如北美没有被欧洲列强注意的话，北美照样能够繁荣，或许还会更兴旺。北美赖以致富的贸易是属于生活必需的，只要欧洲人还有饮食的习惯，北美总会有市场的。

……

唉！长期以来，我们受到历史偏见的迷惑，并且因为迷信我们做出了很大的牺牲。曾经，我们自夸说我们受到了大不列颠的保护，但是我们却忽略了她的动机是为了利益而不是出于情谊；她并不是为了我们，如果是，那么她保护我们免遭我们的敌人的侵犯了吗？她是为了保护她自己，为了她自己免受她的敌人的侵犯，甚至由于其他原因，还要保护她自己免受那些原本与我们无争执的人的侵犯，但是正是由于同样的原因，这些原本与我们无争端的人也将会成为我们永远的敌人。如果英国放弃在北美大陆的权利，或者北美大陆摆脱英国的束缚，那么，万一法国与西班牙同英国发生战争，至少我们还可以与这两个国家保持和平……

……还是让我们规定一天来庄严地宣布宪章吧，希望我们哪怕在世俗的道德行径方面也不要出现一点缺点；让我们发表的宪章以神法和圣经为依据；让我们为宪章加冕，从而使世人知道，就赞成君主制而言，在北美，法律就是国王。因为，在专制政府中，国王便是法律；那么在这样的自由国家中，法律便应该成为国王，而不应该再参与其他的作用。为了预防以后发生滥用至高权威的流弊，那么不妨在典礼结束时，将取消法律的这一"国王"称号，而让所有有权享受这种称号的人民分享它。

上天赋予我们组织我们自己的政府的权利。如果一个人真的考虑到世事动荡的话，那么他就会深深地相信，无限的聪明和安全的办法就是：我们尽力以冷静审慎的态度来组织我们自己的政权形式，而不应该把这样一个重大问题交给时间和机会去支配……

那么，我要问一问：那些劝我们重视融洽与和解的人，你们能不能把已经消逝的时间重新交还给我们呢？你们能不能把过去的纯洁还给娼妓呢？如果这些不能办到，那么你们想要使英国与北美和解，那也是办不到的。现在就连最后一根纽带也已经断了，英国人也正在大放厥词攻击我们。这些所造

美国独立战争

成的损害天理难容。如果天理会宽恕的话，那就没有天理可言了。对于一个情人来说，他永远不会宽恕强奸他情妇的人，那么同样对于北美大陆来说，他也永远不能宽恕英国的那些杀人凶手。上帝已经赋予我们执著追求好的、明智的东西的那种永不泯灭的感情。因此这种感情保护了我们心中上帝的形象，而且使我们不同于普通的动物群体。假如我们麻木无情，那么社会契约就会解体，公道就会在世上绝迹，或者说只是偶然存在而已。假如我们所遭受的侮辱还不能激怒我们起来要求伸张正义的话，那么强盗和杀人凶手将会常常逍遥于法外。

啊，你们这些对人类充满爱心的人！你们这些不但敢反对暴政而且敢反对暴君的人，请你们站到前面来吧！旧世界到处都是压迫，自由到处遭到毁灭，亚洲和非洲早已没有了自由，在欧洲也把自由当作是异己分子，而英国也已经对她下了逐客令。啊，接待这个逃亡者，及时地为人类准备一个避难所吧！

·简 评·

《常识》虽然只是一本50页的小册子，但它的影响是巨大的、深刻的。它一问世，立刻被人抢购一空，在短短的三个月内，在人口不到300万的北美殖民地上竟销售12万册。它一举扭转了北美的舆论，彻底摧毁了英王在殖民地人民心目中的优美形象，使他成了一个暴虐的独夫，从而切断了殖民地人民心中残存的对英王和英国的最后一根感情纽带，从而提高了北美人民的觉悟，推动他们倾向独立，独立逐渐地成为普遍呼声，促使美国最终从不列颠帝国中独立出来。

小档案

作者：托马斯·潘恩

成书时间：1776年

地位：推动北美独立革命风暴的出版物

●●●●●《战争论》，是德国军事理论家和军事历史学家克劳塞维茨在总结以往战争、特别是拿破仑战争的基础上写成的一本军事理论著作。本书自觉运用辩证法系统总结战争经验，在战争的概然性、战争与政治的关系、精神因素的作用、民众战争、集中兵力等许多方面有精辟论述，被誉为西方近代军事理论的经典之作。

读一读

战争论：第三章 军事天才（摘选）

在到处都充满危险的战争领域，军人应具备的首要品质是勇气。勇气有两种：一种是物质勇气，即个人敢于冒险的勇气；一种是精神勇气，即敢于负责的勇气。

个人敢于冒险的勇气又有两种。第一种为恒态勇气：对危险置若罔闻，这可能是出于天生，或源于不怕死，抑或是习惯使然。第二种为非恒态勇气：可能源于积极的动机，如荣誉心、爱国心或其他激情引起的热情，在此情况下，勇气就只能是一种情绪冲动。二者作用不同。前者稳定可靠，因为他已经成为人的第二天性，永远不会丧失；后者则具有更大的激励作用，能引导人前进。前者以万强胜，后者以大胆著。前者使理智更清醒，后者虽可增强理智，但也常常会使理智迷乱。两者结合方能造就最完善的勇气。

战争行动所依据的情况有四分之三好像隐藏在云里雾中，或多或少是不确实的。因而首先需要有敏锐的智力，籍以通过准确而迅速的判断来辨明事实真相。

战争领域充满偶然性。任何人类活动都不像战争这样在各方面和偶然性经常接触。

要想不断地战胜意外事件，必须具备两种素质：一是在茫茫的黑暗中仍能发出内在地的微光以照亮真理的智力；二是敢于跟随这种微光前进的勇气。前者在法语中被形象地称为眼力，后者就是果断。……果断是勇气在特定情况下的具体表现，其作用是在动机不足的情况下消除疑虑的苦恼和迟疑的危险，……也就是敢于面对精神危险的勇气。

综观形成战争气氛的四个要素：危险、劳累、不确实性和偶然性，可以理解，要想在困难重重的战争中顺利前进，需要在感情方面和智力方面有巨大的力量。

但当情况变得困难时，战争机器本身开始产生阻力，……这种阻力不仅指不服从和抗辩，而是指整个部队的体力和精神力量不断衰退所造成的总的印象，是指看到流血牺牲时所引起的痛苦情绪。……统率必须用自己的内心之火和精神之光，重新点燃全体部下的信念之火和希望之光。只有做到这一点，他才能控制他们，继续统帅他们。

但想要发挥巨大的力量，感情的冲动是不可缺少的。在进行激烈的战斗时，人们内心充满了高尚情感，再没有什么比荣誉心更强烈和更稳定的了。它是在战争中使巨大的躯体获得灵魂的真正的生命力。……其他感情虽然也能鼓舞和提高广大官兵的士气，却不能使指挥官具有比部下更大的雄心，而这种雄心是指挥官要想在自己的职位上取得卓越的成就所必须具备的。其他情感，都不能像荣誉心那样，使每一个指挥官像对待自己的田地那样对待每一次军事行动，千方百计地加以利用，努力耕耘，细心播种，以期获得丰收。最能使军队发挥作用和取得胜利的，正是各级指挥官的这种努力，这种勤勉精神、竞争心和进取心。对于职位最高的统帅来说更是如此，试问，自古以来，有哪一个伟大的统帅没有荣誉心呢？一个伟大的统帅没有荣誉心是可以想象的吗？

坚强是指意志对猛烈打击的抵抗力，顽强则是指意志对持续打击的抵抗力。

刚强是指在最激动或热情奔放的时候也能够听从智力支配的一种能力。……刚强的人不是指仅仅能够激动的人，而

拿破仑战争之滑铁卢会战

是指即使在最激动的时刻也能保持镇静的人。所以这种人尽管内心很激动，但他们的见解和信念就像在暴风雨中颠簸的海船上的罗盘指针，仍能准确地指出方向。

所谓坚定，……是指能坚持自己的信念。

军事行动要求人们必须具备智力和感情力量。……只认识真理，仅能产生极其微弱的动力。促使人们行动的最强的动力总是来自感情，而最强大的支持力量则来自感情和智力的合金，这种合金就是果断、坚强、顽强和坚定。……对较高的智力所要求的是综合力和判断力，二者发展成为惊人的洞察力，具有这种能力的人能迅速抓住和澄清千百个模糊不清的概念。

· 简 评 ·

《战争论》凝聚了世代的战争智慧，又鲜明呼应其诞生时代的军事变迁，运用德国古典哲学的辩证法考察战争问题，提出了诸如"战争无非是政治通过另一种手段的继续"等一系列在战争理论中引发革命的主要思想，对近代西方军事思想的形成和发展有着巨大的推动作用。

小档案

作者：克劳塞维茨

成书时间：1832年～1837年

结构：共3卷、8篇、124章；另有说明、作者自序，及作者在1810年至1812年为普鲁士王太子讲授军事课的材料、关于军队的有机区分、战术或战术学讲授计划和提纲等附录，约70余万字

地位：军事思想史上自觉运用辩证法系统总结战争经验的战争理论经典之作

读一读 ●●●●● 《论自由》，是西方近代自由主义的主要代表人物、英国著名哲学家和经济学家约翰·密尔最具代表性的著作。该书以公民自由为中心，对自由问题进行了多方面的阐述。书中主要中心论题有三个：论思想自由和讨论自由；论个性自由；论社会对个人自由的控制。

论自由：第三章 论个性为人类福祉的因素之一（摘选）

个人的自由必须制约在这样一个界限上，就是必须不使自己成为他人的妨碍。但是如果他戒免了在涉及他人的事情上有碍于他人，而仅仅在涉及自己的事情上依照自己的意向和判断而行动，那么，凡是足以说明意见应有自由的理由，也同样足以证明他应当得到允许在其自己的牺牲之下将其意见付诸实践而不遭到妨害。……在并非主要涉及他人的事情上，个性应当维持自己的权利，这是可取的。

人类要成为思考中高贵而美丽的对象，不能靠着把自身中一切个性的东西都磨成一律，而要靠在他人权利和利益所许的限度之内把它培养起来和发扬出来。由于这工作还一半牵连着做这工作的人的性格，所以借着这同一过程，人类生活也就变得丰富、多样，令人有生气，能供给高超思想和高尚情感以更丰足的养料，还加强着那条把每个人和本民族联结在一起的纽带……相应于每个人个性的发展，每个人也变得对于自己更有价值，因而对于他人也能够更有价值……当然，为着防止人性的较强标本侵蚀他人的权利，必要数量的压制还不能免去：但是，即使从人类发展的观点来看，也是所得足以厚偿所失的。个人因被阻遏不得餍足其损害他人的意向而失去的发展手段，主要都以他人的发展为代价而得回了。并且，甚至就他本人来说，正因约束了他本性中自私性部分的发展才使其社会性部分可能有更好的发展，得失之间也是足以充分相抵的。

《自由引导人民》

前文已说明个性与发展乃是一回事，已说明只有培养个性才产生出或者才能产生出发展得很好的人类，我在这里就可这样来结束这个论证了：关于人类事务的情况，已说到它把人类自身带到更近于他们所能做到的最好的东西，难道还有比这个更多或更好的事可说吗？说到对于好事的妨碍，难道还有比阻碍这事更坏的事可说吗？这些考虑无疑还不足以说服那些最需要说服的人们；还有必要进一步说明发展了的人对于尚未发展的人还有某些用处，这就是要对那些不要自由也不想受自由之惠的人们指出，如果他们容许他人利用自由而不予阻碍，他们也会在某些不难理解的方式下得到报酬的。

个性要保住它的根据，将有愈来愈大的困难，除非我们能做到让公众中有头脑的一部分感到个性的价值，让他们看到有不同是有好处的，即使不是不同得更好，甚至在他们看来或许有些是不同得更坏。假如对个性的权利还要加以主张的话，现在正当那种强行同化还大有所缺而未完成之际，可正是时候了。凡对侵蚀要作任何抵抗，只有在较早阶段才能成功。那个要使所有他人都象我们自己的要求乃是要靠饲养它的东西来生长的。如果抵抗要等到生活已经几乎磨成一个一致的类型之后再来进行，那么一切岔出那个类型的生活就将终至被认为不敬神、不道德、甚至是怪异和违反本性的。人类在有过一段时间不习惯于看到歧异以后，很快就会变成连想也不能想到歧异了。

∙ 简 评 ∙

《论自由》虽是一本薄薄的小册子，但却是一部划时代的思想巨著。它第一次赋予自由主义完整而全面的理论形式，从心理学、认识论、历史观、伦理观等角度为当时已经达到黄金时期的自由主义提供了哲学基础，并以充沛的激情与清晰的逻辑对个人自由的理想作出强有力的辩护。可以说，如果不读此书，就不了解自由主义的真谛。

小档案

作者：约翰·密尔

成书时间：1859年

结构：共5章

地位：对个人自由最动人心弦，最强有力的辩护

经典名句：如果整个人类，除一人之外，意见都一致，而只有那一个人持相反意见，人类也没有理由不让那个人说话。正如那个人一旦大权在握，也没有理由不让人类说话一样

我的奋斗：序

依据1924年4月1日慕尼黑人民法院的判决，从即日起，我进入勒奇河畔兰支尔堡的监狱服刑。这是第一次给我机会，使我能在多年不间断的工作中，安静下来开始着手著书写作。曾经有很多人要求，我自己也曾希望有一本为运动而写的专著。因此我决定着手写作此书。这本书分为两部，其主旨不单单是要阐明我们运动的目标，同时力求描绘出这一运动发展的前景。相对于其他纯粹教条的论著，我们希望能从这本书中学到更多的东西。

这同时给予我一个机会，使人们能够通过我著作的第一部和第二部加深对我的理解，清除犹太报章上所散布的关于我的恶毒的神话。

这两部著作并不是为局外人，而是为追随这一运动的人士所写的。这些人心意的所属和他们的信念，还需要从内在的启蒙上作出努力。

当然，我也知道，要使一种主义获得人们的拥护，用口头远比文字叙述来得有效。世界上每一个伟大运动的成功，大都归功于出色的演说家，而不是伟大的作家。

但是为了能够在基本的理论上达到一致，并在行动上获得统一，我们需要有成文的著作，作为我们日后行动的指南。这两本书将作为

希特勒自传：《我的奋斗》

运动的基石，它概括了我们共同的价值观。

著者写于勒奇河畔兰支尔堡狱中

· 简 评 ·

　　无论是理论水平，还是逻辑性，《我的奋斗》都不很高明。但是，它却是世界上闻名的一本书，这本书影响着二战前所有的德国年轻人。在《我的奋斗》里，希特勒大肆渲染可怕的"生存空间论"和"种族优越论"，发泄对犹太人、民主主义和马克思主义的刻骨仇恨。在该书思想的影响下，德国走上了屠杀无辜（尤其是犹太人）、穷兵黩武的罪恶道路。

小档案

作者：希特勒

成书时间：1925 年～1926 年

结构：分上、下两篇，共27 章

地位：法西斯主义理论的最集中的体现

读一读

《毛主席语录》，是毛泽东著作、毛泽东思想中的名言警句和主要观点的选编本，有 52 开本纸面平装、64 开本精装加红色塑套等多种版本。因为最流行的版本用红色封面包装，又是红色领袖的经典言论，所以"文化大革命"中被普遍称为"红宝书"。

毛主席语录：为人民服务

我们的共产党和共产党所领导的八路军、新四军，是革命的队伍。我们这个队伍完全是为着解放人民的，是彻底地为人民的利益工作的。张思德同志就是我们这个队伍中的一个同志。

人总是要死的，但死的意义有不同。中国古时候有个文学家叫做司马迁的说过："人固有一死，或重于泰山，或轻于鸿毛。"为人民利益而死，就比泰山还重；替法西斯卖力，替剥削人民和压迫人民的人去死，就比鸿毛还轻。张思德同志是为人民利益而死的，他的死是比泰山还要重的。

《毛主席语录》

因为我们是为人民服务的，所以，我们如果有缺点，就不怕别人批评指出。不管是什么人，谁向我们指出都行。只要你说得对，我们就改正。你说的办法对人民有好处，我们就照你的办。"精兵简政"这一条意见，就是党外人士李鼎铭先生提出来的；他提得好，对人民有好处，我们就采用了。只要我们为人民的利益坚持好的，为人民的利益改正错的，我们这个队伍就一定会兴旺起来。

我们都是来自五湖四海，为了一个共同的革命目标，走到一起来了。我们还要和全国大多数人民走这一条路。我们今天已经领导着有九千一百万人口的根据地，但是还不够，还要更大些，才能取得全民族的解放。我们的同志在困难的时候，要

《为人民服务》

看到成绩，要看到光明，要提高我们的勇气。中国人民正在受难，我们有责任解救他们，我们要努力奋斗。要奋斗就会有牺牲，死人的事是经常发生的。但是我们想到人民的利益，想到大多数人民的痛苦，我们为人民而死，就是死得其所。不过，我们应当尽量地减少那些不必要的牺牲。我们的干部要关心每一个战士，一切革命队伍的人都要互相关心，互相爱护，互相帮助。

今后我们的队伍里，不管死了谁，不管是炊事员，是战士，只要他是做过一些有益的工作的，我们都要给他送葬，开追悼会。这要成为一个制度。这个方法也要介绍到老百姓那里去。村上的人死了，开个追悼会。用这样的方法，寄托我们的哀思，使整个人民团结起来。

·简 评·

《为人民服务》是毛泽东主席于 1944 年 9 月 8 日在张思德同志追悼会上所作的演讲，它深刻地从人生观和价值观的理论层面论述了党的为人民服务宗旨，具有非常重要的人生指南作用，读后使人倍感亲切、震撼心灵。

《毛主席语录》在"文化大革命"期间风靡全国乃至全世界，发行量达 50 亿册，位居世界第二（仅次于《圣经》）。虽然它产生于"文化大革命"期

间，其中不免有个别断章取义的内容，但是不可否认其内容的整体正确性、指导性和经典性。它不仅是研究毛泽东思想的重要书稿之一，也是形成中国人正确思想、言论和行为的指向标。

小档案

作者：毛泽东

成书时间：1964年5月1日总政版第一版出版

结构：30个专题、33个专题等版本

地位：当时中国人民几乎人手一册的"红宝书"

经典名句：星星之火，可以燎原

●●●●●●《建设有中国特色的社会主义》，是中国改
革开放的总设计师邓小平同志在 1984 年 6 月 30
日会见中日第二次民间人士会议日方委员会代表
团时谈话的一部分，后收入邓小平著《建设有中
国特色的社会主义》（增订本），它进一步阐明了
建设有中国特色的社会主义这一科学构想。

读一读

建设有中国特色的社会主义

　　我们在粉碎"四人帮"以后，从党的十一届三中全会开始，制定了正确的思想路线、政治路线、组织路线和一系列的方针、政策。思想路线是什么？就是坚持马克思主义，坚持把马克思主义同中国实际相结合，也就是坚持毛泽东同志说的实事求是，坚持毛泽东同志的基本思想。坚持马克思主义对中国十分重要，坚持社会主义对中国也十分重要。中国自鸦片战争以来的一个多世纪内，处于被侵略、受屈辱的状态，是中国人民接受了马克思主义，并且坚持走从新民主主义到社会主义的道路，才使中国的革命取得了胜利。

　　人们提出这样一个问题，如果中国不搞社会主义，而走资本主义道路，中国人民是不是也能站起来，中国是不是也能翻身？让我们看看历史吧。国民党搞了二十几年，中国还是半殖民地半封建社会，证明资本主义道路在中国是不能成功的。中国共产党人坚持马克思主义，坚持把马克思主义同中国实际结合起来的毛泽东思想，走自己的道路，也就是农村包围城市的道路，把中国革命搞成功了。如果我们不是马克思主义者，没有对马克思主义的充分信仰，或者不是把马克思主义同中国自己的实际相结合，走自己的道路，中国革命就搞不成功，中国现在还会是四分五裂，没有独立，也没有统一。对马克思主义的信仰，是中国革命胜利的一种精神动力。建国以后，我们从旧中国接受下来的是一个烂摊子，工业几乎等于零，粮食也不够吃，通货恶性膨胀，经济十分混乱。我们解决吃饭问题，就业问题，稳定物价和财经统

1982 年，邓小平在中共第十二次全国代表大会致开幕词时首次提出"建设有中国特色的社会主义"这一崭新命题

一问题，国民经济很快得到恢复，在这个基础上进行了大规模经济建设。靠的是什么？靠的是马克思主义，是社会主义。人们说，你们搞什么社会主义！我们说，中国搞资本主义不行，必须搞社会主义。如果不搞社会主义，而走资本主义道路，中国的混乱状态就不能结束，贫困落后的状态就不能改变。所以，我们多次重申，要坚持马克思主义，坚持走社会主义道路。但是，马克思主义必须是同中国实际相结合的马克思主义，社会主义必须是切合中国实际的有中国特色的社会主义。

什么叫社会主义，什么叫马克思主义？我们过去对这个问题的认识不是完全清醒的。马克思主义最注重发展生产力。我们讲社会主义是共产主义的初级阶段，共产主义的高级阶段要实行各尽所能、按需分配，这就要求社会生产力高度发展，社会物质财富极大丰富。所以社会主义阶段的最根本任务就是发展生产力，社会主义的优越性归根到底要体现在它的生产力比资本主义发展得更快一些、更高一些，并且在发展生产力的基础上不断改善人民的物质文化生活。如果说我们建国以后有缺点，那就是对发展生产力有某种忽略。社会主义要消灭贫穷。贫穷不是社会主义，更不是共产主义。

在中国现在落后的状态下，走什么道路才能发展生产力，才能改善人民生活？这就又回到是坚持社会主义还是走资本主义道路的问题上来了。如果走资本主义道路，可以使中国百分之几的人富裕起来，但是绝对解决不了百分之九十几的人生活富裕的问题。而坚持社会主义，实行按劳分配的原则，就不会产生贫富过大的差距。再过二十年、三十年，我国生产力发展起来了，也不会两极分化。

我们的政治路线，是把四个现代化建设作为重点，坚持发展生产力，始终扭住这个根本环节不放松，除非打起世界战争。即使打世界战争，打完了还搞建设。我们提出四个现代化的最低目标，是到本世纪末达到小康水平。这是一九七九年十二月日本前首相大平正芳来访时我同他首次谈到的。所谓小康，从国民生产总值来说，就是年人均达到八百美元。这同你们相比还是低水平的，但对我们来说是雄心壮志。中国现在有十亿人口，到那时候十二亿人口，国民生产总值可以达到一万亿美元。如果按资本主义的分配方法，绝大多数人还摆脱不了贫穷落后状态，按社会主义的分配原则，就可以使全国人民普遍过上小康生活。这就是我们为什么要坚持社会主义的道理。不坚持社会主义，中国的小康社会形成不了。

现在的世界是开放的世界。中国在西方国家产业革命以后变得落后了，一个重要原因就是闭关自守。建国以后，人家封锁我们，在某种程度上我们也还是闭关自守，这给我们带来了一些困难。三十几年的经验教训告诉我们，关起门来搞建设是不行的，发展不起来。关起门有两种，一种是对国外；还有一种是对国内，就是一个地区对另外一个地区，一个部门对另外一个部门。两种关门都不行。我们提出要发展得快一点，太快不切合实际，要尽可能快一点，这就要求对内把经济搞活，对外实行开放政策。

从中国的实际出发，我们首先解决农村问题。中国有百分之八十的人口住在农村，中国稳定不稳定首先要看这百分之八十稳定不稳定。城市搞得再漂亮，没有农村这一稳定的基础是不行的。所以，我们首先在农村实行搞活经济和开放政策，调动了全国百分之八十的人口的积极性。我们是在一九七八年底制定这个方针的，几年功夫就见效了。不久前召开的第六届全国人民代表大会第二次会议决定，改革要从农村转到城市。城市改革不仅包括工业、商业，还有科技、教育等，各行各业都在内。总之，我们内部要继续改革，对外进一步开放。

我们开放了十四个沿海城市，都是大中城市。我们欢迎外资，也欢迎国外先进技术，管理也是一种技术。这些会不会冲击我们的社会主义呢？我看不会的。因为我国是以社会主义经济为主体的。社会主义的经济基础很大，吸收几百亿、上千亿外资，冲击不了这个基础。吸收外国资金肯定可以作为我国社会主义建设的重要补充，今天看来可以说是不可缺少的补充。当然，这会带来一些问题，但是带来的消极因素比起利用外资加速发展的积极效果，毕竟要小得多。危险有一点，不大。如果说构想，这就是我们的构想。我们还要积累新经验，还会遇到新问题，然后提出新办法。总的来说，这条道路叫做建设有中国特色的社会主义的道路。我们相信，这条道路是可行的，是走对了。走了五年半，发展得不错，速度超过了预期。这样发展下去，到本世纪末翻两番的目标一定能够实现。现在可以告诉朋友们，我们的信心增加了。

· 简　评 ·

《建设有中国特色的社会主义》勾画出了中国特色的社会主义的基本蓝图，奠定了有中国特色的社会主义的理论基础，党的十三大所制定的社会主义初级阶段党的基本路线、十三届七中全会所确立的有中国特色的社会主义的 12 条原则等，都是在它的基础上加以补充和发展的。建设有中国特色的社会主义的这一伟大科学构想，为中国的社会主义现代化建设事业指出了正确的方向和道路，成为了建设社会主义现代化强国的总方针和总的指导思想。

小档案

作者：邓小平

成书时间：1984 年

地位：奠定了有中国特色的社会主义的理论基础

经典名句：贫穷不是社会主义，更不是共产主义

第五部分　经济、管理

读
一
读

●●●●●《国富论》，全名为《诸国民之富的性质及其
原因之研究》，是经济学鼻祖苏格兰经济学家、哲
学家亚当·斯密的代表作。它系阐述了经济自由
主义理论及政策，奠定了劳动价值理论的基础。

国富论（摘选）

资本增加的原因是节俭；资本减少的原因是奢侈与妄为。一个人从收入中储蓄了多少，就增加了多少资本。增加的资本可以由所有者亲自投入用来雇用更多的生产性劳动者，也可以借给别人以获得利息，使其能雇用更多的生产性劳动者。既然个人的资本只能由储蓄每年收入或每年利得而增加，由个人构成的社会资本也只能利用这个方法而增加。

资本增加的直接原因是节俭，不是勤劳。诚然，没有以前必须先有勤劳，节俭所积蓄的东西都是由勤劳得来。但如果只有勤劳，没有节俭，有所得而无所留，资本则不能增加。

节俭可增加维持生产性劳动者的基金，从而增加生产性劳动者的人数。他们的劳动，既然可以增加工作对象的价值，所以，节俭又有增加一国土地和劳动的年产品的交换价值的趋势。节俭可推动更大的劳动量；更大的劳动量可增加年产品的价值……

节俭的人每年所储蓄的收入，不但可在今年或明年供养更多的生产性劳动者，而且，他像工厂的创办人一样设置了一种永久性基金，将来随便什么时候都可维持同样多的生产性劳动者。如何分派这种基金以及将用到什么地方，并没有法律予以保障，没有信托契约或永续的营业证书加以规定，但有一个强有力的原则保护其安全，那就是所有者个人的利害关系。如果把这基金的任何部分用于维持非生产性劳动者，不按照原指定用途而滥用该基金的

节俭是每个人的事

人将要吃亏。

奢侈者就是如此滥用资本：不量入为出，结果就蚕食了资本。如同把一种敬神之用的基金的收入转移给渎神之用的人一样，他把父兄节省下来打算干点事业的钱，维持着许多游手好闲的人。由于雇用生产性劳动者的基金减少，所雇用的能增加物品价值的劳动量也减少了，因而，全国土地和劳动的年生产品价值也减少了，全国居民的真实财富和收入也相应减少。奢侈者抢得勤劳者的面包来供养游手好闲者。如果另一部分人的节俭不足抵偿这一部分人的奢侈，奢侈者所为不但会使自己陷入贫穷，而且将使国家陷于困境……

所以无论是根据明白合理的说法认为构成一国真实财富与收入的是一国劳动和土地的年产品的价值，或是依据世俗的偏见认为构成一国真实财富和收入的是国内流通的贵金属数量，总之，无论从哪个角度看，奢侈都是公众的敌人，节俭都是社会的恩人。

· 简　评 ·

节选文字从财富积累和发展生产的角度阐明了节俭的必要性，以及奢侈的危害。正如中国古人御孙曾云："俭，德之共也；侈，恶之大也。"节俭是所有有德行人的共同品质，且它是首要的，而奢侈是所有邪恶中的大恶。

《国富论》是现代经济学的开山之作，也是经济学界最具影响力的著作。其经济理论是西方"微观经济学"的基础，与凯恩斯创建的"宏观经济学"

成为统治西方经济思想的两大理论体系，是支撑西方经济学的基石。现代经济学研究都是在这部著作的基础上进行的，不论是发展它或反对它。

小档案

作者：亚当·斯密

成书时间：1776 年

结构：分 5 卷，共 32 章

地位：西方经济学的"圣经"

经典名句：我们的晚餐并非来自屠宰商、面包师和酿酒师的恩惠，而是来自他们对自身利益的关切／只要不违反公正的法律，那么人人都有完全的自由以自己的方式追求自己的利益

资本论：第一卷 第一章 商品和货币（摘选）

最初一看，商品好象是一种很简单很平凡的东西。对商品的分析表明，它却是一种很古怪的东西，充满形而上学的微妙和神学的怪诞。商品就它的使用价值来说，不论从它靠自己的属性来满足人的需要这个角度来考察，或者从它作为人类劳动的产品才具有这些属性这个角度来考察，都没有什么神秘的地方。很明显，人通过自己的活动按照对自己有用的方式来改变自然物质的形态。例如，用木头做桌子，木头的形状就改变了。可是桌子还是木头，还是一个普通的可以感觉的物。但是桌子一旦作为商品出现，就变成一个可感觉而又超感觉的物了。它不仅用它的脚站在地上，而且在对其他一切商品的关系上用头倒立着，从它的木脑袋里生出比它自动跳舞还奇怪得多的狂想。

可见，商品的神秘性质不是来源于商品的使用价值。同样，这种神秘性质也不是来源于价值规定的内容。因为，第一，不管有用劳动或生产活动怎样不同，它们都是人体的机能，而每一种这

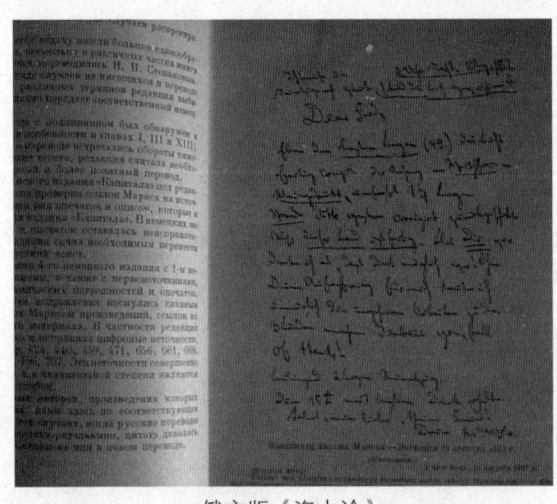

俄文版《资本论》

样的机能不管内容和形式如何，实质上都是人的脑、神经、肌肉、感官等的耗费。这是一个生理学上的真理。第二，说到作为决定价值量的基础的东西，即这种耗费的持续时间或劳动量，那么，劳动的量可

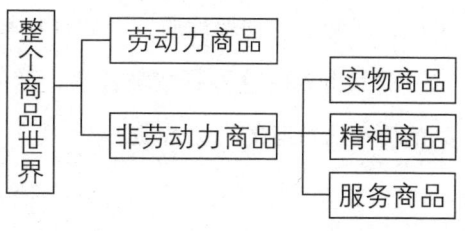

马克思商品"二分法"具体化的示意图

以十分明显地同劳动的质区别开来。在一切社会状态下，人们对生产生活资料所耗费的劳动时间必然是关心的，虽然在不同的发展阶段上关心的程度不同。最后，一旦人们以某种方式彼此为对方劳动，他们的劳动也就取得社会的形式。

可是，劳动产品一采取商品形式就具有的谜一般的性质究竟是从哪里来的呢？显然是从这种形式本身来的。人类劳动的等同性，取得了劳动产品的等同的价值对象性这种物的形式；用劳动的持续时间来计量的人类劳动力的耗费，取得了劳动产品的价值量的形式；最后，劳动的那些社会规定借以实现的生产者的关系，取得了劳动产品的社会关系的形式。

可见，商品形式的奥秘不过在于：商品形式在人们面前把人们本身劳动的社会性质反映成劳动产品本身的物的性质，反映成这些物的天然的社会属性，从而把生产者同总劳动的社会关系反映成存在于生产者之外的物与物之间的社会关系。由于这种转换，劳动产品成了商品，成了可感觉而又超感觉的物或社会的物。正如一物在视神经中留下的光的印象，不是表现为视神经本身的主观兴奋，而是表现为眼睛外面的物的客观形式。但是在视觉活动中，光确实从一物射到另一物，即从外界对象射入眼睛。这是物理的物之间的物理关系。相反，商品形式和它借以得到表现的劳动产品的价值关系，是同劳动产品的物理性质以及由此产生的物的关系完全无关的。这只是人们自己的一定的社会关系，但它在人们面前采取了物与物的关系的虚幻形式。因此，要找一个比喻，我们就得逃到宗教世界的幻境中去。在那里，人脑的产物表现为赋有生命的、彼此发生关系并同人发生关系的独立存在的东西。在商品世界里，人手的产物也是这样。我把这叫做拜物教。劳动产品一旦作为商品

生产，就带上拜物教性质，因此拜物教是同商品生产分不开的。

商品世界的这种拜物教性质，像以上分析已经表明的，是来源于生产商品的劳动所特有的社会性质。

· 简 评 ·

《资本论》是马克思用毕生精力著述的伟大的科学巨著，凝聚着马克思的全部心血和智慧，是献给全世界无产阶级的一部最重要的科学文献。它在世界各国广泛流传，成为全世界工人阶级反对资产阶级的强大思想武器。它的诞生，宣判了资本主义制度的末日，为无产阶级革命指明了正确的方向，具有划时代的重要意义。

小档案

作者：马克思

成书时间：第一卷（1859年），第二卷（1885年，恩格斯整理），第三卷（1894年，恩格斯整理），第四卷（1904年、1905年、1910年分三卷出版，独立成书为《剩余价值学说史》，考茨基整理）

结构：共分4卷，包括：资本的生产过程、资本的流通过程、资本主义生产的总过程和理论史

地位：全世界工人阶级的"圣经"

工业管理与一般管理：第一章 管理的定义（摘选）

一、技术职能

技术活动的数量、变化和重要性，各种产品（物质的、智力的和精神的）一般都出自技术人员之手这一事实，我们职业学校几乎是单一的技术教育，给技术人员提供职业出路……，这一切都有助于突出技术职能，因而也突出了技术能力，而这种突出使其他一些对于企业发展和繁荣完全同样必要、有时甚至更有益的能力却默默无闻了。

但是技术职能并不是全部职能中最主要的，即使在大型工业企业里也有这样的情况，即其他某一种职能可以对企业的发展有比技术职能大得多的影响。

不应该忘记这六种基本职能之间有非常紧密的关系。比如，若没有原材料、产品的销路，以及资本、安全和预测，技术职能也就不能存在。

亨利·法约尔

二、商业职能

一个工业企业的繁荣不仅取决于技术职能，而且往往在相同的程度上也取决于商业职能。如果产品销售不出去，就要破产。

懂得买与卖与懂得很好地生产同样重要。

商业能力除了策略和决策，还包括对市场以及竞争者的力量的深刻了解，还包括一种长远的预测和在大型企业中日益发展的承包合同的运用。

最后，当某些产品从同一企业的一个部门转到另一部门时，商业职能必须注意使最高主管机构确定的价格——即"规定价格"，不要成为危险妄想的根源。

三、账务职能

……

四、安全职能

……

五、会计职能

……

六、管理职能

前五种职能都不负责制定企业的总经营计划，不负责建立社会组织，协调和调和各方面的力量和行动。这些活动并不属于技术职能的权限，也不属于商业、财务、安全以及会计职能的权限。它们组成了另一种职能，人们习惯叫它"管理"，而管理的职权和范围没有很好地确定。

计划、组织、协调和控制，毫无疑问是管理的一部分，正如人们通常理解的那样。

这里是否也包括指挥呢？当然不一定包括，我们可以另外研究。然而，由于以下原因我们决定把它并入管理：（1）属于管理责任的招聘、人员培训以及建立社会组织部密切同指挥有关；（2）指挥的大多数原则也就是管理的原则，管理与指挥是难以分开的，仅从研究方便的观点来说，把这两种活动合起来更有利；（3）另外，这种组合有利于组成一个非常重要的职能，至少和"技术职能"一样能引起和保持公众的注意。

因而，我选定下述定义：

就是实行计划、组织、指挥、协调和控制；

就是探索未来、制定行动计划；

就是建立企业的物质和社会的双重结构；

就是使其人员发挥作用；

就是连接、联合、调和所有的活动及力量；

就是注意是否一切都按已制定的规章和下达的命令进行。

因此可以理解，"管理"既不是一种独有的特权，也不是企业经理或企业领导人的个人责任。它同别的基本职能一样，是一种分配于领导人与整个组织成员之间的职能。

管理职能与其他五个基本职能显然不一样。

很重要的一点，是不要把管理同"领导"混淆起来。

"领导"，就是寻求从企业拥有的所有资源中获得尽可能大的利益，引导企业达到它的目标，就是保证六项基本职能的顺利完成。

"管理"，只是这六项职能中的一项，由领导保证其进行。但是，它在上层领导人的作用中占有那么重要的位置，以至有时好像这作用就纯粹只是管理了。

·简 评·

《工业管理与一般管理》是管理史上的一个重要里程碑，其思想之丰富、深邃、完整，令人叹为观止。它提出的 14 项管理原则（统一领导、劳动分工、权力和责任、纪律、统一指挥、个人利益服从整体利益、人员的报酬、集中、等级制度、秩序、公平、人员的稳定、首创精神和人员的团结）和 5

项管理要素（计划、组织、指挥、协调、控制），在现代管理思想中已作为普遍遵循的原则、一种公理性质的东西而存在。

小档案

作者：亨利·法约尔

成书时间：1916 年

地位：第一次明确提出管理概念，标志着一般管理理论的形成

政治经济学及赋税原理：第一章 论价值（摘选）

"一件商品的价值或用它交换的其他任何商品的数量取决于生产它所必需的相对劳动量，而不是取决于支付这种劳动的报酬多少。"

亚当·斯密曾指出："价值一词有两个不同的含义，有时指某种特定物品的效用，有时指占有这种物品后拥有的购买其他商品的购买力。前者可以称为使用价值，后者可以称为交换价值。"他还认为，使用价值极大的物品，其交换价值往往很小或没有交换价值；反之，交换价值极大的物品，其使用价值往往也很小或完全没有；水和空气都是非常有用的，在生活中的确也是必不可少的东西，但在一般情况下，却无法用来交换任何物品。与之相反的是，与空气或水相比，虽然黄金的用处很少，但却可以交换大量的其他商品。

因此，虽然效用对交换价值是绝对重要的，但是它却不能成为交换价值的尺度。如果一件商品毫无用处——换而言之，如果它无法满足我们的需求——那么不管它如何稀缺，不管生产它需要付出多少劳动，它也没有交换价值。

具有效用的商品获得交换价值的来源有两个：稀缺性和获取它时付出的劳动量。

有一些商品的价值只是由其稀缺性决定的。由于劳动不能增加这种商品的数量，因此其价值也不会由于供给的增加而降低。珍贵的雕像和绘画、稀有的古籍和钱币、用特殊土壤培育的葡萄酿制的数量有限的葡萄酒都属于此列商品。它们的价值与最初生产它们时所付出的劳动量毫无关系，而且会随着那些渴望占有它们的人所拥有的财富和偏好的变化而变化。

但是，这种商品在市场日常交换的商品总额中只占很小一部分。迄今为止，人们所需要的绝大部分商品都是能满足人们物欲的商品，它们都是通过劳动获得的，如果我们愿意投入获取这种商品所必需的劳动，那么这些商品不仅只会在一个国家中，而且也可以在多个国家中不受限制的成倍增加。

因此，在谈到商品、商品的交换价值以及规定商品相对价格的规则时，我们始终指的是这些只要通过人类的辛勤劳动就可以增加数量，且生产不受竞争限制的商品。

在社会发展的初级阶段，这些商品的交换价值，或者说决定一种商品交换另一种商品的数量尺度几乎完全取决于生产每一种商品所耗费的相对劳动量。

· 简 评 ·

《政治经济学及赋税原理》囊括了古典政治经济学的所有理论，包含着大卫·李嘉图的全部思想精粹，在亚当·斯密和马克思之间建起了一座桥梁，成为了《资本论》的重要思想源泉。其中，比较成本学说形成了 19 世纪关于自由贸易和保护性税收的讨论基础，而货币理论则是现代货币理论的基础。至今，这部伟大著作所阐述的思想仍然让人受益无穷。它是经济学说史上一部真正的辉煌巨著。

小档案

作者：大卫·李嘉图

成书时间：1917 年

结构：共 32 章，前 6 章是理论原则和原理，其后各章为解释、应用部分

地位：经济学说史上一部真正的辉煌巨著

就业、利息和货币通论：第三编 消费倾向（摘选）

消费倾向是一个相当稳定的函数，从而，总消费量一般取决于总收入量（二者均以工资单位加以衡量），而消费倾向本身的变动则被认为具有次要影响。在承认这一切的前提下，这一函数的正常形式是什么呢？

不论从我们所知道的人类本性来看，还是从经验中的具体事实来看，我们都可以具有很大的信心来使用一条基本心理规律，即：在一般情况下，平均来说，当人们收入增加时，他们的消费也会增加，但消费的增加不像收入增加得那么快。这就是说，假设 C_w 代表消费量，而 Y_w 代表收入（二者皆以工资单位衡量），那么，ΔC_w 和 ΔY_w 会具有相同的正负号，但前者小于后者，即：dC_w/dY_w 的取值为正并小于 1。

如果我们涉及的是短期情形，情况尤其如此。在所谓的就业量周期波动情形，习惯有别于更永久性的心理倾向，还没有足够的时间改变自己，以适应已经变化了的客观环境，因为一个人的收入通常首先要满足已经习惯了的生活水准，而后才倾向于将其实际收入与维持其习惯的生活水平所需消费的差额储蓄起来。或者，如果他随着收入的变动而调整其支出，这种调整在短期内也是不完全的。由此可见，收入的上升常常有储蓄的增加相伴随，收入的下降则有储蓄的减少相伴随。当收入变动时，储蓄初期会比以后具有更大的改变。

但是，除收入水平的短期变动之外，较高水平的绝对收入显然会扩大收

过度储蓄

入和消费的差距。因为一个人及其家庭的即时的基本需求的满足，往往是比积累动机更强的动机。只有当生活达到一定的舒适程度之后，积累动机才会变得较强。基于这些原因，当实际收入增加时，人们通常会将其收入中的大部分储蓄起来。但是，不论多大比例的收入被储蓄起来，我们把下面的陈述当作任何现代社会的基本心理规律，即：当社会实际收入增加时，该社会不会使其消费量增加的绝对量等于收入增加的绝对量，从而，除非其他因素同时发生强烈而不寻常的变化，该社会必将进行绝对量较大的储蓄。正如我们以后将要说明的那样（参阅下文第251页）。经济体系的稳定性主要取决于这条普遍存在于现实中的规律，就是说，如果就业量增加，从而总收入也增加，并非所有新增就业量都会被用以满足新增消费量。

另一方面，当由于就业量水平的降低而引起收入下降的程度很大时，甚至可能导致消费超过收入。这不仅是因为某些个人或群体用掉了他或他们在经济状况较好时积累起来的财务储备，并且还因为政府很可能有意无意地陷入预算赤字，或者，比如说，用借来的款项提供失业救济。这样，当就业量下降到低水平时，总消费量将比实际收入下降一个较小的数量。其原因，一方面在于个人的习惯行为，另一方面是由于政府可能要执行的政策。这两个原因可以解释为什么通常在波动幅度有限的范围内，均衡状态能够得以形成。否则，一旦就业和收入开始下降，就有可能继续下降到极端的地步。

我们将看到，这个简单的原理可以引出一个和过去相同的结论，即：除非就业倾向有所改变，就业量只能伴随着投资量的增加而增加。其原因在于：当就业量增加时，由于消费者的开支小于总供给价格的增加，除非投资的增加能填补二者之间的差距，否则就业量的增加将证明是无利可图的。

在资本主义发展到垄断新阶段之时，迫切需要一种全新的角度和全新的理论对自由资本主义的缺陷给予解释和弥补，此时，《就业、利息和货币通论》出现了，它从宏观的视角对大量的宏观概念进行归纳与整合，使得经济学的发展开始跳出价格分析的限制，从而翻开了 20 世纪西方经济学的崭新一页，掀起了"凯恩斯革命"，开始进入"凯恩斯时代"。

小档案

作者：约翰·梅纳德·凯恩斯

成书时间：1936 年

结构：共 6 编，24 章

地位：国家干预主义的宝典

经典名句：如果一个人单独思考的时间太长，那么他短时期内对愚蠢东西的相信甚至会达到令人吃惊的程度，对于经济学（以及其他伦理道德科学）尤其如此，因为在这些研究领域，经常无法对个人提出的理念进行决定性的规范性或实验性的检验

第六部分　教　育

《论语》，以语录体和对话文体为写作形式，记录了中国古代著名思想家孔子及其弟子言行，由孔子的弟子及其再传弟子编撰而成。它集中体现了孔子的政治主张、论理思想、道德观念及教育原则等。

论语：十则

原文：

1. 曾子曰："吾日三省吾身，为人谋而不忠乎？与朋友交而不信乎？传不习乎？"

2. 子曰："君子食无求饱，居无求安，敏于事而慎于言，就有道而正焉，可谓好学也已。"

3. 子曰："温故而知新，可以为师矣。"

4. 子曰："见贤思齐焉，见不贤而自省也。"

5. 季文子三思而后行。

6. 子曰："质胜文则野，文胜质则史。文质彬彬，然后君子。"

7. 子曰："三人行，必有我师焉。择其善者而从之，其不善者而改之。"

8. 子曰："君子坦荡荡，小人长戚戚。"

9. 子曰："智者不惑，仁者

《论语》

不忧，勇者不惧。"

10. 子曰："君子成人之美，不成人之恶。小人反是。"

《论语》语录

解读：

1. 曾子说："我每天都要多次反省自己：为别人出主意做事，是否忠实？交友是否守信？老师传授的知识，是否复习了呢？"

2. 孔子说："君子吃不追求饱足，住不追求安逸，做事灵敏，言谈谨慎，时时改正自己的错误，就算好学了。"

3. 孔子说："温习旧知识时，能有新收获，就可以做老师了。"

4. 孔子说："见到贤人，要向他看齐；见到不贤的人，要反省自己。"

5. 季文子遇事总要思考三次，然后才行动。

6. 孔子说："一个人的内在质朴胜过外在的文采就会粗野，文采胜过质朴就会浮华。只有文采和质朴配合恰当的人，才是君子。"

7. 孔子说："三人走路，必有可作为我的老师的人。选择他的优点向他学习，借鉴他的缺点进行自我改正。"

8. 孔子说："君子常胸怀宽广，小人则是忧愁悲伤。"

9. 孔子说："明智的人不会迷惑，仁爱的人不会忧愁，勇敢的人不会畏惧。"

10. 孔子说："君子帮助人取得成绩，不促使人陷入失败。小人相反。"

·简 评·

《论语》对中国几千年的封建政治、思想、文化产生了巨大影响，更重要的是它对中华民族的基本心理素质及道德行为形成有着非常重大的影响作用。

直到近代"新文化运动"之前，约在 2000 多年的历史中，《论语》一直是中国人的初学必读之书。虽然在五四运动以后，《论语》曾有一段时期作为封建文化的象征而被人们列为批判否定的对象，但是随着中国新时期革命的发展及中华人民共和国的成立，它又焕发出新的生机。

小档案

作者：孔子的弟子及其再传弟子

成书时间：战国初期

结构：现存 20 篇，492 章。其中，记录孔子与弟子及时人谈论之语约 444 章，记录孔门弟子相互谈论之语 48 章

地位：首创语录体，中国儒家学派的经典著作之一

读一读 ●●●●●《学记》，是中国古代也是世界上最早的一篇专门论述教育和教学问题的论著，它是《礼记》中的一篇，写作于战国晚期。《学记》文字言简意赅，喻辞生动，系统而全面地阐明了教育的目的及作用，教育和教学的制度、原则和方法，教师的地位和作用，教育过程中的师生关系。

学 记

原文：

发虑宪，求善良，足以谀闻，不足以动众；就贤体远，足以动众，未足以化民。君子如欲化民成俗，其必由学乎！

玉不琢，不成器；人不学，不知道。是故古之王者建国君民，教学为先。《兑命》曰："念终始典于学。"其此之谓乎！

虽有佳肴，弗食不知其旨也；虽有至道，弗学不知其善也。是故学然后知不足，教然后知困。知不足然后能自反也，知困然后能自强也。故曰：教学相长也。《兑命》曰："学学半。"其此之谓乎！

古之教者，家有塾，党有庠，术有序，国有学。

比年入学，中年考校。一年视离经辨志；三年视敬业乐群；五年视博习亲师；七年视论学取友，谓之小成。九年知类通达，强立而不反，谓之大成。夫然后足以化民易俗，近者说服而远者怀之，此大学之道也。《记》曰："蛾子时术之。"其此之谓乎！

大学始教，皮弁祭菜，示敬道也。《宵雅》肄三，官其始也。入学鼓箧，孙其业也。夏楚二物，收其威也。未卜禘不视学，游其志也。时观而弗语，存其心也。幼者听而弗问，学不躐等也。此七者，教之大伦也。

《记》曰："凡学，官先事，士先志。"其此之谓乎！

大学之教也，时教必有正业，退息必有居学。不学操缦，不能安弦；不学博依，不能安诗；不学杂服，不能安礼。不兴其艺，不能乐学。故君子之于学也，藏焉修焉，息焉游焉。夫然，故安其学而亲其师，乐其友而信其道，是以虽离师辅而不反也。《兑命》曰："敬孙务时敏，厥修乃来。"其此之谓乎！

今之教者，呻其占毕，多其讯言，及于数进而不顾其安，使人不由其诚，教人不尽其材，其施之也悖，其求之也佛。夫然，故隐其学而疾其师，苦其难而不知其益也。虽终其业，其去之必速，教之不刑，其此之由乎！

大学之法：禁于未发之谓豫；当其可之谓时；不陵节而施之谓孙；相观而善之谓摩。此四者，教之所由兴也。

发然后禁，则扞格而不胜；时过然后学，则勤苦而难成；杂施而不孙，则坏乱而不修；独学而无友，则孤陋而寡闻；燕朋逆其师，燕辟废其学。此六者，教之所由废也。

君子既知教之所由兴，又知教之所由废，然后可以为人师也。故君子之教，喻也。道而弗牵，强而弗抑，开而弗达。道而弗牵则和，强而弗抑则易，开而弗达则思。和易以思，可谓善喻矣。

学者有四失，教者必知之。人之学也，或失则多，或失则寡，或失则易，或失则止。此四者，心之莫同也。知其心然后能救其失也。教也者，长善而救其失者也。

善歌者，使人继其声；善教者，使人继其志。其言也，约而达，微而臧，罕譬而喻，可谓继志矣。

君子知至学之难易而知其美恶，然后能博喻，能博喻然后能为师，能为师然后能为长，能为长然后能为君。故师也者，所以学为君也，是故择师不可不慎也。《记》曰："三王四代唯其师。"其此之谓乎！

凡学之道：严师为难。师严然后道尊，道尊然后民知敬学。是故君之所以不臣于其臣者二：当其为尸，则弗臣也；当其为师，则弗臣也。大学之礼，虽诏于天子无北面，所以尊师也。

善学者，师逸而功倍，又从而庸之。不善学者，师勤而功半，又从而怨之。善问者如攻坚木，先其易者，后其节目，及其久也，相说以解。不善问者反此。善待问者如撞钟，叩之以小者则小鸣，叩之以大者则大鸣，待其从容，然后尽其声。不善答问者反此。此皆进学之道也。

记问之学，不足以为人师，必也听语乎！力不能问，然后语之，语之而不知，虽舍之可也。

良冶之子，必学为裘；良弓之子，必学为箕；始驾马者反之，车在马前。君子察于此三者，可以有志于学矣。

古之学者，比物丑类，鼓无当于五声，五声弗得不和；水无当于五色，五色弗得不章；学无当于五官，五官弗得不治；师无当于五服，五服弗得不亲。

君子曰：大德不官，大道不器，大信不约，大时不齐。察于此四者，可以有志于学矣。三王之祭川也，皆先河而后海，或源也，或委也，此之谓务本！

译文

（执政者）思虑要合于法度，征求品德善良（的人士辅佐自己），可以得到小小的声誉，不能够耸动群众的听闻；（如果）亲近礼贤下士，宽容异己体恤百姓，可以耸动群众的听闻，但不能起到教化百姓的作用。君子想要教化百姓，并形成好的风俗，就一定要重视设学施教啊！

玉石不经雕琢，就不能变成好的器物；人不经过学习，就不会明白道理。所以古代的君王，建立国家，统治人民，首先要设学施教。《尚书·兑命》篇中说："始终要以设学施教为主"，就是谈的这个道理啊！

尽管有味美可口的菜肴，不吃是不会知道它的美味的；尽管有高深完善的道理，不学习也不会了解它的好处。所以，通过学习才能知道自己的不足，通过教人才能感到困惑。知道自己学业的不足，才能反过来严格要求自己；感到困惑然后才能不倦的钻研。所以说，教与学是互相促进的。《兑命》篇说："（在教学过程中）教与学是一个事情的两个方面"，就是说的这个道理啊！

古代设学施教，每二十五家的"闾"设有学校叫"塾"，每一"党"有自己的学校叫"庠"，每一"术"有自己的学校叫"序"，在天子或诸侯的国都设立有大学。

（学校里）每年招收学生入学，每隔一年对学生考查一次。第一年考查学生断句分章等基本阅读能力的情况，第三年考查学生是否专心学习和亲近同学，第五年考查学生是否在广博的学习和亲近老师，第七年考查学生讨论学业是非和识别朋友的能力，（这一阶段学习合格）叫"小成"。第九年学生能举一反三，推论事理，并有坚强的信念，不违背老师的教诲，（达到这一阶段的学习标准）叫做"大成"。唯有这样，才能教化百姓，移风易俗，周围的人能心悦诚服，远方的人也会来归顺他，这就是大学教人的宗旨。古书上说："（求学的人）应效法小蚂蚁衔土不息而成土堆的精神（不倦地学习）"。就是说的这个道理啊！

大学开学的时候，（天子或官吏）穿着礼服，备有祭菜来祭祀先哲，表示尊师重道，学生要吟诵《诗经·小雅》中（鹿鸣、四牡、皇皇者华）三篇（叙述君臣和睦）的诗，使他们一入学就产生要作官的感受；要学生按鼓声开箱取出学习用品，使他们严肃地对待学业；同时展示戒尺，以维持整齐严肃的秩序；（学生春季入学，教官）没有夏祭不去考查学生，让学生有充裕的时间按自己的志愿去学习。（学习过程中）教师应先观察而不要急于对学生的问题给予解答，（用以）反复详审学生的思维活动；年长的学生请教教师，年少的学生要注意听，而不要插问，因为学习应循序渐进，不能越级。这七点，是施教顺序的大纲。古书上说："在教学活动中，教官首先要尽职，读书人要先立志"，就是说的这个道理啊！

大学的教育活动，按时令进行，各有正式课业；休息的时候，也有课外作业。课外不学杂乐，课内就不可能把琴弹好；课外不广泛运用比喻，课内就不能写好诗句；课外不学好如果做好家室，课内就学不好礼仪。不喜欢那些才艺学问，就不可能乐于对待所学的正课。所以，君子对待学习，课内受业要学好正课；在家休息，要学好各种杂艺。唯其这样，才能安心学习，亲近师长，乐于与群众交朋友，并深信所学之道，尽管离开师长辅导，也不会违背所学的道理。《兑命》篇中说：只有专心致志谦逊恭敬，时时刻刻敏捷地求学，在学业上就能有所成就，就是说的这个道理啊！

今天的教师，单靠朗诵课文，大量灌输，一味赶进度，而不顾学生的接受能力，致使他们不能安下心来求学。教人不能因材施教，不能使学生的才能得到充分的发展。教学的方法违背了教学的原则，提出的要求不合学生的实际。这样，学生就会痛恶他的学业，并怨恨他的老师，苦于学业的艰难，而不懂得它的好处。即使学习结业，他所学的东西必然忘得快，教学的目的也就达不到，其原因就在这里啊！

大学施教的方法：在学生的错误没有发生时就加以防止，叫做预防；在适当的时机进行教育，叫做及时；不超越受教育者的才能和年龄特征而进行教育，叫做合乎顺序；互相取长补短，叫做相互研讨。这四点，是教学成功的经验。

错误出现了再去禁止，就有产生抗拒而难以克服；放过了学习时机，事后补救，尽管勤苦努力，也较难成功；施教者不按教学内容的一定顺序传授知识，打乱了条理，就不可收拾；自己一个人瞑思苦想，不与友人讨论，就会形成学识浅薄，见闻不广；与不正派的朋友来往，必然会违逆老师的教导；从事一些不正经的交谈，必然荒废正课学习。这六点，是教学失败的原因。

君子不但懂得教学成功的经验，又懂得教学失败的原因，就可以当好教师了。所以说教师对人施教，就是启发诱导：（对学生）诱导而不牵拉；劝勉而不压制；指导学习的门径，而不把答案直接告诉学生。（教师对学生）诱导而不牵拉，则师生融洽；劝勉而不强制，学生才能感到学习是件愉快的事；启发而不包办，学生才会自己积极思维。能做到师生融洽，使学生感到学习容易，并能独立思考，可以说是做到了善于启发诱导了。

学生在学习上有四种过失，是施教的人必须要了解的：人们学习失败的原因，有人是失于贪多务得，有人是失于学习过于偏狭，有的人失于见异思迁不求甚解，有的人失于学习上不能持久，浅尝辄止。这四点，是由于学生的不同心理和才智所引起的。教师懂得受教育者的不同心理特点，才能帮助学生克服缺点。教育的作用，就是使受教育者能发挥其优点并克服其缺点。

会唱歌的人，要使人情不自禁地跟着唱；会教人的人，要诱导学生自觉地跟着他学。教师讲课，要简单明确，精练而完善，举例不多，但能说明问题。这样，才可以达到使学生自觉地跟着他学的目的。

君子要知道最完美的教学境界中的难易甘苦等种种情况，才能知道教学过程中表现出的正确的与错误的不同思想倾向和教学方法，才能对学生多方面灵活的启发诱导。能够多方面启发诱导，才能当好教师。能当好教师才能做官长，能做官长才能当人君。所以说，当教师的，就是凭借（老师）来学习成为君上的。因为这个缘故，所以选择教师不可不慎重。古书上说："古代君王只尊敬老师"。就是说的这个道理啊！

凡是学习的关键，严师是难能可贵的。教师严格才能重视他传授的道。在上的君王能尊师重道，百姓才能专心求学。所以君王不以臣子相待的臣子有两种人：一是正在祭祀中作为神的替身的人，不以臣子相待；二是教师，不以臣子相待。根据礼制，（这二种人）虽被天子召见，可以免去朝见君王的礼节，这就是为了表示尊师重道的缘故。

会学习的人，能使教师费力不大而效果好，并能感激教师；不会学习的人，即使老师很勤苦而自己收效甚少，还要埋怨教师。会提问的人，像木工砍木头，先从容易的地方着手，再砍坚硬的节疤一样，（先问容易的问题，再问难题），这样，问题就会容易解决；不会提问题的人却与此相反。会对待提问的人，要回答得有针对性，像撞钟一样，用力小，钟声则小，用力大，钟声则大，从容地响，留有提问者充分回味和消化的时间；不会回答问题的恰巧与此相反。以上这些，讲的是有关进行教学的方法。

单靠死记一些零碎的知识，不能作个好教师，一定（要有渊博的知识），随时准备根据学生的提问并给以圆满的回答才行。如果学生提不出问题，就要引导启发他们；告诉了他以后，仍不能理解，可以暂时放在一边不管了。

（若要学到父亲高超的手艺）高明的冶金匠的儿子，一定要先去学缝皮袄；高明的弓匠的儿子，一定要先去学编撮箕，训练学拉车的小马的人会先反过来，让马在车后跟着走。君子懂得了这三例（是通过先易后难、由浅入深、反复练习、循序渐进）使事业成功的道理，就可以搞好教学工作了。

古代求学的人，能够对同类事物进行比较，举一反三。

鼓不等同于五声，而五声中没有鼓音，就不和谐；水不等同于五色，但五色没有水调和，就不能鲜明悦目；学习不等同于五官，但五官不经过学习训练就不可治理；师不等同于五服之亲，但没有教师的教导，人们不可能懂得五服的亲密关系。

君子说，德行很高的人，不限于只担任某种官职；普遍的规律，不仅仅适用于那一件事物；有大信实的人，用不着他发誓后才信任他；因时制宜的人无所不可不拘于一途。懂得这四点，（就可以领会到做事求学），也要抓住根本的道理了。古代的三王祭祀江河的时候，都是先祭河而后祭海，这是因为河是水的本源，而海是水的归宿。这才叫抓住了根本！

· 简　评 ·

《学记》是中国教育史上，也是世界教育史上第一部教育学的专著，它比捷克大教育家夸美纽斯的《大教学论》早面世一千八九百年。《学记》对中国教育学和心理学的发展产生了重大影响，是中国也是世界珍贵的教育遗产之一。其中很多理论和思想不仅是教育史上的首创，而且经过两千多年教育实践的检验，即使放在现代教学理论的范畴中，也仍然闪烁着生命的火花。

小档案

作者：乐正克
成书时间：战国时期
地位：世界教育史上第一部教育学专著
经典名句：玉不琢，不成器

大教学论：第九章 一切男女青年都应该进学校（摘选）

1. 根据下列理由，不仅有钱有势的人的子女应该进学校，而且一切城镇乡村的男女儿童，不分富贵贫贱，同样都应该进学校。

2. 第一，一切生而为人的人，生来都有一个同样的目的，就是他们要成为人，即要成为理性的动物，要成为万物的主宰及其造物主的形象。所以，他们都应该达到这样一个境地，即在适当地吸取了智慧、德行与虔信之后，能够有益地利用此生，并且好好地预备来生……

4. 有些人虽然看上去天性鲁钝笨拙，这也毫不碍事，因为这使普遍培植这类智能一事更加急不容缓。任何人的心性愈是迟钝孱弱，他便愈加需要帮助，使他能尽量摆脱粗犷和愚蠢。世上找不出一个人的智性孱弱到了不能用教化去改进的地步。一只筛子，如果你继续不断地用水泼去，它便愈来愈干净，虽然它不能够把水留住；同样，鲁钝和悟性孱弱的人，虽然在学问上面得不到进步，但是心性可以变得比较柔和，可以学会服从官吏和牧师。此外还有许多例子，说明天性愚笨的人领悟科学甚至胜过了天资较好的人。有一个诗人说得对："勤能补拙。"有些人小时候身体强壮，但是后来变得多愁多病，有些人青年时代多病矮小，后来却长得壮健魁梧；智性也是一样，有些人发展得早，但是不久就凋枯了，变鲁钝了，有些人原来很愚钝，可是以后

夸美纽斯

变得敏锐、聪明了。在我们的果园里面，我们不独喜欢果子结得早的树木，同时也喜欢果子结得迟的树木。因为西拉的儿子说，每一件东西都有它的值得赞美的时期，最后，虽然迟缓一点，总表明它没有白白生存一番。然而我们为什么在学问的花园里却只希望智力前进活泼的一批儿童受到宽容呢？谁也不要被排斥，除非是上帝没有给他感觉与智力。

5. 女性完全不能追求知识（用拉丁文或用她们的国语），也是没有任何充分理由的（对于这一点我要特别提一下）。她们也是按照上帝的形象造成的，在上帝的仁慈与未来的世界里面，她们也是有份的。她们具有同等敏锐的悟性和求知的能力（常常比男性还要强），她们能够取得最高的地位，因为她们常被上帝亲自叫去统治过国家，对国王与君主提过有益的建议，研究过医药与别种有益于人类的事情，甚至还作过预言，痛责过牧师与主教。然而我们为什么让她们学了字母之后，又不许她们读书呢？难道我们畏惧她们的愚蠢吗？我们愈是运用她们的思想，则心理空虚所产生的愚蠢便愈难获得立足之地了。

6. 但是我们不要把一切书籍没有辨别地全给她们，如同给予男性青年的一样（人们在这件事情上面没有表示过较大的谨慎，实在是大可悲叹的）；而只限于那些使人充分观察上帝及其作品之后就可以学得真实的德行与真实的虔信的书籍。

　　《大教学论》第一次使得教育学从哲学中独立出来，完成了教育理论上有史以来的重大变革。它是近代教育开始的标志，其不朽的思想是现代教育、教学理论的精华和核心，会不断被后人不断拓展、创新。

小档案

作者：夸美纽斯

成书时间：1632 年

地位：人类历史上第一部系统的、专门的教育理论著作，近代教育开始的标志

经典名句：德行的实现是由行为，不是由文字／人只有受过一种合适的教育之后，人才能成为一个人

读一读

《教育漫话》，是英国哲学家、经验主义的开创人约翰·洛克的教育代表作。全书论述的主题是"绅士教育"，即论述刚夺得政权的英国资产阶级与新贵族子弟的教育，具体包括体育、德育和智育等方面的教育。

教育漫话：矫揉造作的弊端

本人相信，矫揉造作不是儿童从小就有的毛病，也不是未经教导的天性的产物；这是一种莠草，但不是生长在荒芜的野地上，而是生长在花园的苗地里，是由于园丁疏于管理或是缺乏照顾的能力才导致其滋长蔓延。一个人之所以表现得矫揉造作，必定起因于管理与教导，以及不能没有教养的感觉；矫揉造作极力改正本性中的缺点，总是具有一个动人的、令人愉悦的目的，尽管这个目的永远难以达到；它越是想装出一副优雅的外表，离优雅的实质便越远。有鉴于此，我们更加要予以提防，因为它正是教育的过失；这种教育诚然是一种误入歧途的教育，但年轻人由于自己的失误，或是由于周围人群行为不端，他们每每容易受到这种教育的伤害。

优雅的态度是永远都会博得他人的青睐的，凡是对此事加以考察的人就会发现，优雅的态度是从已做过事情的自然结合中产生的，他的心情正好符合那个时候的情境。不管置身何处，倘若我们邂逅一位慈悲、友善、温文尔雅的人，是不可能不感到愉快的。凡是豁达开朗，对自身投手举足控制自如，既不浅陋狭隘，也不孤高傲慢，亦未曾沾染任何重大瑕疵的心灵，总会对他人产生吸附作用。从这种完善的心灵所自然产生的行为是心境的真实迹象，自然也会令我们喜欢；既然这种行为是精神及气质（Spiritsand Disposition）的自然流露，当然也就显得潇洒自如。当一个人经过不断的练习，将自己的举止变得合乎时尚了，在与人交往时，由于生性或习惯，所有言谈举止（即使是微小的表情动作）都显得谦卑得体，落落大方，一点也不显得做作或刻意模仿，而是温馨的心境及良好的气性的自然流露。在我看来，这是一种美，这种美可以通过他们的行为越发显得流光溢彩，由此出发，他们的所作所为可使一切与之接近的人为之倾倒。

与此相反，矫揉造作是对本应纯真轻松表现行为的一种丑陋而勉强的模仿，缺乏那种追随自然的美；因为凡是矫揉造作发生之处，外表的行为与内在的心境总是不相符的，表现为以下两点：

第一，一个人实际上并不具有某种心情，可是他在言谈举止上装模作样，使得外表上看去似乎具有某种心情。例如，有些人有时候装出一副忧愁、怜悯或是和善的样子，实际上他的心态与此完全相反；不过这种刻意装出的姿态总是难以掩盖真相的。

第二，有时候他们并不刻意作秀，假装具有某种心情，但却在举止上表现出一些与其习性不相称的动作。例如，他们在与别人交谈时，故意做出各种动作、表情及发表议论，其本意是要向对方表示尊重或礼貌，或者表示谈得投机、轻松自如，但是由于这些表现并非出自自然，亦非真实，故所表现的只是他们内在气质的某种缺陷与谬误。只知一味模仿他人，却不知道分辨别人行为的哪一部分优雅，或者哪些东西为别人的性格中所特有，这种原因经常构成矫揉造作中的大部分现象。但一切类型的矫揉造作，无论其结果如何，总是令人厌恶的；因为我们生性厌恨赝品，鄙视那些乏善可陈、只能以假装态度去博取别人欢欣的人。

率真的不加修饰的本性，任其自然的态度，远比人为的丑态及诸如习得的令人倒胃的时髦模样要好得多。倘若我们自己没有多少成就，或是行为方面有缺憾，态度不能达到十分优雅的境地，通常会滑出人们的视野，不会遭人指责。但

英国的年轻绅士

若我们的举止中无论哪一部分含有矫揉造作的成分，则不啻给自己的缺点点燃了一支蜡烛；结果必定引起他人注意，不是被认为见识短浅，就是说缺乏真挚。对于这种情形，做教师的人应特别关注；因为我在上面说过，这是一种习得的丑态，起因于一种错误的教育，有矫揉造作表现的人，除了那些冒充受过良好教育，不愿被他人认为对时尚一窍不通、对与人交谈应酬缺乏技巧者外，很少会有其他人这样做；如果我未弄错的话，我觉得其起因常出自某些人的偷懒的劝告，他们只知制定规则，确定范例，却不将练习与其教导相结合，不知道让学生在自己的监视之下重复某种动作，以便改正其中拙劣和做作的成分，使那种行为变得轻车熟路，习惯自如。

·简　评·

《教育漫话》在西方教育史上第一次将教育分为体育、德育、智育三部分，并作了详细论述。它集中反映了欧洲文艺复兴时期新兴资产阶级的教育观，强调环境与教育的巨大作用，在体魄与德行方面进行刻苦锻炼等。这些思想对西方近代教育思想，特别是对 18 世纪的法国教育家影响很深。时至今日，《教育漫话》中的许多教育观念，仍具有发人深省的作用。

小档案

作者：约翰·洛克

成书时间：1693 年

地位：欧美数百年来办学的圭臬乃至"宪章"

经典名句：教育上的错误正和错配了药一样，第一次弄错了决不能借第二次、第三次去补救，它们的影响是终身洗刷不掉的

●●●●●● 《爱弥儿：论教育》，是法国杰出启蒙思想家卢梭
的一部重要的教育论著。本书是一本夹叙夹议的哲理
教育小说，作者通过对他所假设的教育对象爱弥儿的教
育，描写了一个人从出生到结婚，到进入社会受教育的
全过程，主张教育要遵循自然规律，发展儿童的天性。

读
一
读

爱弥儿：论教育（摘选）

……劳动是社会的人不可或免的责任。任何一个公民，无论他是贫或是
富，是强或是弱，只要他不干活，就是一个为非作歹的人。

在人类所有一切可以谋生的职业中，最能使人接近自然状态的职业是
手工劳动；在所有一切有身份的人当中，最不受命运和他人的影响的，是手
工业者。手工业者所依靠的是他的手艺；他是自由的，他所享受的自由恰好
同农民遭受的奴役形成对照，因为后者束缚于他的土地，而土地的产物完全
凭他人的支配。敌人、贵族、有势力的邻居或一场官司，都可以夺去他的土
地；人们可以用各种各样的方法利用他的土地去折磨他；然而，不论在什么
地方，谁要是想折磨手工业者的话，他马上就捆起行李走掉了。可是农业是
人类所从事的历史最悠久的职业，它是最诚实，最有益于人，因而也就是人
类所能从事的最高尚的职业。我没有向爱弥儿说："你去学一学农活吧"！因
为他懂得农活。所有的庄稼活儿他都是很熟悉的，他起初就是从庄稼活儿学
起，而且还不断地干这种活儿。因此，我要对他说："你现在耕种你祖上留下
来的土地。但如果你失去了继承权，或者根本就没有继承权的时候，又怎样
办呢？所以，你还得学一门手艺。"

"你要我的儿子去学一门手艺，要我的儿子做手工匠人，老师，你是这样
想的吗？""夫人，我在这方面比你想得更周到，你只知道使他成为王公贵族
一类的人物，然而说不定他将来会成为一无所能的人；至于我，我要给他一

卢梭的雕像

个他怎样也不会失掉的地位，在任何时候都可以使他引以为荣的地位，我要把他教养成人；不管你怎样说，他得到这种地位的机会将会比你能给予他一切地位的机会少得多。"

这些话，从字面上看好像是很恼人的，但它的精神是令人奋发的。问题不在于为了懂得一种手艺而学一种手艺，问题在于要克服对那种手艺所抱的偏见。你也许永远也不会有不劳动就不能生活的日子。唉！真糟糕，这对你是很不利的！不过，也没有什么关系；即使不是为了生活的需要而劳动，也可以为了获得荣誉而劳动。为了要高出于你原来的身分，就必须要不耻于做一个手工匠人。为了要使命运和事物都听你的支配，你开头就要从不依赖它们做起。如果想利用舆论去进行统治，你首先就要统治舆论。

你要记住的是，我要求你的不是才能，而是一种手艺，一种真正的手艺，纯粹机械的技术，做的时候是动手而不是动脑，这种手艺虽不能使你发财致富，但有了它，你就可以不需要财富。……

· 简 评 ·

《爱弥儿：论教育》不仅是卢梭论述资产阶级教育的专著，而且是他阐发资产阶级社会政治思想的巨著。因此，此书在 1762 年第一次出版，便轰动了整个法国和西欧一些资产阶级国家，影响巨大。虽然本书的观点立足在法国 18 世纪的社会和教育环境，虽然在强调发展儿童的天性时忽视了教育的社会性，但是在当今社会仍不乏可取之处。

小档案

作者：卢梭

成书时间：1762 年

结构：共分 5 卷，包括婴儿期（0～2 岁）、儿童期（2～12 岁）、少年期（12～15 岁）、青年期（15～20 岁）和婚姻

地位：第一本小说体教育名著

经典名句：我们不能为了惩罚孩子而惩罚孩子，应当使他们觉得这些惩罚正是他们不良行为的自然后果

爱的教育：七月

十日告别

午后一点，我们又齐集学校，听候发表成绩。学校附近挤满了学生的父母们，有的等在门口，有的进了教室，连先生的座位旁也都挤满了。我们的教室中、教坛前也满是人。卡隆的父亲，代洛西的母亲，铁匠波来可西，可莱谛的父亲，耐利的母亲，克洛西的母亲——就是那卖野菜的，"小石匠"的父亲，斯带地的父亲，此外还有许多我不认识的人们。教室中充满了错杂的低语声。

先生一到教室，室中就立刻肃静，先生手里拿着成绩表，当场宣读："亚巴泰西六十七分，及格。亚尔克尼五十五分，及格。""小石匠"也及格了，克洛西也及格了。

先生又大声地说："代洛西七十分，及格，一等奖。"

到场的父母们都齐声赞许说："了不得，了不得，代洛西。"

代洛西披着金发，微笑着朝他母亲看，母亲举手和他招呼。

卡洛斐、卡隆、格拉勃利亚少年，都及格了，落第的有三四个人。其中有一个因见他父亲站在门口做手势要斥责他，就哭了起来。先生和他父亲说："不要这样，落第并不全是小孩的不好，大都由于不幸。他是这样的。"又继续说着："耐利六十二分，及格。"

耐利的母亲用扇子送个吻给儿子。斯带地是以六十七分及格的。他听了这好成绩，连微笑也不露，仍是用两拳撑着头不放。最后是华梯尼，他今天穿着得很华丽——也及格的。报告完毕，先生立起身来："我和大家在这室中相会，这次是最后了。我们大家在一处过了一年，今天就要分别，我感到很悲伤。"说到这里中止了一下，又说："在这一年中，我好几次地不留意发了怒。这是我的不好，请原恕我。"

"哪里，哪里！"父母们、学生们齐声说，"哪里！先生，没有的事！"

先生继续说："请原恕我。新学年你们不能和我再在一处，但是仍会相见的。无论到了什么时候，你们总在我心里呢。再会了，孩子们！"

先生说毕走到我们座位旁来。我们站在椅子上，或是伸手去握先生的臂，或是执牢先生的衣襟，和先生接吻的尤多。末后，五十人齐声说："再会，先生！多谢先生！愿先生康健，永远不忘我们！"

走出教室的时候，我感到一种悲哀，胸中难过得像有什么东西压迫着。大家都纷纷退出，别的教室的学生也像潮水一样的向门口涌去。学生和父母们夹杂在一处，或向先生告别，或相互招呼。戴红羽毛的女先生给四五个小孩抱住，给大众包围，几乎要不能呼吸了。孩子们又把"修女"先生的帽子扯破，在她黑眼的纽孔里，袋里乱塞进花束去。洛佩谛今天第一日除掉拐杖，大家见了都很高兴。

"那么，再会。到新学年，到十月二十日再会。"随处都听到这样的话。

我们也都互相招呼。这时，过去的一切不快顿时消减，向来嫉妒代洛西的毕梯尼也张了两手去拥抱代洛西。我对"小石匠"叙别。"小石匠"装最后一次兔脸给我看，我吻了他一次。我去向波来可西和卡洛斐告别。卡洛斐告诉我说不久就要发行最末一次彩票，且送我一块略有缺损的瓷镇纸。耐利跟卡隆难舍难分，大家见了那光景很感动，

亚米契斯

就围集在卡隆身旁。

"再会，卡隆，愿你好。"大家齐声说，有的去抱他，有的去握他的手，都向这位勇敢高尚的少年表示惜别。卡隆的父亲在旁见了兀自出神。

我最后在门外抱住了卡隆，把脸贴在他的胸前哭泣。卡隆吻我的额。跑到我父亲母亲身边，父亲问我："你已和你的朋友告别了吗？"我答说："已告别过了。"父亲又说："如果你从前有过对不起哪个的事，快去谢了罪，请他宽恕。你有这样的人吗？"我答说："没有。"

"那么，再会了！"父亲说着向学校做最后的一瞥，声音中充满了感情。

"再会！"母亲也跟着反复说。

我却什么话都说不出了。

· 简　评 ·

《爱的教育》抒发着人类最伟大的感情——爱。书中，每一个故事读之都让人动情，字里行间洋溢着儿童的纯真与情趣，一个个看似渺小、实则不凡的人物形象在读者心中荡起一阵阵情感的波澜，使爱的美德永驻心中。

小档案

作者：亚米契斯

成书时间：1866 年

结构：共 10 卷、100 篇文章

地位：世界各国公认的最富爱心和教育性的读物

经典名句：做卑怯的兵士吗？决不做！

●●●●● 《民主主义与教育》，是美国著名哲
学家、教育家，实用主义创始人之一杜
威长期实践和潜心研究教育的结果，书
中全面地阐述了实用主义教育理论。

读一读

民主主义与教育：第二章 教育是社会的职能（摘选）

一、环境的性质和意义

我们在上面讲过，一个共同体或社会群体通过不断的自我更新维持自己，这种更新的进行，依靠群体中未成熟成员的教育成长。社会通过各种无意的和计划好的机构，把蒙昧的和似乎异己的人改造成为它自己的资源和理想的健全的托管者。所以，教育乃是一个抚养、培育和教养的过程。所有这些词都意味着教育含有注意成长的条件的意思。我们也用养育、培养、教化等词，这些词表明教育所要包括的不同水平。从词源学来说，教育这个词恰好就是引导或教养的过程。当我们想起过程的结果时，我们把教育说成是塑造、形成、模制的活动——即塑造成社会活动的标准模式。我们在本章要研究社会群体把未成熟的成员培养成它自己的社会模式的方法的一般特征。

既然要求的是改造经验的素质使它具有社会群体流行的各种兴趣、目的和观念，总是显然不是一个单纯物质方面的形成问题。物质的东西可以在空间搬动，可以转运。信仰和抱负却不能在物质上取出或插入。那么它们怎样沟通呢？已知它们不可能直接传播或灌输，我们的问题是要发现一种方法，使年轻人用来吸收老年人的观点，老年人使年轻人和他们自己有共同的志趣。

一般地说，问题的回答就是：依靠环境的作用，引起某些反应。所需要的信仰不能硬灌进去；所需要的态度不能粘贴上去。但是个人生存的特定的

杜威

生活条件，引导他看到和感觉到一件东西，而不是另一件东西；它引导他制订一定的计划以便和别人成功地共同行动；它强化某些信仰而弱化另一些信仰作为赢得他人赞同的一个条件。所以，生活条件在他身上逐渐产生某种行为的系统，某种行动的倾向。"环境""生活条件"这些词，不仅表示围绕个体的周围事物，还表示周围事物和个体自己的主动趋势的特殊的连续性。当然，无机物是和它的周围事物连接在一起的；但是，除非用比喻的方法，周围的情况并不构成环境。因为无机物并不关心影响它的各种势力。另一方面，有些东西在空间和时间上和一种生物，特别是人类，相隔遥远，甚至可以比有些和他接近的东西更加真实地形成他的环境。一个人的活动跟着事物而变异，这些东西便是他的真环境。因而，天文学家的活动跟着他所凝视或计算的星星而变异。在他直接的周围事物中，他的望远镜是他最亲密的环境。作为一个文物工作者，他的环境包括他所关心的人类生活远古时代以及他借以和那个时代建立联系的遗迹、铭刻等等。

总之，环境包括促成或阻碍、刺激或抑制生物的特有的活动的各种条件。水是鱼的环境，因为水对鱼的活动、对它的生活是必需的。北极是北极探险家的环境的一个重要成分，不管他是否到达北极，因为北极说明他的活动，使这些活动具有自己的特色。正因为生活不仅仅意味着消极的存在（假如有这样的东西），而是一种行动的方式，环境或生活条件进入这种活动成为一个起着支持作用或挫败作用的条件。

二、社会环境

······

三、社会环境的教育性

······

四、学校是特殊的环境

......

·简 评·

在《民主主义与教育》中，杜威既从主观唯心主义的经验论出发论述教学内容与教学方法问题，又在许多方面表现出辩证法的思想；既从反对传统教育脱离生活实际出发、主张根据社会需要让学生学习实用知识，又注意到学生让地理、博物、园艺等学科的教学；既强调儿童的"主动作业"，又谈到"分科教学"问题；还强调照顾儿童的兴趣与能力，主张"儿童中心主义"；等等。本书涉及的方面极为广泛，但对每项问题都从社会、历史和哲学的角度层层剖析和深入论证，是一部堪与柏拉图的《理想国》、卢梭的《爱弥儿》相提并论的教育巨著。

小档案

作者：杜威

成书时间：1916 年

结构：共 26 章

地位：三部不朽的教育瑰宝之一（其他两部是《理想国》和《爱弥儿》）

经典名句：如果学生不能筹划他自己解决问题的方法（自然不是和教师、同学隔绝，而是和他们合作进行），自己寻找出路，他就学不到什么；即使他能背出一些正确的答案，百分之百正确，他还是学不到什么

教育学：第九章 教学方法（摘选）

第七节　练习

练习的目的是要形成技能和技巧。练习的概念和意义、形成技能和技巧的过程在前一章里已经谈过了。现在我们来研究应当怎样组织练习，才能达到有效的结果，也就是养成精确的技能和牢固的技巧。

必须使学生理解练习的理论基础（规则、定理等）。学生机械地掌握的技巧是不能把它应用在新的情况和其他材料上去的。

练习要求严格的连续性。每一种新的技巧都应当包括在已往积累起来的知识、技能和技巧的体系中。要使学生在掌握某种技能或技巧的过程中，逐渐提高工作中的独立性。例如学生掌握解答一定类型的应用题的技能时，起先跟着教师一起解答这种应用题，把某一个学生按照教师的指示在黑板上写的东西记在练习本里。随后，就只是跟教师一起拟定解答类似的应用题的计划，由学生自己写出解答的算式，进行计算。最后，由学生独立进行解答应用题的全部工作过程。由于系统地进行练习的结果，学生就掌握了解答这种类型的应用题的技能，如果把数字材科复杂化，在这种类型的应用题里加入某些新的因素，他也能够完全独立地完成练习。

为了要选择能够逐渐提高学生的独立性的作业，必强注意作业的多样性。这一点所以必要，也是为了保持学生对练习作业的兴趣（在低年级，还要利用变换作业的种类来保持学生的注意)。练习还必须多样化,这也是为了使学生能够把各种规则应用到不同的材料上去,找出解答同一个习题的不同方法。

应用新的规则进行练习,最好经常一些,但是每一次练习时间不能过长。开始时,两次练习的时间间隔要短一些,以后再逐渐加长。

形成劳动技能要从说明操作的目的、它的科学技术原理和完成它的方法开始。同时,要告诉学生注意防止各种一般性的错误。教师演示过完成整个操作的方法之后,可以把这一过程划分成各个基本的组成部分;而后由学生进行各个细节的专门的劳动练习(例如扭紧和拧松螺丝,装配机械的某些部件,给零件涂油等),以掌握各种技巧;每一种这样的练习都可以单独进行,但是它一定要包含在由整个作业所规定的各种动作的链条里。

逐渐提高学生的独立性的练习,应当使学生学会在创造性的独立作业中正确地运用各种技能和技巧。属于这种创造性独立作业的,举例来说,有作文,解答和编拟特别困难的应用题,设计和制作仪器或模型,设计各种制作品等。

完成任何创造性作业的质量,首先决定于学生深刻、彻底和牢固地掌握那些在这种作业中必须应用的知识、技能和技巧的情况。

完成创造性作业,首先要求深思熟虑地拟定进行作业的计划。教师应当跟学生一起研究他们所拟定的作业计划,教会学生考虑作业中一切必要的环节。

在分析和评定所完成的作业时,重要的是要鼓励学生的合理的主动精神,鼓励他们的有意义的、独创的构思,同时也要求他们细心地完成一切作业。

凯洛夫

《教育学》是马克思主义教育理论体系的第一部比较系统的著作，具有很高的权威性，它的出版对中国、朝鲜等社会主义国家的教育事业产生了巨大的影响，使其确立了马列主义教育学说在教育学中的指导地位，并以此进行教育学科建设。教育事业发展至今，《教育学》中一些观点，如提倡教育的"大面积丰收"等已显陈旧落伍，但是我们不应抛弃其精华，而是要不断加以借鉴并发展它。

小档案

作者：凯洛夫

成书时间：1939 年

结构：包括总论、教学论、德育论和学校管理论 4 个方面

地位：第一部比较系统的马克思主义教育理论著作

● ● ● ● ● 《给教师的一百条建议》，是苏联著名教育理论家和实践家苏霍姆林斯基为了解决中小学的实际问题，切实提高教育、教学质量，专为中小学教师写的一本教育经典著作。

读一读

给教师的一百条建议：
谈谈对"后进生"的工作（摘选）

有一个叫费佳的学生是我永远难忘的。我教过他 5 年——从三年级到七年级。费佳遇到的最大障碍是算术应用题和乘法表。我断定，这孩子简直是来不及记住应用题的条件，在他的意识里，来不及形成关于作为条件的依据的那些事物和现象的表象：当他的思想刚刚要转向另一件事物的时候，却又忘记了前一件事物。在其他年级里也有和费佳有某种相似之处的孩子，虽然他们的总数不算多。我给这些孩子编了一本特别的习题集。习题集里约有 200 道应用题，主要是从民间搜集来的。其中的每一道题就是一个引人入胜的小故事。它们的绝大多数并不需要进行算术运算；解答这种习题首先要求动脑筋思考。下面从我编的《给思想不集中的儿童的习题集》里举出两道习题为例。

1. 有三个牧羊人，由于天气炎热而疲倦了，他们在一棵树底下躺下休息，接着就睡着了。调皮的放牧助手用橡树枝烧成的炭灰，把睡熟的人的额头上都涂上了黑。三个人醒来后，都哈哈大笑，每一个人都以为另外两个人是在互相嘲笑的。突然，有一个牧羊人停住不笑了，他猜到了自己的额头也被涂黑了。他是怎么想出来的？

2. 古时候，在辽阔的乌克兰草原上，有两个相距不远的村庄——一个叫

"真话村"，另一个叫"假话村"。"真话村"的居民都说真话，而"假话村"的居民总是说假话。假若我们当中有谁突然来到这两个古代村庄中的一个村庄，只允许向第一个碰到的当地居民提一个问题，打听自己来到的是哪个村庄，那么这个问题应该怎样提法？

起初，我们只是简单地读读这些习题，就像读关于鸟兽、昆虫、植物的有趣的故事一样。过了不久，费佳就明白了：这些故事就是习题。这孩子对其中一道最简单的习题思考起来，并且在我的帮助下解答出来了。解题原来是这么普通的事，这一点使费佳感到惊奇。"这么说，这些习题中的每一道，也是可以解答出来的？"费佳问道。于是，费佳整天整天地抱住那本习题集不放了。每解出一道题，他都感到是一次巨大的胜利。他把解出的习题抄在一个专门的练习本里，而且在文字题的旁边他还用了画习题的办法——画的有小鸟、动物、植物等。我还给费佳搜集了一套专门供他阅读的书籍，大约有100本书和小册子，可供这孩子从三年级读到七年级。后来又给费佳配备了另一套图书（约有200本）。这一套书，在两年内，除费佳以外，还有另外三个孩子利用过。有些书和小册子是跟课堂上所教的内容有直接联系的，另一些书并没有这种直接联系，不过我认为读这些书是一种智力训练。

到了五年级，费佳的学业成绩就赶上来了，他能和别的学生一样解答同样的算术应用题。到六年级，这孩子突然对物理发生了兴趣。费佳成了"少年设计家小组"的积极成员之一。创造性劳动引起的兴趣越大，他读书就读得越多。他后来在学习上还遇到过困难，特别是历史和文学。但是，每一次困难都是靠阅读来克服的。

巴甫雷什中学校长苏霍姆林斯基与学生在一起

七年级毕业后，费佳进了中等技术学校，后来成了一名高度熟练的专家——机床调整技师。

我从来没有，一次也没有给这样的学生补过课，那种补课的目的就是让学生学会在正课上没有掌握的教材。我只教他们阅读和思考。阅读好比是使思维受到一种感应，激发它的觉醒。

请记住：儿童的学习越困难，他在学习中遇到的似乎无法克服的障碍越多，他就应当更多地阅读。阅读能教给他思考，而思考会变成一种激发智力的刺激。书籍和由书籍激发起来的活的思想，是防止死记硬背（这是使人智慧迟钝的大敌）的最强有力的手段。学生思考得越多，他在周围世界中看到的不懂的东西越多，他对知识的感受性就越敏锐，而你，当教师的人，工作起来就越容易了。

·简 评·

《给教师的一百条建议》全面反映了苏霍姆林斯基的教育思想和教育实践；其中，每条建议谈一个问题，既有生动的实际事例，又有精辟的理论分析；并且，文字深入浅出、通顺流畅，具有很强的可读性。这部著作是近几十年来罕见的先进教育经验"百科全书"。

小档案

作者：苏霍姆林斯基

成书时间：1977 年

地位：活的教育学

经典名句：人的智力发展取决于良好的阅读能力／只有当知识成为精神生活的因素，占据人的思想，激发人的兴趣时，才能称之为知识

第七部分　文　学

读一读

●●●●●《荷马史诗》，相传是古希腊盲诗人荷马创作的两部长篇史诗《伊利亚特》和《奥德赛》（也称《奥德修记》）的统称。《伊利亚特》叙述希腊联军围攻小亚细亚的城市特洛伊的故事；《奥德赛》叙述伊塔卡王奥德修斯在攻陷特洛伊后归国途中10年漂泊的故事。

荷马史诗：奥德赛（摘选）

……我将告诉你我的回航，充满艰辛的

旅程，宙斯使我受难，在我离开特洛伊的时光。

"疾风推打着我漂走，从特洛伊地面来到伊斯马罗斯的海滩，

基科尼亚人的地方。我攻劫了他们的城堡，杀了他们的

民众，夺得他们的妻子和众多的财富，在那处国邦，

分发了战礼，尽我所能，使人人都得到应得的份额。

其时，我命促他们撒开快腿，迅速

撤离，无奈那帮十足的笨蛋拒不听从，

胡饮滥喝，灌饱醉人的醇酒，杀掉

许多肥羊和腿步蹒跚的弯角壮牛，沿着海滩。

与此同时，基科尼亚人前往召来邻近的

基科尼亚部勇，住在内陆的邦土，

数量更多的兵众，阵杀的好手，

战车上的勇士，亦通步战，在需要的时候。

他们发起进攻，在天刚放亮的拂晓，像旺季里的树叶

或花丛，而宙斯亦给我们送来厄运，让

我们遭受不幸，所以我们必将承受巨大的苦难。

双方站定开战，傍着迅捷的舟船，

互投枪矛，带着青铜的镖尖，

伴随着清晨和渐增的神圣的日光，

我们站稳脚跟，击退他们的进攻，尽管他们比我们人多。

但是，当太阳西移，到了替耕牛卸除轭具的时候，

基科尼亚人终于打退和击败了阿凯亚兵众，

来自海船上的兵勇，每船六位胫甲坚固的伙伴，

被他们杀倒，其余的仓皇逃命，躲过了命运和死亡。

"从那儿出发，我们继续向前，庆幸逃离了灾难，

虽然心里悲哀，怀念死去的战友，亲爱的伙伴。

尽管情势危急，我仍然压缓启程的命令，弯翘的海船

原地不动，直到我们

发完表示敬忿的啸喊，对死去的伙伴，每位三声，

不幸的人们，死在平野之上，被基科尼亚人击杀。

其时，汇聚乌云的宙斯驱来北风，冲打我们的海船，

一阵狂野凶虐的风暴，布起层层积云，

掩罩起大地和海域。黑夜从天空降临。

海浪卷着船队横走，暴烈的狂风

捣烂我们的风帆，撕成三四块碎片。

我们惧怕死的来临，收下船帆，放入船身，

摇起木桨，急急忙忙划向陆岸。

我们在那里搁留了两天两夜，

痛苦和疲劳揪碎了我们的心怀。

但是，当发辫秀美的黎明送来第三个白天，

我们树起桅杆，升起白帆，

坐入船位，任凭海风和舵手送导向前。

其时，我将已经抵达故园，不带伤痕，

要不是在海船绕行马勒亚之际，北风和激浪

把我推离航线，疾冲向前，滑过了库塞拉地面

"一连九天，我随波逐浪，被凶暴的强风推揉在

鱼群汇聚的大海，直到第十天上，我们才落脚

岸边，吃食落拓枣者的邦界，后者专吃一种开花的蔬餐。

我们在那里登陆，提取清水，

伙伴们动作利索，在快船边食用晚餐，

当吃喝完毕，我便遣出一些伙伴，

探访向前，要他们弄清这里可能

住着何样的生民，吃食面包的凡胎。

我选出两人，另有第三位去者，作为报信的角儿。

他们当即出发，遇见食拓枣者的人群，

后者不曾谋算夺杀他们的性命，

我的伙伴，只是拿出拓枣，让他们尝吃。

然而，当他们一个个吃过蜜甜的枣果，

三人中便没有谁个愿意送信回返，亦不愿离开，

只想留在那里，同枣食者们为伴，以

枣果为餐，忘却还家的当务之急。

　　我把这些人强行弄回海船，任凭他们

啼哭呜咽，

　　把他们拖上船面，塞在凳板下，绑得

结结实实，

　　发出命令，要其他可以信靠的

伙伴们赶紧上船，以恐有人

尝吃枣果，忘却还家的当务之急。

他们迅速登船，坐入桨位，以

整齐的座次荡开船桨，击打灰蓝色的

海面。

　　"从那儿出发，我们行船向前，虽然心

中悲哀，

《荷马史诗》中的女战神——雅典娜

来到库克洛佩斯们的邦界，一个无法无规，骄蛮

暴虐的部族，一切仰仗天赐，赖靠不死的神明，

既不动手犁耕，也不种植任何东西，

但凭植物自生自长，无须撒种，不用耕耘，

小麦，大麦，还有成串的葡萄，为他们

提供酒力——宙斯的降雨使它们熟甜。

他们没有议事的集会，亦没有共同遵守的礼仪和法规，

住在高山大岭的峰峦，

深旷的岩洞里，每个男子都是

妻房和孩童的法律，不管别人的一切。

……

· 简　评 ·

　　《荷马史诗》是古希腊英雄时代的全景画，也是艺术形式上的绝妙之作。它以整个希腊及其四周的汪洋大海作为故事情节发生的大背景，展现出了一幕自由主义的悲壮历程，为古希腊人的道德观念，乃至整个西方社会的道德观念确立了典范。继此而来的，首先是一种追求成就、自我实现的人文伦理观，其次是一种人神同性的自由神学，剥除了精神世界中的神秘恐惧。于是，《荷马史诗》成为了"希腊的圣经"。

小档案

作者：荷马

成书时间：前 6 世纪

结构：分为《伊利亚特》（15693 行）和《奥德赛》（12110 行）两部，两部都由 24 卷组成

地位：欧洲最早的文学巨著

伊索寓言（摘选）

鹰与乌鸦

鹰从高岩直飞而下，把一只羊羔抓走了。一只乌鸦见到后，非常羡慕，很想仿效。于是，它呼啦啦地猛扑到一只公羊背上，狠命地想把它带走，然而它的脚爪却被羊毛缠住了，拔也拔不出来。尽管它不断地使劲拍打着翅膀，但仍飞不起来。

牧羊人见到后，跑过去将它一把抓住，剪去它翅膀上的羽毛。傍晚，牧羊人带着乌鸦回家，交给了他的孩子们。孩子们问这是什么鸟，他回答说，"这确确实实是乌鸦，可它自己硬要充当老鹰。"

寓意：仿效别人却做自己力所不能及的事，不仅得不到什么益处，还会给自己带来不幸，并受世人的嘲笑。

英文版《伊索寓言》

父亲与女儿

父亲有两个女儿，一个嫁了菜农，另一个嫁给了陶工。

过了些日子，父亲来到菜农家里，问女儿情况如何，他们的生活过得怎么样。女儿说一切都很好，只是有一事须祈祷神明，那就是请求多下雨，好好地浇灌那些蔬菜。

不久之后，父亲又来到陶工家里，问女儿过得如何。女儿说什么都不缺，只祷告一件事，请求天气晴朗，阳光充足，使陶器更快地干燥。父亲对她说道："你希望出太阳，你的妹妹却盼下雨，那么我又为谁祈求呢？"

寓意：同时想做两件截然不同的事的人，必然任何一件事都干不成。

伊索与克雷洛夫（俄国）、拉·封丹（法国）和莱辛（德国）并称"世界四大寓言家"

马与驴子

从前，有个人赶着一匹马和一头驴子上路。路途中，驴子对马说："你若能救我一命，就请帮我分担一点我的负担吧。"马不愿意，驴子终因精疲力竭，倒下死了。于是，主人把所有的货物，包括那张驴子皮，都放在马背上。这时，马悲伤地说："我真倒霉！我怎么会受这么大的苦呢？这全因不愿分担一点驴的负担，现在不但驮上全部的货物，还多加了一张驴皮。"

寓意：强者与弱者应相互帮助、共同合作，各自才能更好地生存。

北风与太阳

有一回北风跟太阳正在那争论，谁的本事大。说着说着，来了一个过路的，身上穿着一件皮大衣。他们商量决定：谁能先叫过路的把他的大衣脱了下来，就算是谁的本事大。北风一开始就猛烈地刮，过路人却紧紧裹住自己的衣服。太阳则先是把温和的阳光洒向过路人，接着又把强烈的阳光射向大地，过路人逐渐开始汗流浃背，忍受不了了，终于脱光了衣服，跳到河里去洗澡了。于是，北风不得不承认，到底还是太阳的本事比他的本事大。

寓意：说服比压服更有效。

善与恶

力量弱小的善，被恶赶走，到了天上。善于是问宙斯，怎样才能回到人间去。宙斯告诉他："大家不要一起去，一个一个地去访问人间吧。恶与人很相近，所以接连不断地去找他们。"善因为从天上下来，所以就来得很慢很慢。

寓意：人很不容易遇到善，却每日为恶所伤害。

骆驼与宙斯

骆驼见牛炫耀自己漂亮的角，羡慕不已，自己也想要长两只角。于是，他来到宙斯那里，请求给他加上一对角。宙斯因为骆驼不满足已有庞大的身体和强大的力气，还要妄想得到更多的东西，气愤异常，不仅没让他长角，还把他的耳朵砍掉一大截。

寓意：贪得无厌，一见别人的东西就眼红，不仅不会得到别人的东西，还会失去自己已有的东西。

·简 评·

《伊索寓言》中的故事虽浅显短小，却饱含哲理，融思想性和艺术性于一体，闪耀着智慧的光芒，蕴含着深刻的寓意。它不仅是向青少年灌输善恶美丑观念的启蒙教材，而且是一本生活的教科书，对后人在做人处世等方面都产生了深刻的影响。

小档案

作者：伊索（不确定）著，普拉努德斯编撰

成书时间：14世纪初（前4～前3世纪，哲学家德米特里厄斯编辑了第一部伊索寓言集；1～2世纪，寓言作家费德鲁斯和寓言诗人巴布里乌斯分别用拉丁文和希腊文编订了诗体的伊索寓言）

地位：世界上最早的寓言故事集

神曲：地狱篇　第五首（摘选）

第二环，米诺斯

我就是这样从第一环下到第二环，

但第二环所占的地方要比第一环小，

而它所包含的痛苦却大得多，到处都是凄声惨叫。

坐镇那里的是米诺斯，他狰狞可怖，切齿咆哮，

他在进口处审查鬼魂们的罪行；

逐个做出判决，依照尾巴缠绕身上的圈数来遣送鬼魂。

我要说的是：一个生来不幸的亡魂，

一旦来到他眼前，就须向他交待自己的全部罪行：

他对亡魂在人世所犯罪孽了解之后，

就考虑把亡魂打入地狱的那一层；

他把尾巴绕上若干圈，

这表明他要把亡魂放到那一环。

他面前总是站立着许多亡魂，

每个亡魂都要轮流受他审问，

他们交待罪行，听候审判，然后下到若干层。

"啊！你这个来到受苦之地的人"，

米诺斯一见我就开口道，

他把如此重要的职务暂搁一边，

"你瞧瞧，你是怎样进来的，你信任的是什么人，

你不要以为进口处如此宽阔，可以随便出进！"

我的老师于是对他说："你为何叫个不停？

不准你阻挡上天安排他到此一行：

是那能够做到随心所欲的地方做出这个决定，

你不可再多问。"

佛兰切丝卡·达·里米尼

我几乎晕倒过去，开始说："诗人！

我真想跟那一对比翼双飞的人谈一谈，

他们随风飘荡，似乎身轻如燕。"

他于是告诉我："你可以看一看，

他们何时靠我们更近，你就以支配他们行动的爱情名义，

请求他们，他们一定会飞过来的。"

当大风把他们吹到我们身边时，

我立即喊道："啊！备受折磨的幽魂啊！

倘若别人不反对，请到我们这边来叙谈一下！"

犹如两只被情欲召来的鸽子，

心甘情愿地展翅翱翔天际，

随后飞回到甜蜜的窝里；

这一对脱离了狄多所在的那个行列，

透过那黝暗的气流飞到我面前，

随之而来的一声呼叫是如此响亮而亲切。

"啊！慈悲而和善的灵魂！

你在昏天黑地中游荡，

来拜访我们这用鲜血染红世界的一双，

如果宇宙之王对你友好，

我们愿求他保佑你平安无恙，

因为你对我们的邪恶之罪抱有恻隐心肠。

你们喜欢听什么，谈什么，

只要狂风像现在这样减弱，

我们都会与你们攀谈，向你们诉说。

我诞生的那片土地坐落在海滨，

波河及其支流倾泻入海，

随即变得平波如镜。

是爱迅速启示我那高贵的心灵，

使我得知他爱上那美丽的身躯，

但这身躯却被人无情夺去，至今我为此仍不胜欷歔。

是爱不能原谅心爱的人不以爱相报，

他的英俊令我神魂颠倒，

你可以看出，至今这爱仍未把我轻抛。

是爱使我们双双丧命。

该隐环正在等待那杀害我们的人。"

他们把这些话语讲给我们听。

听罢这双受害幽魂的诉说，

我不由得把头低低垂落，

这时，诗人对我说："你在想什么？"

我答道："唉！多么缠绵的情思，

多么炽烈的欲火，

这使他们犯下惨痛的罪过！"

接着我又转向他们，开言道：

"佛兰切丝卡，你的不幸遭遇

令我伤心怜惜，泪流如注。

但是，请告诉我：当初发出甜蜜的

意大利画家波提切利的《神曲》插图

叹息时，

　　爱是用什么办法，又是以怎样的方式，

　　使你们洞悉那难以捉摸的情欲？"

　　她于是对我说："没有比在凄惨的境遇之中

　　回忆幸福的时光更大的痛苦；

　　你的老师对此是一清二楚。

　　但是，既然你如此热切地想知道

　　我们相爱的最初根苗，

　　我就说出来，那个正在哭泣的人儿也会直言奉告。

法国画家多雷的《神曲》插图

　　有一天，我们一道阅读朗斯洛消遣，

　　我们看到他如何被爱所纠缠；

　　当时只有我们二人，而我们也并无任何疑虑之感。

　　我们一起阅读这部著作，

　　这使我们情不自禁多次含情相望，面容也为之失色；

　　但是，其中只有一段令我们无法解脱。

　　就在我们阅读时，那被他渴求的、嫣然含笑的嘴唇，

　　终于得到这如此难得的情人的亲吻，

　　正是此人，我与他永远不会离分，

　　他的嘴亲吻我，浑身抖个不停。

　　这本书和书的作者就是加列奥托：

　　那一天，我们再也读不下去了。"

　　一个幽魂则在不住哀啼；这使我不胜怜惜，

　　我蓦地不省人事，如同突然断气。

　　我晕到在地，好像一具倒下的尸体。

《神曲》通过作者与地狱、炼狱及天堂中各种著名人物的对话，反映了中古时期（约 500 年～约 1500 年）文化领域的成就和一些重大的问题，带有"百科全书"性质，从中可隐约窥见文艺复兴时期人文主义思想的曙光。在这部长达 1.4 万余行的史诗中，但丁坚决反对中世纪的蒙昧主义，表达了执著地追求真理的思想，对欧洲后世的诗歌创作有着极其深远的影响。

小档案

作者：但丁

成书时间：1307 年～ 1321 年

结构：分地狱篇、炼狱篇及天堂篇三篇，计 14233 行

地位：欧洲古典四大名著（其他三部是荷马的《史诗》、歌德的《浮士德》、莎士比亚的《哈姆雷特》）之一

● ● ● ● ●　《哈姆雷特》，全名为《丹麦王子，哈姆雷特的悲剧》，又名《王子复仇记》，是英国伟大的戏剧家莎士比亚"四大悲剧（其他三部是《麦克白》《李尔王》和《奥赛罗》）"中最著名的一部剧本。该剧讲述了丹麦王子哈姆雷特为父报仇的故事，其中交织着爱恨情愁。

读一读

哈姆雷特：第三幕 第一场（摘选）

国王：亲爱的乔特鲁德，你也暂时离开我们；因为我们已经暗中差人去唤哈姆雷特到这儿来，让他和奥菲利娅见见面，就像他们偶然相遇一般。她的父亲跟我两人将要权充一下密探，躲在可以看见他们，却不能被他们看见的地方，注意他们会面的情形，从他的行为上判断他的疯病究竟是不是因为恋爱上的苦闷。

王后：我愿意服从您的意旨。奥菲利娅，但愿你的美貌果然是哈姆雷特疯狂的原因；更愿你的美德能够帮助他恢复原状，使你们两人都能安享尊荣。

……

哈姆雷特：生存还是毁灭，这是一个值得考虑的问题；默然忍受命运的暴虐的毒箭，或是挺身反抗人世的无涯的苦难，通过斗争把它们扫清，这两种行为，哪一种更高贵？死了；睡着了；什么都完了；要是在这一种睡眠之中，我们心头的创痛，以及其他无数血肉之躯所不能避免的打击，都可以从此消失，那正是我们求之不得的结局。死了；睡着了；睡着了也许还会做梦；嗯，阻碍就在这儿：因为当我们摆脱了这一具朽腐的皮囊以后，在那死的睡眠里，究竟将要做些什么梦，那不能不使我们踌躇顾虑。人们甘心久困于患难之中，也就是为了这个缘故；谁愿意忍受人世的鞭挞和讥嘲、压迫者的凌辱、傲慢者的冷眼、被轻蔑的爱情的惨痛、法律的迁延、官吏的横暴和费尽辛勤所换来的小人的鄙视，要是他只要用一柄小小的刀子，就可以清算他自己的一生？谁愿意负着这样的重担，在烦劳的生命的压迫下呻吟流汗，倘不是因为惧怕不可知的死后，惧怕那从来不曾有一个旅人回来过的神秘之国，是它迷惑了我们的意志，使我们宁愿忍受目前的磨折，不敢向我们所不知道的痛苦飞去？这样，重重的顾虑使我们全变成了懦夫，决心的赤热的光彩，被审慎的思维盖上了一层灰色，伟大的事业在这一种考虑之下，也会逆流而退，失去了行动的意义。且慢！美丽的奥菲利娅！——女神，在你的祈祷之中，不要忘记替我忏悔我的罪孽。

……

哈姆雷特：哈哈！你贞洁吗？

奥菲利娅：殿下！

哈姆雷特：你美丽吗？

奥菲利娅：殿下是什么意思？

哈姆雷特：要是你既贞洁又美丽，那么你的贞洁应该断绝跟你的美丽来往。

奥菲利娅：殿下，难道美丽除了贞洁以外，还有什么更好的伴侣吗？

哈姆雷特：嗯，真的；因为美丽可以使贞洁变成淫荡，贞洁却未必能使美丽受它自己的感化；这句话从前像是怪诞之谈，可是现在时间已经把它证实了。我的确曾经爱过你。

奥菲利娅：真的，殿下，您曾经使我相信您爱我。

哈姆雷特：你当初就不应该相信我，因为美德不能熏陶我们罪恶的本性；我没有爱过你。

奥菲利娅：那么我真是受了骗了。

哈姆雷特：进尼姑庵

戏剧:《哈姆雷特》

木刻画：《哈姆雷特与奥菲丽娅》

去吧；为什么你要生一群罪人出来呢？我自己还不算是一个顶坏的人；可是我可以指出我的许多过失，一个人有了那些过失，他的母亲还是不要生下他来的好。我很骄傲，有仇必报，富于野心，我的罪恶是那么多，连我的思想也容纳不下，我的想象也不能给它们形象，甚至于我都没有充分的时间可以把它们实行出来。像我这样的家伙，匍匐于天地之间，有什么用处呢？我们都是些十足的坏人；一个也不要相信我们。……

哈姆雷特：……我们以后再不要结什么婚了；已经结过婚的，除了一个人以外，都可以让他们活下去；没有结婚的不准再结婚，进尼姑庵去吧，去。（下。）

奥菲利娅：啊，一颗多么高贵的心是这样殒落了！朝臣的眼睛、学者的辩舌、军人的利剑、国家所瞩望的一朵娇花；时流的明镜、人伦的雅范、举世瞩目的中心，这样无可挽回地殒落了！我是一切妇女中间最伤心而不幸的，我曾经从他音乐一般的盟誓中吮吸芬芳的甘蜜，现在却眼看着他的高贵无上的理智，像一串美妙的银铃失去了谐和的音调，无比的青春美貌，在疯狂中凋谢！啊！我好苦，谁料过去的繁华，变作今朝的泥土！

波洛涅斯：……啊，奥菲利娅！你不用告诉我们哈姆雷特殿下说些什么话；我们全都听见了。陛下，照您的意思办吧；可是您要是认为可以的话，不妨在戏剧终场以后，让他的母后独自一人跟他在一起，恳求他向她吐露他的心事；她必须很坦白地跟他谈谈，我就找一个所在听他们说些什么。要是她也探听不出他的秘密来，您就叫他到英国去，或者凭着您的高见，把他关禁在一个适当的地方。

国王：就这样吧；大人物的疯狂是不能听其自然的。（同下）

·简 评·

　　《哈姆雷特》是莎士比亚人文主义和对现实生活批判精神的最深刻的表达。哈姆雷特是世界文学史上最经典的、空前绝后的艺术形象。全剧通过哈姆雷特复仇的故事，对人物内心世界深入开掘，莎士比亚对于颠倒混乱的社会现实表现出深深的忧虑，呼唤理性、秩序和新的道德理想、社会理想，表达了对美好人性的追求向往、对现实中被欲望和罪恶玷污的人性的深刻批判。

小档案

作者：莎士比亚

成书时间：1603 年

结构：共 10 幕

地位：莎士比亚全部创作乃至英国文艺复兴时期文学创作的顶峰

●●●●● 《堂吉诃德》，原名《奇情异想的绅士堂吉诃德·台·拉·曼
却》，是西班牙最伟大的作家塞万提斯的一部伟大的现实主义文学

读
一
读

名著。在这本书中，塞万提斯通过叙写主人公堂吉诃德（也译作
唐吉诃德）、桑乔·潘萨（也译作桑丘·潘扎）主仆两人周游各地
的所见、所闻、所遇，讽刺了当时十分流行的骑士小说，并揭示
出了教会的专横、社会的黑暗和人民的困苦。

堂吉诃德：战风车（摘选）

这时他们发现了田野里的 34 架风车。

堂吉诃德一看见风车就对侍从说："命运的安排比我们希望的还好。你看
那儿，桑乔·潘萨朋友，就有 30 多个放肆的巨人。我想同他们战斗，要他们
所有人的性命。有了战利品，我们就可以发财了。这是正义的战斗。从地球
表面清除这些坏种是对上帝的一大贡献。"

"什么巨人？"桑乔·潘萨问。

"就是你看见的那些长臂家伙，有的臂长足有两西里（西班牙里程单位，
简称为西里，一西里为 5572.7 米）呢。"堂吉诃德说。

"您看，"桑乔说，"那些不是巨人，是风车。那些像长臂的东西是风车
翼，靠风转动，能够推动石磨。"

堂吉诃德说："在征险方面你还是外行。他们是巨人。如果你害怕了，就
靠边站，我去同他们展开殊死的搏斗。"

说完他便催马向前。侍从桑乔大声喊着告诉他，他进攻的肯定是风车，
不是巨人。可他全然不理会，已经听不见侍从桑乔的喊叫，认定那就是巨人，
到了风车跟前也没看清那是什么东西，只是高声喊道："不要逃跑，你们这些
胆小的恶棍！向你们进攻的只是骑士孤身一人。"

这时起了点风，大风车翼开始转动，堂吉诃德见状便说："即使你们的手
比布里亚柔斯（又称埃盖翁，据说有 50 个头、100 只手）的手还多，也逃脱

不了我的惩罚。"

他又虔诚地请他的杜尔西内亚夫人保佑他，请她在这个关键时刻帮助他。说完他戴好护胸，攥紧长矛，飞马上前，冲向前面的第一个风车。长矛刺中了风车翼，可疾风吹动风车翼，把长矛折断成几截，把马和骑士重重地摔倒在田野上。桑乔催驴飞奔而来救护他，只见堂吉诃德已动弹不得。是马把他摔成了这个样子。

"上帝保佑！"桑乔说，"我不是告诉您了吗，看看您在干什么？那是风车，除非谁脑袋里也有了风车，否则怎么能不承认那是风车呢？"

《堂吉诃德》插图一

"住嘴，桑乔朋友！"堂吉诃德说，"战斗这种事情，比其他东西更为变化无常。我愈想愈认为，是那个偷了我的书房和书的贤人弗雷斯通把这些巨人变成了风车，以剥夺我战胜他而赢得的荣誉。他对我敌意颇深。不过到最后，他的恶毒手腕终究敌不过我的正义之剑。"

"让上帝尽力而为吧。"桑乔·潘萨说。

桑乔扶堂吉诃德站起来，重新上马。那匹马已经东倒西歪了。他们谈论着刚才的险遇，继续向拉皮塞隘口方向赶路。堂吉诃德说那儿旅客多，可能会遇到各种各样的凶险。他最难过的是长矛没有了。……

《堂吉诃德》插图二

　　《堂吉诃德》从问世起至今，仍放射着夺目的光辉，书中塑造的卓越典型堂吉诃德和桑乔一直是人们谈笑中的常客。他们主仆两人从17世纪以来，跨越国度，跨越时代，几乎走遍全世界，引起了人们不断的笑声。《堂吉诃德》是世界文学史上的第一部现代小说，同时也是世界文学的瑰宝之一，仍将在世界文学的丰碑上熠熠生辉。

小档案

　　作者：塞万提斯

　　成书时间：第一部，1605年；第二部，1615年

　　地位：世界文学史上的第一部现代小说，"行将灭亡的骑士阶级的史诗"

　　经典名句：不要把鸡蛋放在一个篮子里

浮士德：第二部 第五幕　子夜

（四个灰色女人登场）

（第一个女人）我名叫贫乏。

（第二个女人）我名叫过失。

（第三个女人）我名叫忧愁。

（第四个女人）我名叫苦难。

（三女人）

门儿紧闭，我们进不去；

里面住有一位富翁，我们不愿进去。

（贫乏）我变作阴影。

（过失）我消失无踪。

（苦难）世人对我掉开娇养的面孔。

（忧愁）姊妹们，你们进不去而且也不便，只有忧愁，我，悄悄进去，穿过锁眼。

忧愁隐去。

（贫乏）灰色的姊妹们，你们从这儿溜走！

（过失）我紧贴在你身旁。

（苦难）我紧跟在你脚后。

（三女人）

云雾蔽空，星斗隐藏！

那后方，那后方！遥遥地，遥遥地

走来那位兄弟，是他来了——死亡。

（退场）

（浮士德，在宫中）

我瞧见来了四人，只有三人走去；

听不懂她们说话的意义。

仿佛叫作：苦难，声音近在耳旁，

紧跟着是一个凄惨的韵语：死亡。

声调空洞，幽灵似地低沉。

我迄今尚未在自由状态中斗争。

但愿魔术离开我的生命途程，

并把咒语忘得一干二净，

哪怕在大自然面前是只身孤影，

也值得作一个顶天立地的人！

当我还未在黑暗中探索，

枉自恶毒地诅咒世界和自我。

现在空气中妖氛弥漫，

却不知道怎样才能摆脱。

纵然有时白天对我们清醒地朗声长笑，

黑夜却一直缠得我们梦魂颠倒；

我们愉快地踏青归来：

有一只鸟儿在叫！它叫的什么？不祥的信号！

从早到晚都被迷信缠绕，

或明或暗不断发出警告。

我这样提心吊胆，对影徘徊——

宫门在响，却不见有人进来。

震动

有人进来吗？

（忧愁）

这样问，只好回答"有"！

（浮士德）

那么，你到底是谁？

（忧愁）

我就是自己。

（浮士德）

给我走开！

（忧愁）

我在这儿正合适。

（浮士德，起初勃然愤怒，继而缓和下来，自语）

你得当心，别念出咒语！

（忧愁）

我纵然不入人的耳官，

却震动人的心弦；

我能变幻形状，

发挥可怕的力量。

无论你走马行船，

我总是惶惶不安的伴当，

不速之客不待寻求，

受人恭维也受人诅咒——

难道你从来不识忧愁？

（浮士德）

我只是匆匆地周游世界一趟；

劈头抓牢了每种欲望，

不满我意的，我抛掷一旁，

滑脱我手的，我听其长往。

我不断追求，不断促其实现，

然后又重新希望，尽力在生活中掀起波澜：

开始是规模宏伟而气魄磅礴，

可是如今则行动明智而谨慎思索。

我已经熟识这攘攘人寰，

要离尘弃俗决无办法；

是痴人才眨眼望着上天，

幻想那云雾中有自己的同伴；

人要立定脚跟，向四周环顾！

这世界对于有为者并非默然无语。

他何必向那永恒之中驰骛？

凡是认识到的东西就不妨把握。

就这样把尘世光阴度过；

纵有妖魔出现，也不改变道路。

在前进中他会遇到痛苦和幸福，

可是他呀！随时随刻都不满足。

（忧愁）

谁一旦被我占据，

全世界一无是处，

永恒的朦胧降临，

太阳不升不没。

外部的官能健全，

内心却一片黑暗，

纵有奇珍异宝，

他也不会掌管。

吉凶一样忧郁，

富有却怕饿死，

不管欢乐困苦，

一概推到明日，

只是期待将来，

永远不会如意。

（浮士德）

别说了！你这样不能和我接近！

那些无聊的废话我不爱听。

快去吧！你那恶劣的祷辞，

会使聪明绝顶的人受到蒙蔽。

（忧愁）

究竟是来还是去？

转辗拿不定主意；

在康庄大道上摸索，

跨半步也要犹豫。

勇气愈来愈低，

万事尽不顺遂，

既苦人而又苦己，

不住喘气和窒息；

未断气已无生命，

不绝望其心不死。

似这样翻来覆去，

舍去心疼，做来没趣，

时而解脱，时而抑郁，

朦胧不醒，难得快愉，

使得他寸步难移，

只好准备送他进地狱。

（浮士德）

不祥的幽灵！你们把人类

播弄了百次千番；

连平淡的岁月也搅成一片混乱，

重重苦恼，处处纠缠。

我知道恶魔不易摆脱，

灵界的联系难于割断；

忧愁啊，你的潜力纵然强大，

我却不会承认它！

（忧愁）

你不妨试试我的威力！

我诅咒你而飘然离去。

人的一生都是盲目无睹，

浮士德，你如今到了末路！

（向浮士德吹一口气，浮士德失明）

黑暗似乎越来越深沉，

但内心中闪耀着灿烂的光明；

我想做的事必须赶快动工；

只有主人的话才举足轻重。

佣工们，大伙儿都从床上起来！

我的宏规巨划须让我悦目开怀！

拿起工具！挥动铁铲和铁锹！

规定的工作必须立即动手。

要严守秩序，加紧努力，

才能获得最高的奖励；

为了这浩大工程的圆满完成，

有赖于指挥千手的一种精神。

· 简 评 ·

《浮士德》累积了歌德的全部生活体验、哲学探索和艺术实践，是一部总结性的作品。它构思宏伟、内容复杂、结构庞大、风格多变，融现实主义与浪漫主义于一炉，将真实的描写与奔放的想象、当代的生活与古代的神话传说杂糅一处，善于运用矛盾对比之法安排场面、配置人物、时庄时谐、有讽有颂、形式多样、色彩斑驳，达到了极高的艺术境界，从而在内容上将欧洲自文艺复兴以来300年的思想和文化发展成果全面呈现出来。《浮士德》是一部具有超时代的具有伟大意义和永恒价值的巨著。

小档案

作者：歌德

成书时间：第一部，1773年～1808年；第二部，1825年～1832年

结构：第一部25场，不分幕；第二部分五幕，27场；共12111行

地位："浮士德精神"的发展史

经典名句：要每天每日去开拓生活和自由，然后才能做自由和生活的享受

读一读

红楼梦：第 110 回

史太君寿终归地府　王凤姐力诎失人心（摘选）

凤姐先前仗着自己的才干，原打量老太太死了，他（她）大有一番作用。邢王二夫人等本知他曾办过秦氏的事，必是妥当，于是仍叫凤姐总理里头的事。凤姐本不应辞，自然应了，……

正在思算，只见一个小丫头过来说："鸳鸯姐姐请奶奶。"凤姐只得过去。……鸳鸯说道："老太太的事，一应内外，都是二爷和二奶奶办。这种银子是老太太留下的。老太太这一辈子也没有遭塌过什么银钱，如今临了这件大事，必得求二奶奶体体面面的（地）办一办才好。我方才听见老爷说什么'诗云''子曰'，我也不懂；又说什么'丧与其易，宁戚'，我更不明白。我问宝二奶奶，说是老爷的意思：老太太的丧事，只要悲切才是真孝，不必糜费，图好看的念头。我想老太太这样一个人，怎么不该体面些？我虽是奴才丫头，敢说什么？只是老太太疼二奶奶和我这一场，临死了还不叫他风光风光？我想二奶奶是能办大事的，故此我请二奶奶来，作个主意。我生是跟老太太的人，老太太死了，我也是跟老太太的！若是瞧不见老太太的事怎么办，将来怎么见老太太呢？"……凤姐道："我知道了。你只管放心，有我呢。"鸳鸯千恩万谢的托了凤姐。

……

正说着，见来了一个丫头，说："大太太的话，问二奶奶：今儿第三天了，里头还很乱，供了饭，还叫亲戚们等着吗？叫了半天，上了菜，短了饭：这是什么办事的道理？"凤姐急忙进去吆喝人来伺候，将就着把早饭打发了。偏偏那日人来的多，里头的人都死眉瞪眼的。凤姐只得在那里照料了一会子，又惦记着派人，赶着出来，叫了旺儿家的传齐了家下女人们，一一分派了。众人都答应着不动。凤姐道："什么时候，还不供饭？"众人道："传饭是容易的，只要将里头的东西发出来，我们才好照管去。"凤姐道："糊涂东西！派定了你们，少不得有的。"众人只得勉强应着。凤姐即往上房取发应用之物，要去请示邢王二夫人。见人多难说，看那时候已经日渐平西了，只得找了鸳鸯，说要老太太存的那一分家伙。鸳鸯道："你还问我呢！那一年二爷当了，赎了来了么？"凤姐道："不用银的金的，只要那一分平常使的。"鸳鸯道："大太太珍大奶奶屋里使的是那里来的？"凤姐一想不差，转身就走，只得到王夫人那边找了玉钏彩云，才拿了一分出来，急忙叫彩明登帐，发与众人收管。

鸳鸯见凤姐这样慌张，又不好叫他回来，心想："他头里作事何等爽利周到，如今怎么掣肘的这个样儿。我看这两三天连一点头脑都没有，不是老太太白疼了他了吗！"……

凤姐一肚子的委屈，愈想愈气，直到天亮，又得上去。要把各处的人整理整理，又恐邢夫人生气；要和王夫人说，怎奈邢夫人挑唆。这些丫头们见邢夫人等不助着凤姐的威风，更加作践起他来。幸得平儿替凤姐排解，说是："二奶奶巴不得要好，只是老爷太太们吩咐了外头，不许糜费，所以我们二奶奶不能应付到了。"说过几次，才得安静些。虽说僧经道忏，吊祭供饭，络绎不绝，终是银钱吝啬，谁肯踊跃，不过草草了事。连日王妃诰命也来的不少，凤姐也不能上去照应，只好在底下张罗。叫了那个，走了这个；发一回急，央及一回；支吾过了一起，又打发一起。别说鸳鸯等看去不像样，连凤姐自己心里也过不去了。

……

　　《红楼梦》是一部具有高度思想性和高度艺术性的伟大作品，达到了中国古典小说的顶峰，被誉为"中国封建社会的百科全书"。它并不只是一部言情小说，它更是一部对君主专制社会末期四大家族的兴衰史的概述，这已经逾越了言情小说的范围。尤其是，本书体现了作者初步的民主主义思想，他对现实社会、宫廷、官场的黑暗，封建贵族阶级及其家族的腐朽，封建的科举、婚姻、奴婢、等级制度及社会统治思想等都进行了深刻的批判，并且提出了朦胧的带有初步民主主义性质的理想和主张。

小档案

作者：曹雪芹著、高鹗（一说无名氏续）
（2010 年人民文学出版社新版）

成书时间：1784 年

结构：章回体长篇小说，共 120 回

地位：中国封建社会的百科全书

经典名句：满纸荒唐言，一把辛酸泪。都云作者痴，谁解其中味

读一读

●●●●●《欢乐颂》，又称《快乐颂》，是德国"伟大的天才般的诗人"席勒的一首以歌颂人间欢乐、宣扬博爱理想为主题的享誉世界的诗作。该诗是贝多芬的第九交响曲第四乐章的主要组成部分，而被谱曲的《欢乐颂》现在成为了欧洲联盟的盟歌和欧洲委员会的会歌。

欢乐颂

（钱春绮译）

一

欢乐啊，美丽的神奇的火花，
极乐世界的仙姑，
天女啊，我们如醉如狂，
踏进你神圣的天府。
为时尚无情地分隔的一切，
你的魔力会把它们重新连结；
只要在你温柔的羽翼之下，
一切的人们都成为兄弟。

（合唱）

万民啊！拥抱在一处，
和全世界的人接吻！
弟兄们——在上界的天庭，
一定有天父住在那里。

《欢乐颂》

二

谁有那种极大的造化，

能和一位友人友爱相处，

谁能获得一位温柔的女性，

就让他来一同欢呼！

真的——在这世界之上

总要有一位能称为知心！

否则，让他去向隅暗泣，

离开我们这个同盟。

（合唱）

居住在大集体中的众生，

请尊重这共同的感情！

她会把你们向星空率领，

领你们去到冥冥的天庭。

三

一切众生都从自然的

乳房上吮吸欢乐；

大家都尾随着她的芳踪，

不论何人，不分善恶。

欢乐赐给我们亲吻和葡萄

以及刎颈之交的知己；

连蛆虫也获得肉体的快感，

更不用说上帝面前的天使。

（合唱）

万民啊，你们跪倒在地？

世人啊，你们预感到造物主？

请向星空的上界找寻天父！

他一定住在星空的天庭那里。

四

欢乐就是坚强的发条，

使永恒的自然循环不息。

在世界的大钟里面，

欢乐是推动齿轮的动力。

她使蓓蕾开成鲜花，

她使太阳照耀天空，

望远镜看不到的天体，

她使它们在空间转动。

（合唱）

弟兄们！请你们欢欢喜喜，

在人生的旅途上前进，

像行星在天空里运行，

像英雄一样快乐地走向胜利。

五

从真理的光芒四射的镜面上，

欢乐对着探索者含笑相迎。

她给他指点殉道者的道路，

领他到道德的险峻的山顶。

在阳光闪烁的信仰的山头，

可以看到欢乐的大旗飘动，

就是从裂开的棺材缝里，

歌德（左）与席勒（右）

也见到她站在天使的合唱队中。

（合唱）

万民啊！请勇敢地容忍！

为了更好的世界容忍！

在那边上界的天庭，

伟大的神将会酬报我们。

六

我们无法报答神灵，

能和神一样快乐就行。

不要计较贫穷和愁闷，

要和快乐的人一同欢欣。

应当忘记怨恨和复仇，

对于死敌要加以宽恕。

不要让他哭出了泪珠，

不要让他因后悔而受苦。

（合唱）

把我们的账簿全部烧光！

跟全世界的人进行和解！

1959 年，贝多芬第九交响曲在中

国首演，《欢乐颂》从此广为人知

弟兄们——在星空的上界，

神担任审判，也像我们这样。

七

欢乐从酒杯中涌了出来；

饮了这金色的葡萄汁液，

吃人的人也变得温柔，

失望的人也添了勇气——

弟兄们，在巡酒的时光，

请离开你们的座位，

让酒泡向着天空飞溅：

对善良的神灵举起酒杯！

（合唱）

把这杯酒奉献给善良的神灵，

在星空上界的神灵，

星辰的合唱歌颂的神灵，

天使的颂歌赞美的神灵！

八

在沉重的痛苦中要拿出勇气，

对于流泪的无辜者要加以援手，

已经发出的誓言要永远坚守，

要实事求是对待敌人和朋友，

在国王的驾前要保持男子的尊严——

弟兄们，生命财产不足置惜——

让有功绩的人戴上花冠，

让欺瞒之徒趋于毁灭！

（合唱）

我们要巩固这神圣的团体，

凭着这金色的美酒起誓，

对这盟约要永守忠实，

请对星空的审判者起誓！

附：

欢乐颂

演唱：胡里奥·伊格莱西亚斯

作曲：贝多芬

作词：艾伯特·汉曼特

欢乐女神，

圣洁美丽，

灿烂光芒照大地。

我们怀着火一样的热情，

来到你的圣殿里。

你的威力，

能把人们，

重新团结在一起。

在你光辉照耀之下，

人类团结成兄弟。

你的威力，

能把人们，

重新团结在一起。

在你光辉照耀之下

人类团结成兄弟。

欢乐女神，

圣洁美丽，

灿烂光芒照大地。

我们怀着火一样的热情，

来到你的圣殿里。

你的威力，

能把人们，

重新团结在一起。

· 简 评 ·

《欢乐颂》是一曲世界、人类、生命、友爱、欢乐的激昂赞歌。在诗中，诗人以山洪爆发般的热情和一泻千里的气势对友谊、自然、欢乐、上帝、神灵作了赞颂，反映了他始终充满着的乐观进取的精神，从而使读诗的人们为之感召在这种轻松欢快的情绪、这种人类的精神和这种生命的热情中。

小档案

作者：席勒

成书时间：1785 年

地位：欧洲之歌

经典名句：欢乐就是坚强的发条，使永恒的自然循环不息

读一读

●●●●● 《自由颂》，是享誉世界的俄国最伟大诗人普希金的反对农奴制、讴歌自由的传世名作。因为此诗，普希金遭沙皇政府惩罚、被流放南方。

自由颂

（查良铮译）

去吧，从我的眼前滚开，

柔弱的西色拉岛的皇后！

你在哪里？对帝王的惊雷，

啊，你骄傲的自由底（的）歌手？

来吧，把我的桂冠扯去，

把娇弱无力的竖琴打破……

我要给世人歌唱自由，

我要打击皇位上的罪恶。

请给我指出那个辉煌的

高卢人的高贵的足迹，

你使他唱出勇敢的赞歌，

面对光荣的苦难而不惧。

战栗吧！世间的专制暴君，

无常的命运暂时的宠幸！

而你们，匍匐着的奴隶，

听啊，振奋起来，觉醒！

唉，无论我向哪里望去——
到处是皮鞭，到处是铁掌，
对于法理的致命的侮辱，
奴隶软弱的泪水汪洋；
到处都是不义的权力
在偏见的浓密的幽暗中
登了位——靠奴役的天才，
和对光荣的害人的热情。

要想看到帝王的头上
没有人民的痛苦压积，
那只有当神圣的自由
和强大的法理结合在一起；
只有当法理以坚强的盾
保护一切人，它的利剑
被忠实的公民的手紧握，
挥过平等的头上，毫无情面。

只有当正义的手把罪恶
从它的高位向下挥击，
这只手啊，它不肯为了贪婪
或者畏惧，而稍稍姑息。
当权者啊！是法理，不是上天
给了你们冠冕和皇位，
你们虽然高居于人民之上，
但该受永恒的法理支配。

啊，不幸，那是民族的不幸，

自由女神像（美国）

若是让法理不慎地瞌睡；
若是无论人民或帝王
能把法理玩弄于股掌内！
关于这，我要请你作证，
哦，显赫的过错的殉难者，
在不久以前的风暴里，
你帝王的头为祖先而跌落。

在无言的后代的见证下，
路易昂扬地升向死亡，
他把黜免了皇冠的头
垂放在背信底血腥刑台上；
法理沉默了——人们沉默了，
罪恶的斧头降落了……
于是，在带枷锁的高卢人身上
覆下了恶徒的紫袍。

我憎恨你和你的皇座，
专制的暴君和魔王！
我带着残忍的高兴看着
你的覆灭，你子孙的死亡。
人人会在你的额上
读到人民的诅咒的印记，
你是世上对神的责备，
自然的耻辱，人间的瘟疫。

当午夜的天空的星星
在幽暗的涅瓦河上闪烁，

而无忧的头被平和的梦

压得沉重，静静地睡着，

沉思的歌者却在凝视

一个暴君的荒芜的遗迹，

一个久已弃置的宫殿

在雾色里狰狞地安息。

他还听见，在可怕的宫墙后，

克里奥的令人心悸的宣判，

卡里古拉的临终的一刻

在他眼前清晰地呈现。

他还看见：披着肩绶和勋章，

一群诡秘的刽子手走过去，

被酒和恶意灌得醉醺醺，

满脸是骄横，心里是恐惧。

不忠的警卫沉默不语，

高悬的吊桥静静落下来，

在幽暗的夜里，两扇宫门

被收买的内奸悄悄打开……

噢，可耻！我们时代的暴行！

像野兽，欢跃着土耳其士兵！……

不荣耀的一击降落了……

戴王冠的恶徒死于非命。

接受这个教训吧，帝王们：

今天，无论是刑罚，是褒奖，

是血腥的囚牢，还是神坛，

全不能作你们真正的屏障；

请在法理可靠的荫蔽下

首先把你们的头低垂，

如是，人民的自由和安宁

才是皇座的永远的守卫。

● 简 评

　　《自由颂》是劈向沙皇专制体制的第一声惊雷，它极力唤醒奴隶，鼓励他们振作起来，参加反对专制、争取自由的斗争。当然，这自由不是随心所欲，而是要受至高无上的法度的约束。虽然《自由颂》最初是以手抄本的形式传播的，但是它却很快在广袤的俄罗斯大地上流传开来，追求自由的思想从此在俄国人民的心中扎下了根。

小档案

作者：普希金

成书时间：1817 年

地位：劈向沙皇专制体制的第一声惊雷

经典名句：要想看到帝王的头上没有人民的痛苦压积，那只有当神圣的自由和强大的法理结合在一起

《人间喜剧》，是欧洲批判现实主义文学的奠基人和杰出代表巴尔扎克（法国）的多卷本巨著，它再现了1816年～1848年间的法国的广阔社会图景。《欧也妮·葛朗台》是其中最有名的一部小说之一，主要写了一个贪婪、吝啬的老头如何毁掉自己女儿一生的幸福。

人间喜剧：欧也妮·葛朗台（摘选）

（葛朗台）晚饭时分回到索漠，决意向欧也妮屈服，巴结她，诱哄她，以便到死都能保持家长的威风，抓着几百万家财的大权，直到咽最后一口气为止。老头儿无意中发现身边带着百宝钥匙，便自己开了大门，轻手蹑脚地上楼到了妻子房里，那时欧也妮正捧了那只精美的梳妆匣放到母亲床上。趁葛朗台不在家，母女俩正很高兴地在查理母亲的肖像上咂摸查理的面貌。

"这明明是他的额角，他的嘴！"老头儿开门进去，欧也妮正这么说着。

一看见丈夫瞪着金子的眼光，葛朗台太太便叫起来："上帝呀，救救我们！"

老头儿身子一纵，扑上梳妆匣，好似一头老虎扑上一个睡着的婴儿。

"什么东西？"他拿着宝匣往窗前走去。"噢，是真金！金子！"他连声叫嚷，"这么多的金子！有两斤重。啊！啊！查理把这个跟你换了美丽的金洋，是不是？为什么不早告诉我？这交易划得来，小乖乖！你真是我的女儿，我明白了。"

欧也妮四肢发抖。老头儿接着说："不是吗，这是查理的东西？"

"是的，父亲，不是我的。这匣子是神圣不可侵犯的，是寄存的东西。"

"咄，咄，咄，咄！他拿了你的家私，正应该补偿你。"

"父亲……"

老家伙想掏出刀子撬一块金板下来，先把匣子往椅子上一放。欧也妮扑过去想抢回；可是箍桶匠的眼睛老盯着女儿跟梳妆匣，他手臂一摆，使劲一推，欧也妮便倒在母亲床上。

"老爷！老爷！"母亲嚷着，在床上直坐起来。

葛朗台拔出刀子预备撬了。欧也妮立刻跪下，爬到父亲身旁，高举着两手，嚷着："父亲，父亲，看在圣母面上，看在十字架上的基督面上，看在所有的圣灵面上，看在你灵魂得救面上，看在我的性命面上，你不要动它！这口梳妆匣不是你的，也不是我的，是一个受难的亲属的，他托我保管，我得原封不动地还他。"

"为什么拿来看呢，要是寄存的话？看比动手更要不得。"

"父亲，不能动呀，你教我见不得人啦！父亲，听见没有？"

"老爷，求你！"母亲跟着说。

"父亲！"欧也妮大叫一声，吓得拿侬也赶到了楼上。

欧也妮在手边抓到了一把刀子，当做武器。

"怎么样？"葛朗台冷笑着，静静地说。

"老爷，老爷，你要我的命了！"母亲嚷着。

"父亲，你的刀把金子碰掉一点，我就用这刀结果我的性命。你已经把母亲害到只剩一口气，你还要杀死你的女儿。好吧，大家拼掉算了！"

葛朗台把刀子对着梳妆匣，望着女儿，迟疑不决。

"你敢吗，欧也妮？"他说。

"她会的，老爷。"母亲说。

"她说得到做得到，"拿侬嚷道，"先生，你一生一世总得讲一次理吧。"

箍桶匠看看金子，看看女儿，愣了一会。葛朗台太太晕过去了。

"哎，先生，你瞧，太太死过去了！"拿侬嚷道。

"噢，孩子，咱们别为了一只匣子生气啦。拿去吧！"箍桶匠马上把梳妆匣扔在床上。"——拿侬，你去请裴日冷先生。——得啦，太太，"他吻着妻子的手，"没有事啦，咱们讲和啦。——不是吗，小乖乖？不吃干面包了，爱吃什么就吃什么吧！……啊！她眼睛睁开了。——哎哎，妈妈，小妈妈，好妈妈，得啦！哎，你瞧我拥抱欧也妮了。她爱她的堂兄弟，她要嫁给他就嫁给他吧，让她把匣子藏起来吧。可是你得长命百岁地活下去啊，可怜的太太。

哎哎，你身子动一下给我看哪！告诉你，圣体节你可以拿出最体面的祭桌，索漠从来没有过的祭桌。"

"天哪，你怎么可以这样对待你的妻子跟孩子！"葛朗台太太的声音很微弱。

"下次决不了，决不了！"箍桶匠叫着，"你瞧就是，可怜的太太！"

他到密室去拿了一把路易来摔在床上。

"喂，欧也妮，喂，太太，这是给你们的，"他一边说一边把钱掂着玩，"哎哎，太太，你开开心，快快好起来吧，你要什么有什么，欧也妮也是的。瞧，这一百金路易是给她的。你不会把这些再送人了吧，欧也妮，是不是？"

葛朗台太太和女儿面面相觑，莫名其妙。

· 简 评 ·

《人间喜剧》是法国社会的一面镜子，特别是巴黎上流社会的卓越的现实主义历史，堪称是人类精神文明的奇迹。在这里，巴尔扎克以高瞻远瞩的历史目光，从研究客观世界的宏观出发，洞悉整个法兰西政治、经济、思想、道德以及历史发展的总趋势，达到了一般作家所达不到的深度和广度，具有强烈的现实意义。

小档案

作者：巴尔扎克

成书时间：1841 年 ~ 1850 年

结构：分风俗研究、哲理研究、分析研究三大部分，共 91 部小说（计划写 137 部小说）

地位：法国社会的百科全书

经典名句：人的生命的大部分都是致力于从心灵深处来拔掉自己青年时代的幼芽。这种手术就叫做经验的获得

●●●●●● 《汤姆叔叔的小屋》，又译作《黑奴吁天录》《汤姆大伯的小屋》，是美国著名作家比切·斯陀夫人（或比彻·斯托夫人）的一部现实主义小说杰作。全书围绕着一位久经苦难的黑奴汤姆叔叔的故事展开，并描述了他与他身边人（均为奴隶与奴隶主）的经历。

读一读

汤姆叔叔的小屋：第三十章 黑奴交易所（摘选）

拍卖会就要开始前，一个矮小精干的汉子从人群里挤进来。他上身穿一件有格的衬衫，胸口袒露着，下身穿一条又脏又旧的马裤。他那跃跃欲试的样子，似乎满心要做笔生意。他走到黑奴面前，挨个看起来。他走得越近，汤姆越感到恐惧和厌恶。这个人虽然个子矮小，却显得力大无比；他子弹形的脑袋、茶褐色的眉毛、浅灰色的眼睛和焦黄色的粗硬头发都让人感到说不出的可恶。他粗糙的大嘴巴里嚼着烟叶，并以坚强的毅力和巨大的攻势向外喷射出来。他的手奇大无比，又黑又脏，手背上尽是毛茸茸的汗斑。他指甲很长，非常地脏。这汉子大摇大摆地从黑奴前走过去，打量每个人。走到汤姆身边时，他抓住汤姆的下巴，扳开他的嘴查看他的牙齿，又叫他卷起袖子看他的肌肉，还让他转身跳了几跳，试试他的脚力。

"你在哪儿长大的？"这汉子发问了。

"金特克，老爷。"汤姆一面回答，一面四处张望，希望这时出现一个救星。

"你干过什么活？"

"替东家管理农庄。"汤姆答道。

"说得倒像那么回事！"那汉子简短地说，继续朝前走去。他在阿道夫面前停了一会儿，把一口烟叶吐到他擦得锃亮的皮鞋上，轻蔑地哼一声就过去了。然后，他又在苏珊和埃米琳的面前停住脚，伸出一只又脏又粗的手抓住那姑娘，从颈项一直摸到胸脯，又摸了摸胳膊，检查了她的牙齿，把她向她母亲身边推去。从她母亲的表情可以看出，那面目狰狞的陌生人的举动让她感到非常痛苦。

埃米琳吓得哭出声来。

"闭嘴，臭丫头，"那黑奴贩子厉声喝道，"不准在这儿哭哭啼啼的，拍卖马上就开始了。"说着，拍卖果真开始了。

刚才那位打算买阿道夫的阔少果真用高价把他买走了。接着，圣克莱尔家其余几个仆人也被买走了。

"轮到你了，伙计！听到没有？"拍卖人冲汤姆嚷道。

汤姆走上台去，战战兢兢地环视了四周，场内一片喧嚣。拍卖人又连珠炮似的用夹杂着法语的英语介绍汤姆的经历，下面接连响起英语和法语的投标呼声。一霎那，只听"咚"的一声，木槌敲了下去，拍卖人叫出了最后的成交价格。当那个"元"字落下去之后，现场交易——汤姆立即被推给新主人。

汤姆被推下台来，那个子弹形脑袋粗暴地揪住他的肩膀，把他推到一边，恶声恶气地说："站在那儿别动，听到没有？"

汤姆只觉得脑袋里"嗡"的一片，稀里糊涂的。周围的投标仍在继续着，声浪一阵高过一阵，一会儿英语，一会儿法语。最后又是木槌"咚"的一声，苏珊找到了买主。她走下台来，恋恋不舍地回头望她的女儿，埃米琳向母亲伸出了双臂。苏珊痛苦地看着她的新主人——一个慈祥、体面的中年绅士，她哀求道："求您发发慈悲，把我的女儿也买下来吧。"

"我倒是有意要买，只怕买不起啊！"那中年绅士说着，向台上的姑娘望去。那姑娘正惶恐而羞涩地向四面张望。

姑娘苍白的脸上荡起了一阵痛苦的红

《汤姆叔叔的小屋》插图一

晕，她的双眼灼灼闪光，显得比任何时候都更加漂亮。她母亲不由得痛苦地哼了一声。拍卖人抓住大好时机，用夹杂着法语的英语，滔滔不绝地大肆渲染一番，人们接二连三地投起标来。

"我尽力而为吧。"中年绅士说，挤进人丛中投标去了。不过一会儿，投标数额超过了他口袋里的钱，他就缄口不言了。拍卖人越叫越起劲，可投标声越来越少了。最后只剩下一位气派的阔佬和子弹形脑袋争相叫价。老先生叫了好几个回合，显然对子弹形脑袋不屑一顾；可是，子弹形脑袋的耐力却非常持久，而且钱包里钱的数量也多些，最后老先生也败下阵来。木槌终于敲了下来——子弹形脑袋从精神到肉体都占有了埃米琳，除非老天爷来救她……

·简　评·

《汤姆叔叔的小屋》深刻描绘了美国南部奴隶社会的黑暗与落后，揭露了奴隶制度的残酷本质，为唤醒民众反对奴隶制以及推动废奴运动起到了非常重要的作用，对世界各地被压迫民族的觉醒也产生了不可估量的影响。因为此书的伟大意义，在它发表的头一年里，在美国本土便销售出了 30 万册，并成为了 19 世纪全世界最畅销的小说。

小档案

作者：比切·斯陀夫人

成书时间：1852 年

地位：19 世纪最畅销的小说

经典名句：母亲们是天生的哲学家／世界上有这样一些幸福的人，他们把自己的痛苦化作他人的幸福，他们挥泪埋葬了自己在尘世间的希望，它却变成了种子，长出鲜花和香膏，为孤苦伶仃的苦命人医治创伤

《草叶集》，是美国最伟大的诗人惠特曼一生创作的总汇，记录着诗人一生的思想和探索历程，表达其对大自然的热爱和自由民主生活的赞颂。

草叶集：我自己的歌（摘选）

一

我赞美我自己，歌唱我自己，

我承担的你也将承担，

因为属于我的每一个原子也同样属于你。

我闲步，还邀请了我的灵魂，

我俯身悠然观察着一片夏日的草叶。

我的舌，我血液的每个原子，是在这片土壤、这个空气里形成的，

是这里的父母生下的，父母的父母也是在这里生下的，他们的父母也一样，

我，现在三十七岁，一生下身体就十分健康，

希望永远如此，直到死去。

信条和学派暂时不论，

且后退一步，明了它们当前的情况已足，但也决不是忘记，

不论我从善从恶，我允许随意发表意见，

顺乎自然，保持原始的活力。

七

我是肉体的诗人也是灵魂的诗人，

我占有天堂的愉快也占有地狱的苦痛，

前者我把它嫁接在自己身上使它增殖，

后者我把它翻译成一种新的语言。

我既是男子的诗人也是妇女的诗人，

我是说作为妇女和作为男子同样伟大，

我是说再没有比人们的母亲更加伟大的。

我歌颂"扩张"或"骄傲"，

我们已经低头求免得够了，

我是在说明体积只不过是发展的结果。

你已经远远超越了其余的人吗？你是总统吗？

这是微不足道的，人人会越过此点而继续前进。

我是那和温柔而渐渐昏暗的黑夜一同行走的人，

我向着那被黑夜掌握了一半的大地和海洋呼唤。

请紧紧靠拢，袒露着胸脯的夜啊——紧紧靠拢吧，

富于想力和营养的黑夜！

南风的夜——有着巨大疏星的夜！

寂静而打着瞌睡的夜——疯狂而赤身裸体的夏夜啊！

微笑吧！啊，妖娆的、气息清凉的大地！

生长着沉睡而饱含液汁的树木的大地！

夕阳已西落的大地——山巅被雾气覆盖着的大地！

满月的晶体微带蓝色的大地！

惠特曼

河里的潮水掩映着光照和黑暗的大地！

为了我而更加明澈的灰色云彩笼罩着的大地！

远远的高山连着平原的大地——长满苹果花的大地！

······

哪里有土，哪里有水，哪里就长着草

十

那苍鹰从我身旁掠过而且责备我，他怪我饶舌，又怪我迟迟留着不走。

我也一样一点都不驯顺，我也一样不可翻译，

我在世界的屋脊上发出了粗野的喊叫声。

白天最后的日光为我停留，

它把我的影子抛在其他影子的后面而且和其他的一样，

抛我在多黑影的旷野，

它劝诱我走向烟雾和黄昏。

我像空气一样走了，我对着那正在逃跑的太阳摇晃着我的绺绺白发，

我把我的肉体融化在旋涡中，让它漂浮在花边状的裂缝中。

我把自己交付给秽土，让它在我心爱的草丛中成长，

如果你又需要我，请在你的靴子底下寻找我。

你会不十分清楚我是谁，我的含义是什么，

但是我对你说来，仍将有益于你的健康，

还将滤净并充实你的血液。

如果你一时找不到我，请不要灰心丧气，

一处找不到再到别处去找，

我总在某个地方等候着你。

● 简 评 ●

《草叶集》是美国诗歌史上一座灿烂的里程碑。《草叶集》之名得于诗集

中的一句话："哪里有土，哪里有水，哪里就长着草。"诗篇正如其名，开创自由诗体，通过"自我"感受和"自我"形象，展现着美国土地之上长满的芳草，生机勃勃地迸发出惑人的清香之息，象征着诗人激进的资产阶级民主主义的立场，这也是 19 世纪中期美国的时代精神。

小档案

作者：惠特曼

成书时间：1855 年第 1 版

结构：初版收录 12 首诗歌，临终版（即 1891 年～1892 年）收录 401 首诗歌

地位：美国诗歌史上一座灿烂的里程碑

经典名句：哪里有土，哪里有水，哪里就长着草

《战争与和平》，是19世纪俄罗斯文学写实主义的代表作家、公认的最伟大的俄罗斯文学家列夫·托尔斯泰的一部最有名的长篇巨著。该书以战争问题为中心，以库拉金、罗斯托夫、鲍尔康斯基和别朱霍夫四大贵族家庭的生活为情节线索，展示了19世纪20年代的俄国历史重大事件及各个阶级的真实生活。

战争与和平（摘选）

1809年春天，安德烈公爵前往梁赞省他儿子名下的田庄去视察，他是儿子的监护人。

他乘坐一辆敞篷马车，早春的太阳晒得他暖洋洋的，他看看刚出土的小草，看看刚抽芽的白桦的嫩叶，看看一团团在明朗的蓝天飘过的春天的白云。他什么也不想，只是愉快地毫无目的地往两边张望。

马车经过一年前他和皮埃尔在那里谈话的渡口。经过泥泞的乡村、打谷场、冬麦地、桥旁还有残雪的下坡，还经过泥土被雨水冲刷过的上坡、割过庄稼的田地以及有些地方已经发绿的灌木丛林，然后驰进两旁都是桦树林的道路。树林里几乎很热，一点风都没有。长满黏滑的绿叶的白桦树，纹丝儿不动，嫩绿的刚出土的小草和藕合色的花朵顶开去年的落叶钻了出来，桦树林里有些地方散布着矮小的枞树，它那常青的粗糙的针叶，令人不愉快地想起了冬天。马一走进树林，就开始打响鼻，身上看得出已经冒汗了。

仆人彼得对车夫说了句什么，车夫表示同意。可是，看来彼得觉得车夫的同意还不够，他在驭者座上向老爷转过身来。

"大人，多么畅快呀！"他说，恭敬地微笑着。

"什么？"

"畅快，大人。"

"他说什么？"安德烈公爵想道。"对啦，一定是说春天，"他一面想，一

橡树

面往四外瞧看，"可不是嘛，全都绿了？多么快呀！桦树、稠李、赤杨，全都绿了？可是没有看见橡树。啊，那儿有一棵橡树。"

路边立着一棵橡树。它大约比林子里的桦树老十倍，粗十倍，比桦树高两倍。这是一棵有两抱粗的大橡树，有些枝杈显然早先折断过，树皮也有旧的伤痕。它那粗大笨拙、疙瘩流星的手臂和手指横七竖八地伸展着，像一个老态龙钟、满脸怒容、蔑视一切的怪物在微微含笑的桦树中间站着。只有它对春天的魅力不愿屈服．既不愿看见春天，也不愿看见太阳。

"春天，还有什么爱情，幸福！"这棵橡树似乎在说。"你们对这老一套毫无意义的愚蠢欺骗怎么不觉得厌倦呀！永远是这么一套，永远是欺骗！既没有春天，也没有太阳，也没有幸福。你们看那些被压死的枞树永远孤零零地站在那里，再看看我，我伸出我的伤了皮肤、断了骨头的手指，不管手指从哪儿长出来——从背脊或者从肋部，不管从哪儿长出来，我仍然是老样子，我不相信你们那些希望和欺骗。"

在经过这片树林时，安德烈公爵好几次回头看这棵橡树，好像从它身上希望得到点什么似的。橡树下有花有草，但它在这些花草丛中愁眉苦脸，相貌丑怪，性子执拗，站着一动不动。

"是啊，它是对的，这棵老橡树一千倍地正确，"安德烈公爵想道，"就让别的年轻人再去上当吧，可是我们是知道人生的，——我们的一生已经完了！"这棵老橡树在安德烈公爵心中引起了一连串绝望的、然而令人愉快的淡淡的愁思。在这次旅途中，他仿佛重新把自己的一生思考了一遍，又得出从前那个心安理得的绝望的结论：他已经无所求，既不做什么坏事，也不惊扰自己，不抱任何希望，度过自己的后半生。

· 简 评 ·

《战争与和平》问世至今，因其场面浩大，人物繁多，被称为"世界上最伟大的小说"之一。列夫·托尔斯泰在这部作品中展现了其博大精深的艺术才能，创造了史诗体小说——能够概括一个时代，表现出磅礴的气势，广阔的场面，丰富而深刻的人物形象群体，同时个人与整体之间达到高度的完美的统一。正如斯特拉霍夫所评价的，这部作品有"近千个人物，无数的场景，国家和私人生活的一切可能的领域，历史，战争，人间一切惨剧，各种情欲，人生各个阶段，从婴儿降临人间的啼声到气息奄奄的老人的感情最后迸发，人所能感受到的一切欢乐和痛苦，各种可能的内心思绪，从窃取自己同伴的钱币的小偷的感觉，到英雄主义的最崇高的冲动和领悟透彻的沉思——在这幅画里都应有尽有。"列夫·托尔斯泰对生活的大面积涵盖和整体把握，对个别现象与事物整体、个人命运与周围世界的内在联系的充分揭示，使这部小说具有极高的思想和艺术容量。

小档案

作者：列夫·托尔斯泰
成书时间：1864 年～ 1869 年
地位：世界上最伟大的小说

罪与罚：第五章（摘选）

屋里鸦雀无声，一片寂静。就连正在哭着的孩子们也住了声。索尼娅站在那里，脸色白得像死人一样，看着卢任，什么也不能回答。她似乎还没听懂。几秒钟过去了。

"嗯，那么怎么样？"卢任凝神注视着她，问。

"我不知道……我什么也不知道……"最后索尼娅用微弱的声音说。

"不知道？您不知道？"卢任追问，又沉默了几秒种。"您想想看，小姐，"他严厉地说，不过好像仍然是劝说的口吻，"好好考虑考虑，我同意再给您一些考虑的时间。您要明白，如果我不是这样深信不疑，当然，凭我的经验，我决不会冒险这样直截了当地归罪于您；因为像这样直截了当公开指控别人，然而是诬告，或者甚至只不过是弄错了，在某种意义上，我是要负责的。这一点我是知道的。因为需要，今天早上我把几张五厘债券兑换成现款，票面总额是三千卢布。这笔账已经记在了我的皮夹子里。回家以后，——安德烈·谢苗诺维奇可以作证——我开始数钱，点出两千三百卢布，放进皮夹子里，又把皮夹子装到了常礼服侧面的口袋里。桌子上还剩下大约五百卢布现钞，其中有三张票面是一百卢布的。就在这时候，您来了（是我请您来的）——后来您在我那儿的这段时间里，一直很窘，谈话中间，您甚至曾三次站起来，不知为什么急于要走，尽管我们的谈话还没结束。对这一切安德烈·谢苗诺维奇都可以作证。小姐，您自己大概也不会否认，不能不说，我通过安德烈·谢苗诺维奇把您请去，唯一目的是为了和您谈谈您的亲属卡捷琳娜·伊万诺芙娜孤苦伶仃、无依无靠的处境（我不能来她这里参加酬客宴），而且商量一下，看能不能做点儿什么对她有益的事情，譬如募捐、抽彩或者其他这一类的事情。您向我道谢，甚至落泪了（我把这些情况原原本本都说出来，第一，是为了提醒您，第二，是为了让您明白，就连最小的细节我也没有忘记）。随后我从桌子上拿了一张十卢布的钞票，以我个人的名义送给了您，作为对您亲属的第一次帮助。这一切安德烈·谢苗诺维奇都看见了。随后我把您送到了房门口，您一直还是那么窘，——在这以后，就只剩下了我和安德烈·谢苗诺维奇两个人，我和他谈了大约十来分钟，安德烈·谢苗诺维奇出去了，我又转身回到放着钞票的桌子跟前，想把钱点一点，照我早先打算的那样，把它们另外放着。使我大吃一惊的是，其中一张一百卢布的票子不见了。请您想想看：无论如何，对安德烈·谢苗诺维奇我是决不能怀疑的；就连作这样的猜测，我也感到可耻。我数错了，这也不可能；因为在您来以前一分钟，我点完以后，发觉总数是正确的。您自己也应该同意，我回想起您的窘态，回想起您急于要走，回想起您有一会儿曾经把双手都放在桌子上；而且考虑到您的社会地位，以及与这种地位有连带关系的习惯，我，可以说是惊恐地，甚至是违反自己的意志，不得不对您产生怀疑，——当然，这怀疑是无情的，不过也是公正的！我要补充一句，再说一遍，尽管我对此深信不疑，可是我也明白，我现在提出的指控，对我来说还是有某种冒险成分。不过。您可以看得出来，我不会就此罢休；我要追查到底，把事情弄个水落石出，而且我要告诉您，这是为了什么：小姐，唯一的原因就是您忘恩负义！怎么？我请您去，是为了您那位极端贫困的亲属的利益，我向您表示，愿意提供力所能及的帮助，周济您十个卢布，您却立刻以这样的行为来报答我！不，这太不像话了！必须给予教训。请您好好考虑考虑；而且，作为您真正的朋友，我请求您（因为在目前您不可能有更好的朋友了），好好想想吧！不然的话，我可是铁面无情的！嗯，怎么样？"

"我什么也没拿您的，"索尼娅恐惧地低声说，"您给了我十个卢布，这就是的，您拿回去吧。"索尼娅从口袋里掏出一块小手帕，找到上面打的那个结，把它解开，取出那张十卢布的钞票，递给卢任。

"另外那一百卢布，您却不承认吗？"他责备地坚持说，没有收下这张钞票。

索尼娅朝四下里望了望。大家都在瞅着她，他们的脸都那么可怕，那么严厉，带着嘲讽和憎恨的神情。她朝拉斯科利尼科夫看了一眼，……他站在墙边，双手交叉，抱在胸前，目光炯炯，正在看着她。

"噢，上帝啊！"索尼娅突然喊了一声。

简 评

《罪与罚》全书真实地展示了 19 世纪中叶彼得堡城市贫民的悲惨境遇和俄国尖锐的社会矛盾：草市场上的妓女、投河自尽的女工、穷困潦倒的小公务员、带着孩子沿街乞讨的疯女人……与此对应的是，高利贷老太婆试图榨干穷人的最后一滴血汗，满身铜臭的市侩不惜用诱骗诬陷的手段残害小人物，荒淫无耻的贵族地主不断干出令人发指的勾当……这是一部为人类感到伟大的隐痛的书，是揭露资本主义社会凶残不仁的最强有力的世界文学作品之一。

小档案

作者：陀思妥耶夫斯基

成书时间：1866 年

地位：全面显示了陀思妥耶夫斯基关于"刻画人的心灵深处的奥秘"的特点，是一部卓越的社会心理小说

经典名句：我只想证明一件事，就是，那时魔鬼引诱我，后来又告诉我，说我没有权利走那条路，因为我不过是个虱子，和所有其余的人一样

读一读

《玩偶之家》，是世界近代社会问题剧的始祖、挪威著名剧作家易卜生的代表作之一。全剧主要写了主人公娜拉从爱护丈夫、信赖丈夫到与丈夫决裂，最后离家出走，摆脱玩偶地位的自我觉醒过程，揭示了资本主义社会的法律、伦理和妇女地位等社会问题。

玩偶之家：第三幕（摘选）

娜拉：……现在我只信，首先我是一个人，跟你一样的一个人，至少我要学做一个人。托伐，我知道大多数人赞成你的话，并且书本儿里也是这么说。可是从今以后我不能一味相信大多数人说的话，也不能一味相信书本儿里说的话。什么事情我都要用自己脑子想一想，把事情的道理弄明白。

海尔茂：难道你不明白你在自己家庭的地位？难道在这些问题上没有颠扑不破的道理指导你？难道你不信仰宗教？

娜拉：托伐，不瞒你说，我真不知道宗教是什么。

海尔茂：你这话怎么讲？

娜拉：除了行坚信礼的时候牧师对我说的那套话，我什么都不知道。牧师告诉过我，宗教是这个，宗教是那个。等我离开这儿一个人过日子的时候我也要把宗教问题仔细想一想。我要仔细想一想牧师告诉我的话究竟对不对，对我合用不合用。

海尔茂：喔，从来没听说过这种话！并且还是从这么个年轻女人嘴里说出来的！要是宗教不能带你走正路，让我唤醒你的良心来帮助你，你大概还有点道德观念吧？要是没有，你就干脆说没有。

娜拉：托伐，这个问题不容易回答。我实在不明白。这些事情我摸不清，我只知道我的想法跟你的想法完全不一样。我也听说，国家的法律跟我心里想的不一样，可是我不信那些法律是正确的。父亲病得快死了，法律不许女儿给他省烦恼。丈夫病得快死了，法律不许老婆想法子救他的性命！我不信世界上有这种不讲理的法律。

海尔茂：你说这些话像个小孩子。你不了解咱们的社会。

娜拉：我真不了解。现在我要去学习。我一定要弄清楚，究竟是社会正确，还是我正确。

海尔茂：娜拉，你病了，你在发烧说胡话。我看你像精神错乱了。

娜拉：我的脑子从来没像今天晚上这么清醒、这么有把握。

海尔茂：你清醒得有把握得要丢掉丈夫和儿女？

娜拉：一点不错。

……

海尔茂：要我跟你分手！不，娜拉，不行！这是不能设想的事情。

娜拉：（走进右边屋子）要是你不能设想，咱们更应该分开。（拿着外套、帽子和旅行小提包又走出来，把东西搁在桌子旁边椅子上）

海尔茂：娜拉，娜拉，现在别走。明天再走。

娜拉：（穿外套）我不能在生人家里过夜。

海尔茂：难道咱们不能像哥哥妹妹那么过日子？

娜拉：（戴帽子）你知道那种日子长不了。（围披肩）托伐，再见。我不去看孩子了。我知道现在照管他们的人比我强得多。照我现在这样子，我对他们一点儿用处都没有。

海尔茂：可是，娜拉，将来总有一天——

娜拉：那就难说了。我不知道我以后会怎么样。

海尔茂：无论怎么样，你还是我的老婆。

娜拉：托伐，我告诉你。我听人说，要是一个女人像我这样从她丈夫家里走出去，按法律说，她就解除了丈夫对她的一切义务。不管法律是不是这样，我现在把你对我的义务全部解除。你不受我拘束，我也不受你拘束。双方都有绝对的自由。拿去，这是你的戒指。把我的也还我。

海尔茂：连戒指都要还？

娜拉：要还。

海尔茂：拿去。

娜拉：好。现在事情完了。……

海尔茂：娜拉，难道我永远只是个生人？

娜拉：（拿起手提包）托伐，那就要等奇迹中的奇迹发生了。

海尔茂：什么叫奇迹中的奇迹？：

娜拉：……托伐，我现在不信世界上有奇迹了。

海尔茂：可是我信。你说下去！咱们俩都得改变到什么样子？

现代戏剧之父——易卜生

娜拉：改变到咱们在一块儿过日子真正像夫妻。再见。（从门厅走出去）

海尔茂：（倒在靠门的一张椅子里，双手蒙着脸）娜拉！娜拉！（四面望望，站起身来）屋子空了。她走了。（心里闪出一个新希望）啊！奇迹中的奇迹（楼下砰的一响，传来关大门的声音）

· 简 评 ·

《玩偶之家》是在舞台上大声喊出的妇女解放的"独立宣言"。剧本大力揭露了资本主义制度下，妇女在家庭中所处的从属地位，探讨了女性在社会生活中的地位和解放问题，从而呼唤真正的人性的回归，具有非常深刻的现实批判意义。

小档案

作者：易卜生

成书时间：1879年

结构：成功运用追溯法，共分三幕

地位：妇女解放运动的宣言书

经典名句：现在我只信，首先我是一个人，跟你一样的一个人，至少我要学做一个人

读一读

●●●●● 《海燕》，又称《海燕之歌》，是俄国无产阶级作家高尔基写的一篇带有象征意义的短篇小说《春天的旋律》的末尾一章，是一篇有巨大影响的散文诗。文章通过暴风雨即将来临前的几个场景，刻画了象征着大智大勇的无产阶级革命先驱者——"海燕"的形象，热情歌颂了俄国无产阶级革命先驱者坚强无畏的战斗精神。

海 燕

在苍茫的大海上，狂风卷集着乌云。在乌云和大海之间，海燕像黑色的闪电，在高傲地飞翔。

一会儿翅膀碰着波浪，一会儿箭一般地直冲向乌云，它叫喊着，——就在这鸟儿勇敢的叫喊声里，乌云听出了欢乐。

在这叫喊声里——充满着对暴风雨的渴望！在这叫喊声里，乌云听出了愤怒的力量、热情的火焰和胜利的信心。

海鸥在暴风雨来临之前呻吟着，——呻吟着，在大海上面飞窜，想把自己对暴风雨的恐惧，掩藏到大海深处。

海鸭也在呻吟着，——它们这些海鸭啊，享受不了生活的战斗的欢乐：轰隆隆的雷声就把它们吓坏了。

蠢笨的企鹅，胆怯地把肥胖的身体躲藏到悬崖底下……只有那高傲的海燕，勇敢地，自由自在地，在泛起白沫的大海上飞翔！

乌云越来越暗，越来越低，向海面直压下来，而波浪一边歌唱，一边冲向高空，去迎接

海燕

那雷声。

雷声轰响。波浪在愤怒的飞沫中呼叫，跟狂风争鸣。看吧，狂风紧紧抱起一层层巨浪，恶狠狠地把它们甩到悬崖上，把这些大块的翡翠摔成尘雾和碎沫。

海燕叫喊着，飞翔着，像黑色的闪电，箭一般地穿过乌云，翅膀掠起波浪的飞沫。

看吧，它飞舞着，像个精灵——高傲的、黑色的暴风雨的精灵，——它在大笑，它又在号叫……它笑那些乌云，它因为欢乐而高叫！

这个敏感的精灵，它从雷声的震怒里，早就听出了困乏，它深信，乌云遮不住太阳，——是的，遮不住的！

海燕

海燕之歌

狂风吼叫……雷声轰响……

一堆堆乌云，像青色的火焰，在无底的大海上燃烧。大海抓住闪电的剑光，把它们熄灭在自己的深渊里。这些闪电的影子，活像一条条火蛇，在大海里蜿蜒浮动，一晃就消失了。

"暴风雨！暴风雨就要来啦！"

这是勇敢的海燕，在怒吼的人海上，在闪电中间，高傲地飞翔；这是胜利的预言家在叫喊：

——让暴风雨来得更猛烈些吧！

· 简　评 ·

《海燕》是鼓舞人们向革命进军的号角，号召人们进行革命斗争和迎接革命暴风雨的来临。作为勇猛坚强、乐观自信、富于献身精神的无产阶级革命先驱者的形象塑造，"海燕"不畏强暴、敢于斗争、敢于胜利，坚信沙皇的黑暗统治必将崩溃，无产阶级革命即将到来并必然取得胜利。

小档案

作者：高尔基

成书时间：1901 年 3 月

地位：鼓舞人民革命的号角

经典名句：乌云遮不住太阳／让暴风雨来得更猛烈些吧

《人与超人》，是爱尔兰杰出的剧作家萧伯纳的一部哲理喜剧。该剧根据欧洲流传已久的唐璜传说，描写了青年男女约翰·坦纳与安的爱情故事。

读一读

人与超人（摘选）

……人是有生命组织中最高的奇迹，是宇宙万物中最强烈地生存着的东西，是一切有机体中最具意识的，但是他的头脑是多么差劲啊！愚蠢的人们从现实中的劳苦和贫穷，学习到贪婪和残忍。他们的想象力宁可去饿死，却不愿面对现实，于是堆起各种幻相来隐藏现实，而自以为聪明，自以为天才！而彼此又互相攻讦，"愚蠢"骂"想象"痴憨，"想象"骂"愚蠢"无知。然而，天啊！让"愚蠢"拥有一切的知识，而"想象"拥有一切的智能！

那么它们间就闹得一团糟了。所以我在处理浮士德的事情时就说过：人类的理性所能为人做的，只是人弄成比野兽更具兽性罢了。一个强壮的身体，胜过一百个消化不良、肠胃气胀的哲学家的头脑呢！

你忘记了没有头脑，只有壮健的身体的动物曾经被试验过了。那些除了脑以外，其他部分都比人类大许多的生物，曾经生存过可是后来灭种了。……那么人类有了他的值得夸耀的头脑，是不是较少毁灭自己呢？……人类在生存的技术方面，没有一点发明，但在死亡的技术方面的发明，却远超过大自然，用化学和机器产生了瘟疫、传染病和饥荒等一切杀人的方法。今日我所诱来的农人。他所吃的、所喝的东西，和一万年前的农人所吃喝的东西还是一样。他所住的房子，在一千世纪中改变的，还不如一位女士的帽子在几个月中改变得多。但当他出去杀人的时候，他带着惊人的机器，只要指头一按，就能放射出一切藏着的分子的力量，远胜过他们祖先所用的标枪、弓箭、吹

鲁迅、萧伯纳、蔡元培

矢枪了。在和平的技术方面，人是失败者。我曾经看过他们的棉纱工厂，里面所用的机器，就是一只贪吃的狗，假使它是拿工钱而不是食物的话，也能够发明的。我也曾看过粗陋的打字机、拙劣的机关车和讨厌的脚踏车，那些东西和机关枪、潜水艇比较起来，只可算是玩具了。人类在工业机械方面，没有什么新发明，只有贪欲和怠情，他们的心专注在武器上。你所夸耀的这种奇妙的"生命"之力，不过是"死亡"之力罢了，人类是以他的破坏力来衡量他的能力的。什么是他的宗教？只是恨你的借口。什么是他的法律？只是个吊死你的借口。什么是他的道德？就是有涵养，只是个消费而不生产的借口。什么是他的艺术？只是可以幸灾乐祸地看屠杀的画面的借口。什么是他的政治？不是崇拜暴君，因为他能杀人，就是崇拜议会的相争。……"不要开口问，人家就不会对你说谎。"……

·简 评·

　　《人与超人》集中体现了萧伯纳的特有的生命力哲学，即"创造进化论"思想。在书中，萧伯纳毫不留情地揭示人性的丑陋，讥嘲以浪漫情调看待人与人生的处世观点，但是他对人类和人性并不悲观，相信人类的进步，相信人会由恶向善，焕发新的生命力，这正是《人和超人》享有世界美誉的根本原因。

小档案

作者：萧伯纳
成书时间：1903 年
地位：生命力哲学的真正体现
经典名句：自由意味着责任

约翰·克利斯朵夫：卷九 燃烧的荆棘

克利斯朵夫勉强想和自己的生活重新结合起来……可是没劲！他觉得自己多老，跟天地一样的老！……早上起来照着镜子，看到自己的身体，姿势，愚蠢的外形，觉得厌倦不堪。为什么要起床，要穿衣服？……他拼命逼自己工作：可是工作使他受不了。既然一切都得归于虚无，创造有什么用？他不能再搞音乐了。一个人唯有经过了患难才能对艺术——好似对其他的事情一样——有真切的认识。患难是试金石。唯有那个时候，你才能认出谁是经历百世而不朽的，比死更强的人。经得起这个考验的真是太少了。某些被我们看中的灵魂——所爱的艺术家，一生的朋友，——往往出乎我们意外的庸俗。谁能够不被洪涛淹没呢？一朝被患难接触到了，人世的美就显得非常空洞了。

可是患难也会疲倦的，它的手也麻痹了。克利斯朵夫神经松了下来，睡着了，他无穷无尽地睡，仿佛怎么也睡不足。

终于有一夜，他睡得那么熟，到第二天下午才醒。屋子里一个人都没有。勃罗姆夫妇出去了。窗子开着，明媚的天空笑着。克利斯朵夫觉得卸掉了一副重担。他起来走到花园里。一方狭窄的三角形的地，四周围着高墙，像修道院模样。在几块草地与极平常的花卉中间，有几条铺着细沙的小径；一根葡萄藤和一些蔷薇爬在一个花棚上。一个碎石铺成的洞内有一道细小的喷泉；一株靠墙的皂角树，香味浓烈的枝条挂在隔邻的花园高头。远处矗立着红岩铺成的教堂的钟楼。时间是傍晚四点。园中已经罩着阴影。树巅和红色

《约翰·克利斯朵夫》

的钟楼还浴着阳光。克利斯朵夫坐在花棚下面，背对着墙，仰着头，从葡萄藤和蔷薇的空隙中望着清朗的天。他似乎才从恶梦中醒来。周围是一平静寂。一根蔷薇藤懒洋洋地挂在头顶上。忽然最好看的一朵花谢了，落英缤纷，在空中散开来，好比一个无邪的美丽的生命就这样平平淡淡地消逝了……这一下克利斯朵夫可哀痛之极，透不过气来，把手捧着脸哭了……

钟声响了。从这一个教堂到另一个教堂，钟声相应……克利斯朵夫不知道过了多少时间。等到抬起头来，钟声已止，夕阳已下。克利斯朵夫被眼泪苏解了，精神被冲洗过了，听见心头像泉水似的涌出一阕音乐，眼望着一钩新月溜上天空。他被一阵脚声惊醒之下，立刻回到房里，关了门，上了栓，让他音乐的泉源尽量奔泻出来。勃罗姆上来招呼他吃饭，敲敲门，推了几下：克利斯朵夫只是不理。勃罗姆从锁孔里张望，看见克利斯朵夫大半个身子趴在桌上，四周堆满了纸，才放心了。

过了几小时，克利斯朵夫筋疲力尽，走到楼下，发觉医生在客厅里一边看书一边等着。他过去把他拥抱了，请他原谅他来到这儿以后的行动，并且不等勃罗姆开口，自动把最近几星期中惊心动魄的事告诉了他。他跟医生提到这些，只有这么一次，而勃罗姆是否完全听清还是问题：因为一则克利斯朵夫的话没有系统，二则夜色已深，勃罗姆虽然非常好奇，也瞌睡死了。最后——时钟已经敲了两点，——克利斯朵夫发觉了，便跟主人道了晚安分手。

从此，克利斯朵夫的

斯大林接见法国著名作家罗曼·罗兰

生活慢慢恢复了常规。那种一时的兴奋当然不能维持，他常常觉得很悲哀，但那是普通的哀伤，不致妨碍他的生活了。得活下去，是的，非活下去不可！……

· 简 评 ·

《约翰·克利斯朵夫》犹如一部庞大的交响乐，每卷都是一个有着不同乐思、情绪和节奏的乐章。它以描写人物的内在情感为重心点，使幻美的理想与丑恶的现实在人的脑海里激烈地斗争，然后再宣泄出来，从而演奏出了批判现实社会，弘扬社会理想和个人追求的宏大旋律。

小档案

作者：罗曼·罗兰

成书时间：1904 年 ~ 1912 年

结构：共 10 卷

地位：20 世纪最伟大的小说，获 1913 年法兰西学士院文学奖和 1915 年诺贝尔文学奖

变形记（摘选）

当格里高·萨姆莎从烦躁不安的梦中醒来时，发现他在床上变成了一个巨大的甲虫。他的背成了钢甲式的硬壳，他略一抬头，看见了他的拱形的棕色的肚皮。肚皮僵硬，呈弓形，并被分割成许多连在一起的小块。肚皮的高阜之处形成了一种全方位的下滑趋势，被子几乎不能将它盖得严实。和它身体的其他部位相比，他的许多腿显得可怜的单薄、细小，这些细小的腿在他跟前，在他眼皮下无依无靠地发出闪烁的微光。

……

掀开被子，那是很简单的事，不费吹灰之力，被子就掉下来了，但接着而来的事就很麻烦，特别是要站起来，就是显得更麻烦了。因为他身体已是不同寻常地宽阔，这就需要胳膊和手的帮忙；他现在没有这两样东西，只有许多细小的腿，而且还不停地乱动，他又控制不了小腿乱动的情况。如果要将其中的一条腿弯曲起来，首先得将它伸直，这件事他终于办成了，他就用这条腿做他想做的事。这时其他各条腿，像获得了解放一样，也这样工作起来了，处于高度的兴奋状态并且极为痛苦。格里高心里想："离开得了床吗？"

首先他用下身离开床铺，然而自从他变成大甲虫后他没有见识过他的下身，这个下身是怎么样，他还无法想象，但行动起来非常笨拙，走得很慢，当他最后发疯似的，不顾一切地往前走时，真是竭尽了全力；但方向却是不准，狠狠地撞着了床杆的下部，他感到烧灼似的疼痛。这使他了解到，他的下身或许是全身最敏感的部位。

于是他试着上身先离开床，将头小心地转向床沿，这事他轻易地办成了，尽管他下身既宽又重，但随着头部的转动身子最后也转动了，但是当他终于将头在床外支撑起来时，他吓了一跳，不敢用这种办法继续进展了。因为再继续进展的话，最终必然要掉下去，头不受伤才怪呢？这样下去是不值得的，他最好还是留在床上。

不过当他同样费劲地回复到躺在床上的原来姿势时，他叹息着，更加生气地看着他那些小腿互相碰撞，斗争。对于小腿们的骚乱想不出办法加以治理，他心里又想，这床上也是躺不得的。要不顾一切地从床上解放出来，即令解放的希望很小，也是值得一干的。但前事不忘，后事之师，在这期间他同时没有忘记：安静的思考比起鲁莽的决定要可取得多。这时他把眼光尽可能盯着窗户，可惜他只看到晨雾将窄狭街道的对面裹住了，从中他并没有获得多少信心和开朗的心境。闹钟重新响起来了。"已经七点钟了，"他想道，"已经七点了，还总是这样的雾。"他在床上躺了一会，呼吸安详而微弱，好像他期待着从完全的安静中回复到真正的、自然的状态。

然后他又想到：七点一刻以前，我必须无条件地离床，到那时公司必然来人问我，因为公司是七点以前营业。他开始将他的整个瘦长、匀称的身子摇晃出床，如果采用这种办法，他得高昂着头，估计头部不会受伤。至于背部，似乎是硬的。

掉到地毯上也不会发生什么异常，最大的考虑是响声，这响声虽不致引起恐吓，但也要惊动门外所有的人。响声必然是有的，

布拉格的卡夫卡铜像

风险不得不冒。

当格里高向床外冒出一半时——这种新方法与其说是艰辛，还不如说是一种游戏，他总是要往回摇晃——这时他忽然想起，如果现在有人来帮他一把的话，起床是多么简单的事。有两个人就绰绰有余。——他想到了父亲的厨娘——他们只要把手臂放在他弓形背下面移动，这样就可以将他弄出床外，由于身体有重量，他们必须弯着身子，耐着性子，小心翼翼地移动；这样格里高就可以在地板上翻过来，但愿小腿在地板上，注意不要胡蹦乱跳。除此以外，门还是锁着的呢！他要不要真的叫人帮忙呀？当他想到这点时，他不顾一切地抑制了笑容。

……

·简 评·

《变形记》是用象征式的表现手法描绘荒诞与真实的复合体，它用个人的孤独来隐喻社会的悲哀的深刻内涵，构成了世界文学史上独一无二的"卡夫卡"式小说的基本特征。该小说与表现人与命运抗争主题的经典作品可谓一脉相连，"非人"的格里高是一只可怜的甲虫，始终无法被身外的人群理解和接受。他想用"心"来渴望理解，但这种渴望反而导使他最终外在形体的毁灭。格里高的悲剧是人与人之间互相视为"异类"的永恒孤独的悲剧。

小档案

作者：卡夫卡

成书时间：1912 年完成，1915 年发表

地位：西方现代派文学中描写人被异化的杰作

经典名句：要生活得漂亮，需要付出极大忍耐，一不抱怨，二不解释

读一读　《吉檀迦利》，原意为给神的献诗，是"亚洲第一诗人"泰戈尔（印度）中期诗歌创作的高峰，也是最能代表他思想观念和艺术风格的作品。这部宗教抒情诗集以轻快、欢畅的笔调，以敬仰神，渴望与神合而为一为主题，歌唱生命的枯荣、现实生活的欢乐和悲哀，表达作者对祖国前途的关怀，对人民的关爱。

吉檀迦利（摘选）

4. 我生命的生命，我要保持我的躯体永远纯洁，因为我知道你的生命的摩抚，接触着我的四肢。

我要永远从我的思想中摒除虚伪，因为我知道你就是那在我心中燃起理智之火的真理。

我要从我心中驱走一切的丑恶，使我的爱开花，因为我知道你在我的心宫深处安设了座位。

我要努力在我的行为上表现你，因为我知道是你的威力，给我力量来行动。

28. 罗网是坚韧的，但是要撕破它的时候我又心痛。

我只要自由，为希望自由我却觉得羞愧。

我确知那无价之宝是在你那里，而且你是我最好的朋友，但我却舍不得清除我满屋的俗物。

我身上披的是尘灰与死亡之衣；我恨它，却又热爱地把它抱紧。

我的债务很多，我的失败很大，我的耻辱秘密而又深重；但当我来求福的时候，我又战栗，唯恐我的祈求得了允诺。

35. 在那里，心是无畏的，头也抬得高昂；

在那里，知识是自由的；

在那里，世界还没有被狭小的家国的墙隔成片段；

《吉檀迦利》内文一部分

在那里，话是从真理的深处说出；

在那里，不懈的努力向着"完美"伸臂；

在那里，理智的清泉没有沉没在积习的荒漠之中；

在那里，心灵是受你的指引，走向那不断放宽的思想与行为——进入那自由的天国，我的父呵，让我的国家觉醒起来罢。

67. 你是天空，你也是窝巢。

呵，美丽的你，在窝巢里就是你的爱，用颜色、声音和香气来围拥住灵魂。

在那里，清晨来了，右手提着金筐，带着美的花环，静静地替大地加冕。

在那里，黄昏来了，越过无人畜牧的荒林，穿过车马绝迹的小径，在她的金瓶里带着安靖的西方海上和平的凉飙。

但是在那里，纯白的光辉，统治着伸展着的为灵魂翱翔的无际的天空。在那里无昼无夜，无形无色，而且永远，永远无有言说。

98. 我要以胜利品，我的失败的花环，来装饰你。逃避不受征服，是我永远做不到的。

我准知道我的骄傲会碰壁，我的生命将因着极端的痛苦而炸裂，我的空虚的心将像一枝空苇呜咽出哀音，顽石也融成眼泪。

我准知道莲花的百瓣不会永远团合，深藏的花蜜定将显露。

从碧空将有一只眼睛向我凝视，在默默地召唤我。我将空无所有，绝对的空无所有，我将从你脚下领受绝对的死亡。

101. 我这一生永远以诗歌来寻求你。它们领我从这门走到那门，我和它们一同摸索，寻求着，接触着我的世界。

我所学过的功课，都是诗歌教给我的；它们把捷径指示给我，它们把我心里地平线上的许多星辰，带到我的眼前。

它们整天地带领我走向苦痛和快乐的神秘之国，最后，在我旅程终点的黄昏，它们要把我带到了哪一座宫殿的门首呢？

· 简 评 ·

1913 年的诺贝尔文学奖评奖会上，一部散文诗集——《吉檀迦利》，成为评委们争相阅读的作品，委员会以 12：1 的投票比例将当年的诺贝尔奖颁给了诗集的作者泰戈尔，这也是瑞典文学院第一次将诺贝尔奖颁给一个东方人。《吉檀迦利》以它独有的充满东方意蕴的象征性、神秘性，以及深厚的思想内涵、情感理智，击败了西方文学大家中正流布着的鸿篇巨制作品，它的发表引起了全世界的轰动，受到各国人民的一致好评。

《吉檀迦利》虽是一份"奉献给神的祭品"，但是泰戈尔笔下的神不是传统宗教观念中的神，他带有更多的社会、人生的色彩，是一个无形无影、无所不在、无所不包的精神本体，既是一种主宰宇宙万物的超自然的力量，一种冥冥之中的威严，又是变成无数"分身"，存在于宇宙万物中的具体物象。

小档案

作者：泰戈尔

成书时间：1912 年

结构：共 103 首

地位：欧洲最畅销的诗集之一。

经典名句：旅客在每一个生人门口敲叩，才能敲到自己的家门；人要在外面到处漂流，最后才能走到最深的内殿

阿Q正传：第二章 优胜记略

阿Q不独是姓名籍贯有些渺茫，连他先前的"行状"也渺茫。因为未庄的人们之于阿Q，只要他帮忙，只拿他玩笑，从来没有留心他的"行状"的。而阿Q自己也不说，独有和别人口角的时候，间或瞪着眼睛道：

"我们先前——比你阔的多啦！你算是什么东西！"

阿Q没有家，住在未庄的土谷祠里；也没有固定的职业，只给人家做短工，割麦便割麦，舂米便舂米，撑船便撑船。工作略长久时，他也或住在临时主人的家里，但一完就走了。所以，人们忙碌的时候，也还记起阿Q来，然而记起的是做工，并不是"行状"；一闲空，连阿Q都早忘却，更不必"行状"了。只是有一回，有一个老头子颂扬说："阿Q真能做！"这时阿Q赤着膊，懒洋洋的瘦伶仃的正在他面前，别人也摸不着这话是真心还是讥笑，然而阿Q很喜欢。

阿Q又很自尊，所有未庄的居民，全不在他眼睛里，甚而至于对于两位"文童"也有一位不值一笑的神情。夫文童者，将来恐怕要变秀才者也；赵太爷钱太爷大受居民的尊敬，除有钱之外，就因为都是文童的爹爹，而阿Q在精神上独不

《阿Q正传》

表格外的崇奉，他想：我儿子会阔的多啦！加以进了几回城，阿Q自然更自负，然而他又很鄙薄城里人，譬如用三尺长三寸宽的木板做成的凳子，未庄叫"长凳"，他也叫"长凳"，城里人却叫"条凳"，他想：这是错的，可笑！油煎大头鱼，未庄都加上半寸长的葱叶，城里却加上切细的葱丝，他想：这也是错的，可笑！然而未庄人是不见世面的可笑的乡下人呵，他们没有见过城里的煎鱼！

阿Q"先前阔"，见识高，而且"真能做"，本来几乎是一个"完人"了，但可惜他体质上还有一个缺点。最恼人的是在他头皮上，颇有几处不知起于何时的癞疮疤。这虽然也在他身上，而看阿Q的意思，倒也似乎以为不足贵的，因为他讳说"癞"以及一切近于"赖"的音，后来推而广之，"光"也讳，"亮"也讳，再后来，连"灯""烛"都讳了。一犯讳，不问有心与无心，阿Q便全疤通红的发起怒来，估量了对手，口讷的他便骂，气力小的他便打；然而不知怎么一回事，总还是阿Q吃亏的时候多。于是他渐渐的变换了方针，大抵改为怒目而视了。

谁知道阿Q采用怒目主义之后，未庄的闲人们便愈喜欢玩笑他。一见面，他们便假装吃惊的说：

"唏，亮起来了。"

阿Q照例的发了怒，他怒目而视了。

"原来有保险灯在这里！"他们并不怕。

阿Q没有法，只得另外想出报复的话来：

"你还不配……"这时候，又仿佛在他头上的是一种高尚的光荣的癞头疮，并非平常的癞头疮了；但上文说过，阿Q是有见识的，他立刻知道和"犯忌"有点抵触，便不再往底下说。

闲人还不完，只撩他，于是终而至于打。阿Q在形式上打败了，被人揪住黄辫子，在壁上碰了四五个响头，闲人这才心满意足的得胜的走了，阿Q站了一刻，心里想，"我总算被儿子打了，现在的世界真不像样……"于是也心满意足的得胜的走了

阿Q想在心里的，后来每每说出口来，所以凡有和阿Q玩笑的人们，几

乎全知道他有这一种精神上的胜利法，此后每逢揪住他黄辫子的时候，人就先一着对他说：

"阿Q，这不是儿子打老子，是人打畜生。自己说：人打畜生！"

阿Q两只手都捏住了自己的辫根，歪着头，说道：

"打虫豸，好不好？我是虫豸——还不放么？"

但虽然是虫豸，闲人也并不放，仍旧在就近什么地方给他碰了五六个响头，这才心满意足的得胜的走了，他以为阿Q这回可遭了瘟。然而不到十秒钟，阿Q也心满意足的得胜的走了，他觉得他是第一个能够自轻自贱的人，除了"自轻自贱"不算外，余下的就是"第一个"。状元不也是"第一个"么？"你算是什么东西"呢!？

阿Q以如是等等妙法克服怨敌之后，便愉快的跑到酒店里喝几碗酒，又和别人调笑一通，口角一通，又得了胜，愉快的回到土谷祠，放倒头睡着了。假使有钱，他便去押牌室，一堆人蹲在地面上，阿Q即汗流满面的夹在这中间，声音他最响：

"青龙四百！"

"咳……开……啦！"桩家揭开盒子盖，也是汗流满面的唱。"天门啦……角回啦……！人和穿堂空在那里啦……！阿Q的铜钱拿过来……！"

"穿堂一百——一百五十！"

阿Q的钱便在这样的歌吟之下，渐渐的输入别个汗流满面的人物的腰间。他终于只好挤出堆外，站在后面看，替别人着急，一直到散场，然后恋恋的回到土谷祠，第二天，肿着眼睛去工作。

但真所谓"塞翁失马，安知非福"罢，阿Q不幸而赢了一回，他倒几乎失败了。

这是未庄赛神的晚上。这晚上照例有一台戏，戏台左近，也照例有许多的赌摊。做戏的锣鼓，在阿Q耳朵里仿佛在十里之外；他只听得桩家的歌唱了。他赢而又赢，铜钱变成角洋，角洋变成大洋，大洋又成了叠。他兴高采烈得非常：

"天门两块！"

他不知道谁和谁为什么打起架来了。骂声打声脚步声，昏头昏脑的一大阵，他才爬起来，赌摊不见了，人们也不见了，身上有几处很似乎有些痛，似乎也挨了几拳几脚似的，几个人诧异的对他看。他如有所失的走进土谷祠，定一定神，知道他的一堆洋钱不见了。赶赛会的赌摊多不是本村人，还到那里去寻根柢呢？

阿Q

很白很亮的一堆洋钱！而且是他的——现在不见了！说是算被儿子拿去了罢，总还是忽忽不乐；说自己是虫豸罢，也还是忽忽不乐：他这回才有些感到失败的苦痛了。

但他立刻转败为胜了。他擎起右手，用力的在自己脸上连打了两个嘴巴，热剌剌的有些痛；打完之后，便心平气和起来，似乎打的是自己，被打的是别一个自己，不久也就仿佛是自己打了别个一般，——虽然还有些热剌剌，——心满意足的得胜的躺下了。

他睡着了。

· 简　评 ·

《阿Q正传》是对中国人国民性的自我批判，是对人性弱点的大暴露，是现实生活中人们自我审视的一片明镜。

在《阿Q正传》中，鲁迅为人们塑造了一个令人难忘的"精神胜利法"的典型——阿Q。阿Q对自己的失败命运与奴隶地位，采取令人难以置信的辩护与粉饰态度；或者根本不承认自己落后与被奴役，而是沉醉于那种臆想的自尊中；或者向更弱者（小尼姑）泄愤，在转嫁屈辱中得到满足；或者自轻自贱，甘居落后与被奴役。这些都失灵后，他就自欺欺人，在自我幻觉中变现实真实的失败为精神上的虚幻的胜利。

阿Q的"精神胜利法"其实是反映现实生活中人们的一面明镜，有着深刻的现实意义，它是中华民族觉醒与振兴的最严重的阻力之一。

小档案

作者：鲁迅

成书时间：1921年～1922年

结构：章回体，共9章

地位：鲁迅唯一的一部中篇小说，写出了现代中国人的灵魂

经典名句：我的儿子会阔的多啦／君子动口不动手／我总算被儿子打了，现在的世界真是不像样……

喧哗与骚动：一九二八年四月七日（摘选）

透过栅栏，穿过攀绕的花枝的空当，我看见他们在打球。他们朝插着小旗的地方走过来，我顺着栅栏朝前走。勒斯特在那棵开花的树旁草地里找东西。他们把小旗拔出来，打球了。接着他们又把小旗插回去，来到高地（高尔夫球的发球处）上，这人打了一下，另外那人也打了一下。他们接着朝前走，我也顺着栅栏朝前走。勒斯特离开了那棵开花的树，我们沿着栅栏一起走，这时候他们站住了，我们也站住了。我透过栅栏张望，勒斯特在草丛里找东西。

"球在这儿，开弟（原文为Caddle，本应译为"球童"，但此指在原文中与班吉姐姐的名字凯蒂（Caddy）恰好同音，班吉每次听见别人叫球童，便会想起心爱的姐姐，哼叫起来）。"那人打了一下。他们穿过草地往远处走去。我贴紧栅栏，瞧着他们走开。

"听听，你哼哼得多难听。"勒斯特说，"也真有你的，都三十三了，还这副样子。我还老远到镇上去给你买来了生日蛋糕呢。别哼哼唧唧了。你就

高尔夫球场地

威廉·福克纳

不能帮我找找那只两毛五的镚子儿，好让我今儿晚上去看演出。"

他们过好半天才打一下球，球在草场上飞过去。我顺着栅栏走回到小旗附近去。小旗在耀眼的绿草和树木间飘荡。

"过来呀。"勒斯特说，"那边咱们找过了。他们一时半刻间不会再过来的。咱们上小河沟那边去找，再晚就要让那帮黑小子捡去了。"

小旗红红的，在草地上呼呼地飘着。这时有一只小鸟斜飞下来停歇在上面。勒斯特扔了块土过去。小旗在耀眼的绿草和树木间飘荡。我紧紧地贴着栅栏。

"快别哼哼了。"勒斯特说，"他们不上这边来，我也没法让他们过来呀，是不是。你要是还不住口，姥姥就不给你做生日了。你还不住口，知道我会怎么样。我要把那只蛋糕全都吃掉。连蜡烛也吃掉。把三十三根蜡烛全都吃下去。来呀，咱们上小河沟那边去。我得找到那只镚子儿。没准还能找到一只掉在那儿的球呢。哟。他们在那儿。挺远的。瞧见没有。"他来到栅栏边，伸直了胳膊指着。"看见他们了吧。他们不会再回来了。来吧。"

我们顺着栅栏，走到花园的栅栏旁，我们的影子落在栅栏上。在栅栏上，我的影子比勒斯特的高。我们来到缺口那儿，从那里钻了过去。

"等一等。"勒斯特说，"你又挂在钉子上了。你就不能好好地钻过去不让衣服挂在钉子上吗？"

凯蒂把我的衣服从钉子上解下来，我们钻了过去。凯蒂说："毛莱舅舅关照了，不要让任何人看见我们，咱们还是猫着腰吧。猫着腰，班吉。像这样，懂吗？"我们猫下了腰，穿过花园，花儿刮着我们，沙沙直响。地绷绷硬。我们又从栅栏上翻过去，几只猪在那儿嗅着闻着，发出了哼哼声。……

　　《喧哗与骚动》运用了"神话模式"——作品中的故事、人物、结构等元素大致与一个神话故事平行发展——的意识流手法,增加了象征意味,使其成为一个探讨整个人类命运问题的寓言,内容丰富复杂,思想深刻独到,艺术形式既有多样性的融合又有作者的独创性,反讽的色彩陡然加深。

小档案

作者：威廉·福克纳

成书时间：1929 年

结构：全书共分为 4 个部分,分别由 4 个人物来讲述

地位：意识流小说乃至整个现代派小说的经典名著

经典名句：人者,无非是其不幸之总和而已

钢铁是怎样炼成的：第三章 认识冬妮亚（摘选）

青春胜利了。伤寒没有能夺走保尔的生命。保尔已经是第四次跨过死亡的门槛，又回到了人间。卧床一个月之后，苍白瘦削的保尔终于站起来，迈着颤巍巍的双腿，扶着墙壁，在房间里试着走动。母亲搀着他走到窗口，他向路上望了很久。

积雪融化了，小水洼闪闪发光。外面已经是乍暖还寒的早春天气了。

紧靠窗户的樱桃树枝上，神气十足地站着一只灰胸脯的麻雀，它不时用狡猾的小眼睛偷看保尔。

……

保尔不知不觉走到松林跟前，在岔路口停住了。右边是阴森森的老监狱，有一道高高的尖头木栅栏，把它和松林隔开。监狱后面是医院的白色楼房。

就是在这里，在这空旷的广场上，瓦莉亚和她的同志们被绞死了。保尔在原来设置绞架的地方默默地站了一会儿，然后走向陡坡，顺坡下去，到了埋葬烈士的墓地。

不知道是哪个有心人，在坟墓周围摆上了用云杉枝编的花圈，像给这块小小的墓地修了一道绿色的围墙。陡坡上挺拔的松树高高矗立，峡谷的斜坡上绿草如茵。

这里是小城的边缘，寂静而冷清。松林在低语，春天的大地在复苏，散发着潮湿的泥土气息。同志们就是在这里英勇就义的。他们为那些出生即贫贱、落地便为奴的人能过上美好的生活，献出了自己的生命。

保尔慢慢地摘下了帽子。悲痛，巨大的悲痛，充满了他的心。

人最宝贵的是生命。生命每个人只有一次。人的一生应当这样度过：回首往事，他不会因为虚度年华而悔恨，也不会因为卑鄙庸俗而羞愧；临终之际，他能够说："我的整个生命和全部精力，都献给了世界上最壮丽的事业——为解放全人类而斗争。"要抓紧时间赶快生活，因为一场莫名其妙的疾病，或者一个意外的悲惨事件，都会使生命中断。

保尔怀着这样的思想，离开了烈士墓。

……

第二天，保尔把自己的东西搬到机车库的集体宿舍里去了。几天之后，在安娜那里合伙举行了一次不备食物的晚会——庆祝塔莉亚和尼古拉结合的共产主义式的晚会。晚会上大家追述往事，朗诵最动人的作品，一起唱了许多歌曲，而且唱得非常好。战斗的歌声一直传到很远的地方。后来，卡秋莎和穆拉拿来了手风琴，于是整个房间响彻了手风琴奏出的银铃般的乐曲声和浑厚深沉的男低音和声。这天晚上，保尔演奏得十分出色，当大个子潘克拉托夫出人意外地跳起舞来的时候，保尔就更是忘怀一切了。手风琴一改时兴的格调，像燃起一把火一样奏了起来：

奥斯特洛夫斯基

喂，街坊们，老乡们！

坏蛋邓尼金伤心啦，

西伯利亚的肃反人员，

把高尔察克枪毙啦……

手风琴的曲调追忆着往事，把人们带回那战火纷飞的年代，也歌唱今天的友谊、斗争和欢乐……

　　《钢铁是怎样炼成的》告诉人们：一个人只有在革命的艰难困苦中战胜敌人也战胜自己，只有在把自己的追求和祖国、人民的利益联系在一起的时候，才会创造出奇迹，才会成长为钢铁战士。它赞扬了在绝望的命运中仍坚强不屈、向命运挑战的精神，鞭挞了那些只会作威作福的资本家与资本主义社会的丑陋，表现出了作者所代表的当时无产阶级对受压迫命运的抗争精神。《钢铁是怎样炼成的》是崇尚共产主义理想的社会主义国家最著名的"革命小说"之一，有了它，人们就不会向挫折和困难低头，而更会坚强地去面对。

小档案

作者：尼古拉·奥斯特洛夫斯基

成书时间：1933 年

地位：崇尚共产主义理想的社会主义国家最著名的"革命小说"之一

经典名句：人活着，不应该追求生命的长度，而应该追求生命的质量

《老人与海》，是美国著名小说家海明威最为著名的一部中篇小说。小说讲述了老渔夫圣提亚哥制服一条巨大的马林鱼，以及在返航途中又同鲨鱼进行惊险搏斗的经历。

读一读

老人与海（摘选）

　　鲨鱼的出现不是偶然的。当一大股暗黑色的血沉在一英里深的海里然后又散开的时候，它就从下面水深的地方窜上来。它游得那么快，什么也不放在眼里，一冲出蓝色的水面就涌现在太阳光下。然后它又钻进水里去，嗅出了臭迹，开始顺着船和鱼所走的航线游来。

　　……

　　老头儿看见它来到，知道这是一条毫无畏惧而且为所欲为的鲨鱼。他把鱼叉准备好，用绳子系住，眼也不眨地望着鲨鱼向前游来。绳子短了，少去割掉用来绑鱼的那一段。

　　老头儿现在头脑清醒、正常，有坚强的决心，但是希望不大。他想：能够撑下去就太好啦。看见鲨鱼越来越近的时候，他向那条死了的大鱼望了一眼。他想：这也许是一场梦。我不能够阻止它来害我，但是也许我可以捉住它。"Dentuso"，他想，"去你妈的吧。"

　　鲨鱼飞快地逼近船后边。它去咬那条死鱼的时候，老头儿看见它的嘴大张着，看见它在猛力朝鱼尾巴上面的肉里咬进去的当儿，那双使人惊奇的眼睛和咬得格崩格崩的牙齿。鲨鱼的头伸出水面，脊背也正在露出来，老头儿用鱼叉攮到鲨鱼头上的时候，他听得出那条大鱼身上皮开肉绽的声音。他攮进的地方，是两只眼睛之间的那条线和从鼻子一直往上伸的那条线交叉的一点。事实上并没有这两条线。有的只是那又粗大又尖长的蓝色的头，两只大

《老人与海》插图

马林鱼

眼，和那咬得格崩崩的、伸得长长的、吞噬一切的两颚。但那儿正是脑子的所在，老头儿就朝那一个地方扎进去了。他鼓起全身的气力，用他染了血的手把一杆锋利无比的鱼叉扎了进去。他向它扎去的时候并没有抱着什么希望，但他抱有坚决的意志和狠毒无比的心肠。

鲨鱼在海里翻滚过来。老头儿看见它的眼珠已经没有生气了，但是它又翻滚了一下，滚得自己给绳子缠了两道。老头儿知道它是死定了，鲨鱼却不肯承认。接着，肚皮朝上，尾巴猛烈地扑打着水面，两颚格崩格地响着，像一只快艇一样在水面上破浪而去。海水给它的尾巴扑得白浪滔天，绳一拉紧，它的身子四分之三就脱出了水面，那绳不住地抖动，然后突然挣断了。老头儿望着鲨鱼在水面上静静地躺了一会儿，后来它就慢慢地沉了下去。

"它咬去了大约四十磅。"老头儿高声说。他想：他把我的鱼叉连绳子都带去啦，现在我的鱼又淌了血，恐怕还有别的鲨鱼会窜来呢。

他不忍朝死鱼多看一眼，因为它已经给咬得残缺不全了。鱼给咬住的时候，他真觉得跟自己身受的一样。

他想：能够撑下去就太好啦。这要是一场梦多好，但愿我没有钓到这条鱼，独自躺在床上的报纸上面。

"可是人不是生来要给人家打败的，"他说，"人尽可被毁灭，可是不会肯吃败仗的。"他想：不过这条鱼给我弄死了，我倒是过意不去。现在倒霉的时刻就要来到，我连鱼叉也已经丢啦。"Dentuso"这个东西，既残忍，又能干，既强壮，又聪明。可我比它更聪明。"也许不吧，"他想，"也许我只是比它多了个武器吧。"

"别想啦，老家伙，"他又放开嗓子说，"还是把船朝这条航线上开去，有了事儿就担当。"

他想，可是我一定要想。因为我剩下的只有想想了。除了那个，我还要想想垒球……

·简 评·

《老人与海》是一部异常有力、无比简洁的作品，具有一种无可抗拒的美，对美国文学及 20 世纪世界文学的发展有着极深远的影响。本书以写实的手法展现了圣提亚哥在重压下仍不屈不挠、执著坚毅的硬汉精神，这种精神永远不可战胜，并使其成为文学史上最著名的"硬汉"形象之一。同时，因为这一以贯之的风格，《老人与海》奠定了海明威在世界文学中的突出地位，以"文坛硬汉"著称于世。

小档案

作者：海明威

成书时间：1951 年

地位："硬汉"的代表

经典名句：一个人并不是生来就要被打败的。人尽可以被毁灭，但却不能被打败

读一读

《百年孤独》，是哥伦比亚著名作家、魔幻现实主义文学代表人物加西亚·马尔克斯的代表作。这部小说以虚构的小村子——马贡多的荣衰作为拉丁美洲百年沧桑的缩影，以奇诡的手法讲述了一个光怪陆离的布恩迪亚家族在100年间，7代人因权力与情欲而轮回上演的兴衰起落故事，反映了殖民、独裁、斗争和流血的历史，以及遗忘和孤独的主题。

百年孤独（摘选）

大罢工爆发了。种植园的工作停顿下来，香蕉在树上烂掉，120节车厢的列车凝然不动地停在铁道侧线上。城乡到处都是失业工人。土耳其人的街上开始了没完没了的星期六，在雅各旅馆的台球房里，球台旁边昼夜都拥聚着人，轮流上场玩耍。军队奉命恢复社会秩序的消息宣布那一天，霍·阿卡蒂奥第二正在台球房里。他虽没有预见才能，但把这个消息看做是死亡的预兆，从格林列尔多·马克斯上校让他去看行刑的那个遥远的早晨起，他就在等候这种死亡。但是，凶兆并没有使他失去自己固有的坚忍精神。他拿球杆一碰台球，如愿地击中了两个球。过了片刻，街上的鼓声、喇叭声、叫喊声和奔跑声都向他说明，不仅台球游戏，而且从那天黎明看了行刑以后自己玩的沉默和孤独的"游戏"，全都结束了。于是他走上街头，便看见了他们。在街上经过的有三个团的士兵，他们在鼓声下整齐地行进，把大地都震动了。这是明亮的晌午，空气中充满了这条多头巨龙吐出的臭气。士兵们都很矮壮、粗犷。他们身上发出马汗气味和阳光晒软的揉皮的味儿，在他们身上可以感到山地人默不作声的、不可战胜的大无畏精神。尽管他们在霍·阿卡蒂奥第二面前走过了整整一个小时，然而可以认为这不过是几个班，他们都在兜着圈儿走，他们彼此相似，仿佛是一个母亲养的儿子。他们同样显得呆头呆脑，带着沉重的背包和水壶，扛着插上刺刀的可耻的步枪，患着盲目服从的淋巴腺鼠疫症，怀着荣誉感。乌苏娜从晦暗的床上听到他们的脚步声，就举起双手合成十字。圣索菲娅·德拉佩德俯身在刚刚熨完的绣花桌布上愣了片刻，想到了自己的儿子霍·阿卡蒂奥第二，而他却站在雅各旅馆门口，不动声色地望着最后一些士兵走过。

根据戒严令，军队应当在争执中起到仲裁者的作用，决不能在争执者之间当和事佬。士兵们耀武扬威地经过马贡多之后，就架起了枪支，开始收割香蕉，装上列车运走了。至今还在静待的工人们，进入了树林，仅用大砍刀武装起来，展开了反对工贼的斗争。他们焚烧公司的庄园和商店，拆毁铁路路基，阻挠用机枪开辟道路的列车通行，割断电话线和电报线。灌溉渠里的水被血染红了。安然无恙地待在"电气化养鸡场"里的布劳恩先生，在士兵们保护下，带着自己的和同国人的家眷逃出了马贡多，被送到了安全地点。正当事态将要发展成为力量悬殊的、血腥的内战时，政府号召工人们在马贡多集中起来。号召书声称，省城的军政首脑将在下星期莅临镇上，调解冲突。

星期五清早聚集在车站上的人群中，也有霍·阿卡蒂奥第二。前一天，他参加了工会头头们的会议，会上指示他和加维兰上校混在群众中间，根据情况引导他们的行动。霍·阿卡蒂奥第二觉得不大自在：因为军队在车站广场周围架起了机枪，香蕉公司的、铁栅栏围着的小镇也用大炮保护起来；他一发现这个情况，总是觉得嘴里有一种苦咸味儿。约莫中午12点钟，3000多人——工人、妇女和儿童——为了等候还没到达的列车，拥满了车站前面的广场，聚集在邻近的街道上，街道是由士兵们用机枪封锁住的。起初，这更像是节日的游艺会。从土耳其人街上，搬来了出售食品饮料的摊子，人们精神抖擞地忍受着令人困倦的等待和灼热的太阳。3点钟之前有人传说，载着政府官员的列车最早明天才能到达。疲乏的群众失望地叹了叹气。车站房屋顶上有4挺机枪的枪口对准人群，

《百年孤独》中描绘的场景

一名中尉爬上屋顶，让大家肃静。霍·阿卡蒂奥第二身边站着一个赤脚的胖女人，还有两个大约 4 岁和 7 岁的孩子。她牵着小的一个，要求她不认识的霍·阿卡蒂奥第二抱起另一个，让这孩子能够听得清楚一些。霍·阿卡蒂奥第二把孩子放在自己肩上。多年以后，这个孩子还向大家说（虽然谁也不相信他的话），中尉用扩音喇叭宣读了省城军政首脑的第四号命令。命令是由卡洛斯·柯特斯·伐加斯将军和他的秘书恩里克·加西亚·伊萨扎少校签署的，在 80 个字的三条命令里，把罢工者说成是"一伙强盗"，授命军队不惜子弹，打死他们。

·简 评·

《百年孤独》被誉为"再现拉丁美洲历史社会图景的鸿篇巨著"。全书近 30 万字，内容庞杂，人物众多，情节曲折离奇，再加上神话故事、宗教典故、民间传说以及作家独创的从未来的角度回忆过去的倒叙手法等，令人眼花缭乱。但读过此书，我们可以领悟，作者是要把我们引入到不可思议的奇迹和最纯粹的现实交错的生活之中，不仅让我们感受许多血淋淋的现实和荒诞不经的传说，也让我们体会到最深刻的人性和最令人震惊的情感。单从这一点来说，《百年孤独》便足以享有世界巨著的声誉。

小档案

作者：加西亚·马尔克斯

成书时间：1967 年

地位：再现拉丁美洲历史社会图景的鸿篇巨制

第八部分　历　史

史记：平原君虞卿列传（摘选）

原文：

秦之围邯郸，赵使平原君求救，合从于楚，约与食客门下有勇力文武备
具者二十人偕。平原君曰："使文能取胜，则善矣。文不能取胜，则歃血于华
屋之下，必得定从而还。士不外索，取于食客门下足矣。"得十九人，余无可
取者，无以满二十人。门下有毛遂者，前，
自赞于平原君曰："遂闻君将合从于楚，约
与食客门下二十人偕，不外索。今少一人，
原君即以遂备员而行矣。"平原君曰："先生
处胜之门下几年于此矣？"毛遂曰："三年
于此矣。"平原君曰："夫贤士之处世也，譬
若锥之处囊中，其末立见。今先生处胜之门
下三年于此矣，左右未有所称诵，胜未有所
闻，是先生无所有也。先生不能，先生留。"
毛遂曰："臣乃今日请处囊中耳。使遂蚤得处
囊中，乃颖脱而出，非特其末见而已。"平原
君竟与毛遂偕。十九人相与目笑之而未废也。

《史记》

解读：

秦国围攻邯郸时，赵王曾派平原君去求援，当时拟推楚国为盟主，订立合纵盟约联兵抗秦，平原君约定跟门下有勇有谋、文武兼备的食客20人一同前往楚国。平原君说："假使能通过客气的谈判取得成功，那就最好了。如果谈判不能取得成功，那么也要挟制楚王在大庭广众之下把盟约确定下来，一定要确定了合纵盟约才回国。同去的文武之士不必到外面去寻找，从我门下的食客中选取就足够了。"结果选得19人，剩下的人没有可再挑选的了，竟没办法凑满20人。这时门下食客中有个叫毛遂的人，径自走到前面来，向平原君自我推荐说："我听说您要到楚国去，让楚国作盟主订下合纵盟约，并且约定与门下食客20人一同去，人员不到外面寻找。现在还少一个人，希望您就拿我充个数一起去吧。"平原君问道："先生寄附在我的门下到现在有几年啦？"毛遂回答道："到现在整整三年了。"平原君说："有才能的贤士生活在世上，就如同锥子放在口袋里，它的锋尖立即就会显露出来。如今先生寄附在我的门下到现在已三年了，我的左右近臣们从没有称赞推荐过你，我也从来没听说过你，这是先生没有什么专长啊。先生不能去，先生留下来。"毛遂说："我就算是今天请求放在口袋里吧。假使我早就被放在口袋里，是会整个锥锋都脱露出来的，不只是露出一点锋尖就罢了的。"平

司马迁

取材于《史记》的京剧《霸王别姬》

原君终于同意让毛遂一同去。那 19 个人互相使眼色示意，暗暗嘲笑毛遂，只是没有发出声音来。

·简 评·

鲁迅评论《史记》为"史家之绝唱，无韵之离骚"。《史记》包罗万象，且融会贯通、脉络清晰，"究天人之际，通古今之变，成一家之言"，翔实记录了上古时期在政治、经济、军事、文化等各个方面的发展状况，并确立了史学在中国学术领域的独立地位，对中国近现代的史学研究与写作有着深刻的影响。

小档案

作者：司马迁

成书时间：公元前 91 年

结构：全书 130 篇，包括 12 本纪、30 世家、70 列传、10 表、8 书

地位：中国历史上第一部纪传体通史

经典名句：众口铄金，积毁销骨／失之毫厘，谬以千里／王侯将相宁有种乎

●●●●● 《马可·波罗游记》，又名《马可·波罗行
纪》《东方闻见录》《寰宇记》），是意大利威尼斯著
名旅行家、商人马可·波罗撰写的一部关于亚洲的
游记，它记录了中亚、西亚、东南亚等地区许多国
家的各种情况，最重点部分是关于中国的叙述。

读一读

马可·波罗游记：第二章 日本岛和大汗对它的进攻

日本岛是东洋的一个海岛，位于大陆或蛮子相距大约 2400 公里的海上。

这个岛的面积很大，居民的面目清秀，体格健康，态度文明。他们信奉佛教，他们不受任何外国控制，只受自己的国王统治。他们国内的黄金极为丰富，因为黄金的来源是取之不尽的。但是国王不让黄金输出，商人很少到那里做生意。其他地方的船舶和这个国家的来往也是不多的。

曾经到过这里的人告诉我们，这个国家的王宫富丽堂皇，蔚为奇观。王宫的整个屋顶用金色的铁皮覆盖着，和我们用铅皮遮盖屋顶一样，更恰当地说，和我们用铅皮盖教堂一样。宫殿的天花板也是用同样的贵重金属做成的；许多房间内，有很厚的纯金小桌；窗户也用黄金装饰。这种宫殿富丽的程度，实在难以用语言来表达。

该岛有大量的珍珠，桃红色的，圆形的，体积很大，它的价值与白珍珠相等，或者甚至还超过白珍珠的价值。

按照这个国家的习惯，一部分居民对于他们的死者实行土葬，另一部分居民则实行火葬。前一种人常在死者口里放一颗珍珠，这是他们的一种习惯。岛上也出产大量的宝石。

这个岛上的财富这么丰富，当今皇帝忽必烈大汗企图使它成为他的附属国。他为了实现这种企图，特别装备了一支庞大的舰队，运送大批的军队，委派两位重要的军官为司令，一位名叫阿剌罕，一位叫范文虎。远征军从剌

桐（即泉州）和杭州两个港口出发，横渡大海，安全到达这个海岛。

然而这两位司令官互相猜忌，互相贬低对方的谋略，坚持执行自己的命令。因此，除了仅仅攻克一座城市外，由于守兵顽抗拒降，他们再也不能夺取其他任何城市和筑有防御工事的地方。

不久，适逢从北面刮来风暴，使停泊在海岛沿岸的鞑靼人的兵船被吹得拥挤在一起。于是军官们在船上开会决定兵船应该驶离该岛，返航回国。军队一上船，就向海洋进发。风势越刮越猛，以致于许多船只沉没了。船上的人抱着破碎的船板，漂浮在水面，漂游到一个离日本东海岸大约6公里的岛上。

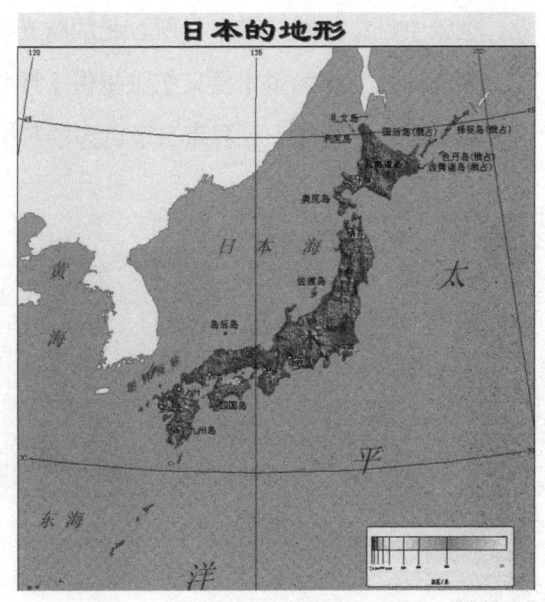

日本的地形图

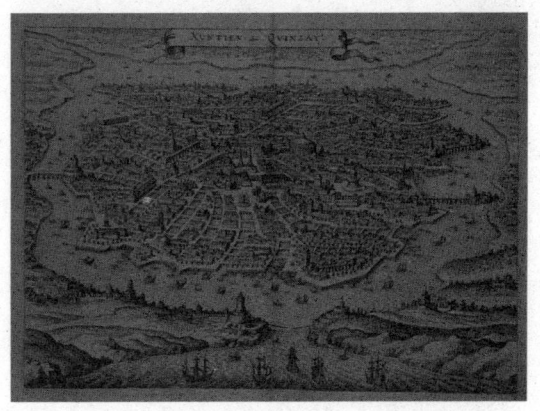

来源于《马可·波罗游记》的杭州地图

其余离岸较远的船只，没有遭到风暴的袭击。两位司令在几位要员的陪同下和那些统率10万或1万军兵的将领，乘坐战船朝皇都的方向返航，回到了大汗的朝廷。

· 简 评 ·

《马可·波罗游记》直接或间接地开辟了中西方直接联系和接触的新时

代，也给中世纪的欧洲带来了新世纪的曙光。它让西方人了解了"东方"，对东方充满向往；也为资本主义扩张提供了理想上的对象。事实已经证实，《马可·波罗游记》给这个世界带来了巨大的影响，其积极的作用是不可抹杀的。

小档案

作者：马可·波罗

成书时间：1299 年

结构：共有 4 卷，229 章

地位：人类史上西方人感知东方的第一部著作

●●●●● 《世界简史》，又称《韦尔斯世界简
史》，是英国著名小说家赫伯特·乔治·韦
尔斯撰写的一部颇具特色的世界通史，内
容上溯人类文明的开端，下至第二次世界大
战，是其鸿篇巨制《世界史纲》的普及版。

读一读

世界简史：第13章 耕种的开始（摘选）

在现代人看来，耕地、播种、收割、晾晒、磨粉，这些事情是再自然不过的了，就好像地球是圆的一样，道理不言自明。或许有人甚至会问，不这样还能怎样？除此之外还有什么其他的吗？然而，对于2万年前的原始人来说，今天人类认为一目了然的一系列行为和道理，他们都懵然无知。他们进行了无数次的实验，却经常无功而返，他们常常进行着错误解释，因此产生无数次错觉。经过挫折考验后，他们才找到了行之有效的行事方法。在地中海地区的一些地方，有野生的小麦，那里的人们似乎在学会播种以前很早就懂得春磨麦子了。换言之，他们在懂得播种之前就已经懂得收获了。

赫伯特·乔治·韦尔斯

这是一件特别值得注意的事情：在全世界，哪里有播种和收获，哪里就会发现播种的观念和血祭的思想之间有强烈的原始联系，而且最早都是用活人作牺牲的。对这种联系的原因的探寻，常常地

吸引着那些好奇心强的人。对此感兴趣的读者，可以从 J·G·弗雷泽的不朽名著《金枝》中看到对此极为详尽的研究。我们必须记住：这是一种幼稚的、充满幻想的、生活在神话之中的原始人心中的形象，理智的方法是无法对此做出解释的。但是，在 1.2 万年到 2 万年前，每当播种季节到来时，新石器时代的人就会把人当成牺牲去献祭。被选来做牺牲的，并不是些卑贱的或被驱逐的人，通常是精心挑选出来的童男童女。在被宰杀之前，童男童女会享受到特别的待遇，受尊崇于一身。按照历年的惯例，作为一种供祭的神灵，宰杀他们时由见多识广的长老主持，并有一套庄严的仪式。

起初，原始人对季节的推移只有一个极粗略的概念，对他们来说，决定播种和献祭的适当时间十分困难，需要大费周折。我们有理由相信，在人类经验史的早期，一定有过一段时期人们没有"年"的概念。最初的年代学是以月亮的一次圆缺为一月，有人认为圣经上长老们的年龄，实际上是把一个月当成一年来计算的。在巴比伦人的历法有明确的迹象表明，为了计算播种期，他们用 13 次的圆缺作为一个循环。这种历法一直影响到现在。如果我们的思维还没有因习惯而对奇怪事情的知觉变得迟钝，我们会发现一件非常值得关注的事情：在基督教会上，纪念耶稣被钉死以及复活不是在每年的固定日子举行，而是根据月相，日期每年都有所变化。

最初的农民是否观测星象，这很值得怀疑，最早观测星象的更有可能的是游牧民族，因为他们用星星来确定方位。但是，一旦人类开始认识到它也可以用来确定季节的时候，星象对农业的重要性便显现出来。当他们发现种植时间、献祭与某个重要的星星的南行或北行有关时，原始人也不可避免地会产生对于那颗星星神话和崇拜了。

由此，我们很容易看出，那些有着血祭和星象等知识与经验的人，在新石器时代初期是多么的重要。

· 简 评 ·

《世界史纲》乃鸿篇巨制，煌煌近百万字。为此，赫伯特·乔治·韦尔斯出版了这本包含着崭新立意和写法的《世界简史》，作为前者的普及版。在本书中，作者并不拘泥于考据，而是以无比开阔的视界、轻快简洁的笔调将生物起源以来的世界史有条不紊地展现在读者面前，给读者提供一个宏伟、宽广的大视野。这是一部最适合于普通读者阅读的历史著作。

小档案

作者：赫伯特·乔治·韦尔斯

成书时间：1923 年

结构：原本有 67 章，增订本增加了二战的内容（韦尔斯的儿子和英国历史学家雷·波斯特盖特增订）

地位：《世界史纲》的入门书

历史研究：第九部 文明在空间上的接触

同代文明之间相接触往往会发生戏剧性的结局。从军事角度来看，一方面的挑战引起另一方面的挑战，然后在改变了均衡之后，又产生了反侵略和相应的反反侵略。然而，军事反应并不是唯一可能的反应。凡是军事反应力所不及的地方，或者虽使用了军事手段而遭到失败的地方，那些被征服的人民常常使用加强培养他们的宗教信仰的办法来维持他们的社会完整性。这种反应的典型例子乃是被驱散以后的犹太人的表现。最高级的反应乃是创造一种高级宗教。这个宗教迟早会俘虏那些征服者。

同代文明接触的后果虽则（虽然）是多样化的，但可以概括为进攻失败和胜利两类。在抵御进攻时取得胜利的结果可能是胜利者的军事化，这又造成最终的灾祸，例如战胜了阿凯米尼德侵略者之后不到 50 年便出现了古代希腊文明的衰落。然而，进攻胜利的后果也不会好多少。一个在侵略中取得胜利的文明所付出的社会代价乃是在它自己的生命泉流中被渗入了外族的牺牲者的文化。在受到进攻的牺牲者一方所受到的影响也是一样，但是更为复杂。因此，将西方的思想和制度介绍给非西方社会时常造成极不协调的后果，因为"一个人的营养乃是另一个人的毒物"，企图介绍一种外部文化的一个因素而排斥其他，是注定要失败的。

另外，军事胜利往往有超军事的后果。胜利的进攻者沉迷于骄傲自满，认为被征服者都是"刍狗"。这样一来，人的同类感就没有了。如果把这个

"刍狗"当作"异教徒"看待，他还可以通过宗教上的改信而取得人的地位；如果当作"蛮族"看待，他还可以通过一次考验取得人的地位；但是如果把他当作一个"土著"看待，他却没有希望了，除了推翻他的主人以外，别无它法。以被征服者的精神状态而言，则有狂热主义的拒绝和希洛德主义的接受两种看来似乎对立的情况，然而这不是绝对的，相反，他们往往相互转换而同归灭亡。与此相比，保罗，这个文化上的孤独主义，由于超越了狂热主义和希洛德主义，毫无偏见地兼容并蓄两种对立文化的精神财富，将其福音传遍了整个基督教世界。

· 简 评 ·

在《历史研究》一书的开头，汤因比就尖锐指出，以往历史研究的一大缺陷，就是把民族国家作为历史研究的一般范围，这大大限制了历史学家的眼界。事实上，欧洲没有一个民族或国家能够独立地说明自身的历史问题。因此，应该把历史现象放到更大的范围内加以比较和考察，这种更大的范围就是文明。《历史研究》这部鸿篇巨著以文明为研究单位，从一个宏大的视角出发，采用"大历史"的宏观叙述手法，将人类史作为一个整体加以考察，充满着作者对人类文明的深切忧虑和对人类文明的无限希望，这是对 20 世纪伴随着工业化进程而发展的史学界分工日益细化的最有力的回应。

小档案

作者：汤因比

成书时间：1927 年～ 1961 年（压缩本在 1972 出版）

结构：共 12 卷

地位：现代学者最伟大的成就

经典名句：我们必须相互熟识，这意味着我们需要逐步熟悉彼此的历史，因为人类并非仅仅生存于直接的现在

全球通史：1500 年以前的世界·人类
——食物采集者（摘选）

人类祖先的演变发生在有 4 次大冰期和 3 次间冰期的更新世时代。当时急剧的环境变化迫使所有的动物必须能不断地适应新的环境。能否适应的关键不是取决于蛮力，也不取决于耐寒的能力，而是取决于智力的不断增长，取决于能否运用其智力使自己较好地适应环境的需要。当然，这也就是人类所以能在地球上居于无可争辩的首位的秘密。

首先，人类的才能是多方面的。人类与长臂猿或北极熊不同：长臂猿双臂柔软细长，只适应森林生活；北极熊白色的毛皮很厚，只适应北极环境；而人类，决不是只适应一种环境，相反，人类对环境的适应是通过自己的大脑，人类利用自己的大脑能适应一切环境。

有一时期，曾假定人类和类人猿起于同一祖先，人类学家的任务就在于找出它们两者间的"过渡环节"。现在已一致同意：在人类的祖先即近似人形的原人（猿人）中，有一部分已能使用简单的石制工具和武器；而人类就是好多代原人经过长期自然选择后的产物。

原人中出现最早的是现已绝种的灵长类。一般认为，它们最早出现在非洲东部和南部的热带草原上，距今约 250 万年。不过，最近在埃塞俄比亚南部的调查结果表明，这一日期还可往前推，推至距今约 400 万年。这种灵长类的骨盆和腿与现代人极为相似，只是其脑容量只有人类的三分之一，几乎还不及现存的类人猿的脑容量大。因此，这种与人相像的两足动物的运动系统是与猿脑般的大脑结合在一起的。智力水平低，语言和创造工具的水平自然也相应地低。这一调查结果的意义就在于，它说明，不是先有了人类大脑，然后才开始创造人类文化；相反，这两者是不断地相互影响的，语言和工具是大脑发展的原因，也是大脑发展的结果。

对处于这种发展水平的灵长类来说，非洲大草原是很理想的环境。那里气候温和，即使缺衣少穿。也能很好地生活下去。而且，辽阔的大草原与茂密的森林和荒凉的沙漠不同，那里有水源，也有可供食用的动物。因此，尽管更新世灵长类动物的工具很简单，只是些一端尖锐、一端厚钝的石器，但它们的食物却很丰富，有蛋、蟹、龟、鸟和兔、鼠之类的啮齿动物，还有小羚羊。小羚羊一遇危险便伏在草丛中一动不动，所以是很易捕食的动物。

约在 50 万年前，人类的直系祖先——直立人取代了更新世灵长类动物。他们的大脑比他们的前辈大一倍，是现代人的三分之二。普遍采用的石器是手斧，比过去的石器复杂，是最早经过精心设计的一种工具。通常呈杏核状，长六至八英寸，宽数英寸，厚一英寸。柄端是圆的，可抓在手掌里；另一端呈尖状，尖端的一面锋刃锐利。这种手斧具有多种用途。既可用作手斧、刀、刮削器，又可当作锥子。现发掘到的大量被屠宰的大动物——鹿、犀牛、猪、象、水牛、河马、马、羚羊和瞪羚——的遗骨可以证实，这种工具卓有成效。对大动物的大规模狩猎也反映了集团组织和集体行动的高效率以及当时的语言交际水平。社会生活的另一标志是，那时对死者已有了尊敬的表示。在覆盖死者的泥土上常可见到一些赭石或赤铁矿。几乎可以断定，这代表某种宗

大猩猩　黑猩猩　长臂猿　猩猩

类人猿是指无尾、类人灵长类的动物，分有两大科：长臂猿科（较小的类人猿：长臂猿和合趾猿）和猩猩科（较大的类人猿：黑猩猩、小黑猩猩、猩猩和大猩猩）

教葬礼。装饰的观念也开始萌芽，在化石中常可见到一些有孔小珠、穿孔的兽牙和贝壳。而最重要的是，那时已学会人工取火，泥地上直径五至六英时的黑圆圈可说明这一点。

火的控制产生了根本而深远的影响。把人类祖先从本身能量供应极有限的束缚中解放出来，使人类祖先得以经历冰河时代而幸存下来。火的使用使大量过去不能吃的块根植物和植物种子成为熟食，从而大大增加了食物来源。火的使用也使原人有可能冲出过去无法离开的温暖的大草原，分散到全球各地。——火的使用所产生的广泛而深远的影响，直至今日仍可感觉到。

简　评

《全球通史》全书材料新、范围广，有着强烈的现实感。所以，本书在20世纪中期一问世便立即被译成多种文字，颇受好评。美国许多大学更是把《全球通史》作为大学基础课程的教材，甚至许多军校也把此书作为教材。《全球通史》是一种思想武器，可以用来医治人类由于陶醉于技术进步而产生的精神危机，有助于人们生存于包含各种可能性和选择的未来。

小档案

作者：斯塔夫里阿诺斯

成书时间：1970年～1971年

结构：分上、下两册，即《1500年以前的世界》和《1500年以后的世界》

地位：第一部由历史学家运用全球观点囊括全球文明而编写的世界历史，当代世界史编纂的一个新起点

经典名句：有力量者应该有所获，能有所获者应该保持所获

第九部分 纲领、条约

独立宣言（美国）

独立宣言

大陆会议（一七七六年七月四日）

美利坚合众国十三个州一致通过的独立宣言

在有关人类事务的发展过程中，当一个民族必须解除其和另一个民族之间的政治联系并在世界各国之间依照自然法则和上帝的意旨，接受独立和平等的地位时，出于对人类舆论的尊重，必须把他们不得不独立的原因予以宣布。

我们认为下面这些真理是不证自明的：人人生而平等，造物者赋予他们若干不可剥夺的权利，其中包括生命权、自由权和追求幸福的权利。为了保障这些权利，人类才在他们之间建立政府，而政府之正当权力，是经被治理者的同意而产生的。当任何形式的政府对这些目标具有破坏作用时，人民便有权力改变或废除它，以建立一个新的政府；其赖以奠基的原则，其组织权力的方式，务使人民认为唯有这样才最可能获得他们的安全和幸福。为了慎重起见，成立多年的政府，是不应当由于轻微和短暂的原因而予以变更的。过去的一切经验也都说明，任何苦难，只要是尚能忍受，人类都宁愿容忍，而无意为了本身的权益便废除他们久已习惯了的政府。但是，当追逐同一目标的一连串滥用职权和强取豪夺长期发生，证明政府企图把人民置于专制统治之下时，那么人民就有权利，也有义务推翻这个政府，并为他们未来的安全建立新的保障——这就是这些殖民地过去逆来顺受的情况，也是它们现在不得不改变以前政府制度的原因。当今大不列颠国王的历史，是接连不断的伤天害理和强取豪夺的历史，这些暴行的唯一目标，就是想在这些州建立专制的暴政。为了证明所言属实，现把下列事实向公正的世界宣布——

他拒绝批准对公众利益最有益、最必要的法律。

他禁止他的总督们批准迫切而极为必要的法律，要不就把这些法律搁置起来暂不生效，等待他的同意；而一旦这些法律被搁置起来，他对它们就完全置之不理。

他拒绝批准便利广大地区人民的其他法律，除非那些人民情愿放弃自己在立法机关中的代表权；但这种权利对他们有无法估量的价值，而且只有暴君才畏惧这种权利。

他把各州立法团体召集到异乎寻常的、极为不便的、远离它们档案库的地方去开会，唯一的目的是使他们疲于奔命，不得不顺从他的意旨。

他一再解散各州的议会，因为它们以无畏的坚毅态度反对他侵犯人民的权利。

他在解散各州议会之后，又长期拒绝另选新议会；但立法权是无法取消的，因此这项权力仍由一般人民来行使。其时各州仍然处于危险的境地，既有外来侵略之患，又有发生内乱之忧。

他竭力抑制我们各州增加人口；为此目的，他阻挠外国人入籍法的通过，拒绝批准其他鼓励外国人移居各州的法律，并提高分配新土地的条件。

他拒绝批准建立司法权力的法律，藉以阻挠司法工作的推行。

他把法官的任期、薪金数额和支付，完全置于他个人意志的支配之下。

他建立新官署，派遣大批官员，骚扰我们人民，并耗尽人民必要的生活物质。

他在和平时期，未经我们的立法机关同意，就在我们中间维持常备军。

他力图使军队独立于民政之外，并凌驾于民政之上。

他同某些人勾结起来把我们置于一种不适合我们的体制且不为我们的法律所承认的管辖之下；他还批准那些人炮制的各种伪法案来达到以下目的：

在我们中间驻扎大批武装部队；

北美第二届大陆会议通过《独立宣言》

用假审讯来包庇他们，使他们杀害我们各州居民而仍然逍遥法外；

切断我们同世界各地的贸易；

未经我们同意便向我们强行征税；

在许多案件中剥夺我们享有陪审制的权益；

编造罪名押送我们到海外去受审；

在一个邻省废除英国的自由法制，在那里建立专制政府，并扩大该省的疆界，企图把该省变成既是一个样板又是一值得心应手的工具，以便进而向这里的各殖民地推行同样的极权统治；

取消我们的宪章，废除我们最宝贵的法律，并且从根本上改变我们各州政府的形式；

中止我们自己的立法机关行使权力，宣称他们自己有权就一切事宜为我们制定法律。

他宣布我们已不属他保护之列，并对我们作战，从而放弃了在这里的政务。

他在我们的海域大肆掠夺，蹂躏我们的沿海地区，焚烧我们的城镇，残害我们人民的生命。

他此时正在运送大批外国佣兵来完成屠杀、破坏和肆虐的勾当，这种勾当早就开始，其残酷卑劣甚至在最野蛮的时代都难以找到先例。他完全不配作为一个文明国家的元首。

《独立宣言》起草人杰斐逊荣登《时代周刊》封面人物

他在公海上俘虏我们的同胞，强迫他们拿起武器来反对自己的国家，成为残杀自己亲人和朋友的刽子手，或是死于自己的亲人和朋友的手下。

他在我们中间煽动内乱，并且竭力挑唆那些残酷无情、没有开化的印第安人来杀掠我们边疆的居民；而众所周知，印第安人的作战规律是不分男女老幼，一律格杀勿论的。

在这些压迫的每一阶段中，我们都是用最谦卑的言辞请求改善；但屡次请求所得到的答复是屡次遭受损害。一个君主，当他的品格已打上了暴君行为的烙印时，是不配作自由人民的统治者的。

我们不是没有顾念我们英国的弟兄。我们时常提醒他们，他们的立法机关企图把无理的管辖权横加到我们的头上。我们也曾把我们移民来这里和在这里定居的情形告诉他们。我们曾经向他们天生的正义感和雅量呼吁，我们恳求他们念在同种同宗的份上，弃绝这些掠夺行为，以免影响彼此的关系和往来。但是他们对于这种正义和血缘的呼声，也同样充耳不闻。因此，我们实在不得不宣布和他们脱离，并且以对待世界上其他民族一样的态度对待他们：和我们作战，就是敌人；和我们和好，就是朋友。

因此，我们，在大陆会议下集会的美利坚合众国代表，以各殖民地善良人民的名义，非经他们授权，向全世界最崇高的正义呼吁，说明我们的严正意向，同时郑重宣布：这些联合一致的殖民地从此是自由和独立的国家，并且按其权利也必须是自由和独立的国家，它们取消一切对英国王室效忠的义务，它们和大不列颠国家之间的一切政治关系从此全部断绝，而且必须断绝；作为自由独立的国家，它们完全有权宣战、缔和、结盟、通商和采取独立国家有权采取的一切行动。为了支持这篇宣言，我们坚决信赖上帝的庇佑，以我们的生命、我们的财产和我们神圣的名誉，彼此宣誓。

·简　评·

《独立宣言》提倡资产阶级的自由、平等和主权在民思想，在人类历史上第一次以政治纲领的形式宣告了民主共和国的原则，彻底摧毁了封建专制主义的理论根基，将人民主权首次贯彻到了新兴资产阶级的建国实践中，充满着革命精神，不仅对北美独立战争进程具有巨大的鼓舞和指导作用（7月4日为美国独立纪念日），而且大大推动了全世界的反封建斗争，如它直接影响了1789年的法国大革命，也给拉丁美洲和亚洲民族独立运动以巨大推动力。

小档案

作者：托马斯·杰斐逊等

成书时间：1776年7月4日

地位：第一个人权宣言（马克思）

经典名句：人人生而平等／一个君主，当他的品格已打上了暴君行为的烙印时，是不配做自由人民的统治者的

读一读

共产党宣言：第四章 共产党人对各种反对党派的态度

看过第二章之后，就可以了解共产党人同已经形成的工人政党的关系，因而也就可以了解他们同英国宪章派和北美土地改革派的关系。

共产党人为工人阶级的最近的目的和利益而斗争，但是他们在当前的运动中同时代表运动的未来。在法国，共产党人同社会主义民主党联合起来反对保守的和激进的资产阶级，但是并不因此放弃对那些从革命的传统中承袭下来的空谈和幻想采取批判态度的权利。

在瑞士，共产党人支持激进派，但是并不忽略这个政党是由互相矛盾的分子组成的，其中一部分是法国式的民主社会主义者，一部分是激进的资产者。

在波兰人中间，共产党人支持那个把土地革命当作民族解放的条件的政党，即发动过1846年克拉科夫起义的政党。

在德国，只要资产阶级采取革命的行动，共产党就同它一起去反对专制君主制、封建土地所有制和小市民的反动性。

但是，共产党一分钟也不忽略教育工人尽可能明确地意识到资产阶级和无产阶级的敌对的对立，以便德国工人能够立刻利用资产阶级统治所必然带来的社会的和政治的条件作为反对资产阶级的武器，以便在推翻德国的反动阶级之后立即开始反对资产阶级本身的斗争。

共产党人把自己的主要注意力集中在德国，因为德国正处在资产阶级革

邮票：《全世界无产者联合起来！》

命的前夜，因为同 17 世纪的英国和 18 世纪的法国相比，德国将在整个欧洲文明更进步的条件下，拥有发展得多的无产阶级去实现这个变革，因而德国的资产阶级革命只能是无产阶级革命的直接序幕。

总之，共产党人到处都支持一切反对现存的社会制度和政治制度的革命运动。

在所有这些运动中，他们都强调所有制问题是运动的基本问题，不管这个问题的发展程度怎样。

最后，共产党人到处都努力争取全世界民主政党之间的团结和协调。

共产党人不屑于隐瞒自己的观点和意图。他们公开宣布：他们的目的只有用暴力推翻全部现存的社会制度才能达到。让统治阶级在共产主义革命面前发抖吧。无产者在这个革命中失去的只是锁链。他们获得的将是整个世界。

　　《共产党宣言》公开宣布必须用革命的暴力推翻资产阶级的统治，建立无产阶级的政治统治，表述了以无产阶级专政代替资产阶级专政的思想。它标志着马克思主义的诞生，成为了世界无产阶级的锐利思想武器，对全世界的无产阶级革命运动起到了巨大的推动作用。

小档案

作者：卡尔·马克思、弗里德里希·恩格斯

成书时间：1848 年 2 月 21 日

结构：引言和正文（4 章）

地位：第一部较为完整而系统地阐述科学社会主义基本原理的伟大著作，国际共产主义运动第一个纲领性文献

联合国宪章（摘选）

序言

我联合国人民同兹决心

欲免后世再遭今代人类两度身历惨不堪言之战祸，

重申基本人权，人格尊严与价值，以及男女与大小各国平等权利之信念，

创造适当环境，俾克维持正义，尊重由条约与国际法其他渊源而起之义务，久而弗懈，

促成大自由中之社会进步及较善之民生，

并为达此目的

力行容恕，彼此以善邻之道，和睦相处，

集中力量，以维持国际和平及安全，

接受原则，确立方法，以保证非为公共利益，不得使用武力，

运用国际机构，以促成全球人民经济及社会之进展，

用是发愤立志，务当同心协力，以竟厥功。

爰由我各本国政府，经齐集金山市之代表各将所奉全权证书，互相校阅，均属妥善，议定本联合国宪章，并设立国际组织，定名联合国。

第一章 宗旨及原则

第一条

联合国之宗旨为：

一、维持国际和平及安全；并为此目的：采取有效集体办法，以防止且消除对于和平之威胁，制止侵略行为或其他和平之破坏；并以和平方法且依正义及国际法之原则，调整或解决足以破坏和平之国际争端或情势。

二、发展国际间以尊重人民平等权利及自决原则为根据之友好关系，并采取其他适当办法，以增强普遍和平。

三、促成国际合作，以解决国际间属于经济、社会、文化及人类福利性质之国际问题，且不分种族、性别、语言或宗教，增进并激励对于全体人类之人权及基本自由之尊重。

联合国国旗

联合国总部（纽约曼哈顿）

四、构成一协调各国行动之中心，以达成上述共同目的。

第二条

为求实现第一条所述各宗旨起见，本组织及其会员国应遵行下列原则：

一、本组织系基于各会员国主权平等之原则。

二、各会员国应一秉善意，履行其依本宪章所担负之义务，以保证全体会员国由加入本组织而发生之权益。

三、各会员国应以和平方法解决其国际争端，俾免危及国际和平、安全及正义。

四、各会员国在其国际关系上不得使用威胁或武力，或以与联合国宗旨不符之任何其他方法，侵害任何会员国或国家之领土完整或政治独立。

五、各会员国对于联合国依本宪章规定而采取之行动，应尽力予以协助，联合国对于任何国家正在采取防止或执行行动时，各会员国对该国不得给予协助。

六、本组织在维持国际和平及安全之必要范围内，应保证非联合国会员国遵行上述原则。

七、本宪章不得认为授权联合国干涉在本质上属于任何国家国内管辖之事件，且并不要求会员国将该项事件依本宪章提请解决；但此项原则不妨碍第七章内执行办法之适用。

第三章 机关

第七条

一、兹设联合国之主要机关如下：大会、安全理事会、经济及社会理事会、托管理事会、国际法院及秘书处。

二、联合国得依本宪章设立认为必需之辅助机关。

第八条

联合国对于男女均得在其主要及辅助机关在平等条件之下，充任任何职务，不得加以限制。

第六章 争端之和平解决

第三十三条

一、任何争端之当事国，十争端之继续存在足以危及国际和平与安全之维持时，应尽先以谈判、调查、调停、和解、公断、司法解决、区域机关或区域办法之利用、或各该国自行选择之其他和平方法，求得解决。

二、安全理事会认为必要时，应促请各当事国以此项方法，解决其争端。

第三十四条

……

　　《联合国宪章》的制定和联合国的诞生（1945 年 10 月 24 日）是现代国际关系史上的一件大事，也是二战后规划世界和平体制的一项重大成就，它反映了各国民众的和平愿望。《联合国宪章》表达了使人类不再遭受战祸的决心，并且为防止战争、维护世界和平建立起了一套完整、可行的运作机制。遵守联合国宪章、维护联合国威信是每个成员国不可推卸的责任。

小档案

作者：苏、英、美、中等国

成书时间：1945 年 4 月 25 日

结构：除序言和结语外，共分 19 章、111 条

地位：联合国组织的总章程

读一读

●●●●●《世界人权宣言》，是联合国大会于 1948 年 12 月 10 日通过（联合国大会第 217 号决议，A/RES/217）的一份旨在维护人类基本权利的国际公约（非强制）。

世界人权宣言

序言

鉴于对人类家庭所有成员的固有尊严及其平等的和不移的权利的承认，乃是世界自由、正义与和平的基础，

鉴于对人权的无视和侮蔑已发展为野蛮暴行，这些暴行玷污了人类的良心，而一个人人享有言论和信仰自由并免予恐惧和匮乏的世界的来临，已被宣布为普通人民的最高愿望，

鉴于为使人类不致迫不得已铤而走险对暴政和压迫进行反叛，有必要使人权受法治的保护，

鉴于有必要促进各国间友好关系的发展，

鉴于各联合国国家的人民已在联合国宪章中重申他们对基本人权、人格尊严和价值以及男女平等权利的信念，并决心促成较大自由中的社会进步和生活水平的改善，

鉴于各会员国业已誓愿同联合国合作以促进对人权和基本自由的普遍尊重和遵行，

鉴于对这些权利和自由的普遍了解对于这个誓愿的充分实现具有很大的重要性，

因此现在大会发布这一世界人权宣言，作为所有人民和所有国家努力实

现的共同标准，以期每一个人和社会机构经常铭念本宣言，努力通过教诲和教育促进对权利和自由的尊重，并通过国家的和国际的渐进措施，使这些权利和自由在各会员国本身人民及在其管辖下领土的人民中得到普遍和有效的承认和遵行。

第一条

人人生而自由，在尊严和权利上一律平等。他们赋有理性和良心，并应以兄弟关系的精神相对待。

第二条

人人有资格享有本宣言所载的一切权利和自由，不分种族、肤色、性别、语言、宗教、政治或其他见解、国籍或社会出身、财产、出生或其他身份等任何区别。

并且不得因一人所属的国家或领土的政治的、行政的或者国际的地位之不同而有所区别，无论该领土是独立领土、托管领土、非自治领土或者处于其他任何主权受限制的情况之下。

第三条

人人有权享有生命、自由和人身安全。

第四条

任何人不得使为奴隶或奴役；一切形式的奴隶制度和奴隶买卖，均应予以禁止。

《世界人权宣言》

第五条

任何人不得加以酷刑，或施以残忍的、不人道的或侮辱性的待遇或刑罚。

第六条

人人在任何地方有权被承认在法律前的人格。

第七条

法律之前人人平等，并有

权享受法律的平等保护，不受任何歧视。人人有权享受平等保护，以免受违反本宣言的任何歧视行为以及煽动这种歧视的任何行为之害。

第八条

任何人当宪法或法律所赋予他的基本权利遭受侵害时，有权由合格的国家法庭对这种侵害行为作有效的补救。

第九条

任何人不得加以任意逮捕、拘禁或放逐。

第十条

人人完全平等地有权由一个独立而无偏倚的法庭进行公正的和公开的审讯，以确定他的权利和义务并判定对他提出的任何刑事指控。

第十一条

一、凡受刑事控告者，在未经获得辩护上所需的一切保证的公开审判而依法证实有罪以前，有权被视为无罪。

二、任何人的任何行为或不行为，在其发生时依国家法或国际法均不构成刑事罪者，不得被判为犯有刑事罪。刑罚不得重于犯罪时适用的法律规定。

第十二条

任何人的私生活、家庭、住宅和通信不得任意干涉，他的荣誉和名誉不得加以攻击。人人有权享受法律保护，以免受这种干涉或攻击。

第十三条

一、人人在各国境内有权自由迁徙和居住。

二、人人有权离开任何国家，包括其该国在内，并有权返回他的国家。

第十四条

一、人人有权在其他国家寻求和享受庇护以避免迫害。

二、在真正由于非政治性的罪行或违背联合国的宗旨和原则的行为而被起诉的情况下，不得援用此种权利。

第十五条

一、人人有权享有国籍。

二、任何人的国籍不得任意剥夺，亦不得否认其改变国籍的权利。

第十六条

一、成年男女，不受种族、国籍或宗教的任何限制有权婚嫁和成立家庭。他们在婚姻方面，在结婚期间和在解除婚约时，应有平等的权利。

二、只有经男女双方的自由和完全的同意，才能缔婚。

三、家庭是天然的和基本的社会单元，并应受社会和国家的保护。

第十七条

一、人人得有单独的财产所有权以及同他人合有的所有权。

二、任何人的财产不得任意剥夺。

第十八条

人人有思想、良心和宗教自由的权利；此项权利包括改变他的宗教或信仰的自由，以及单独或集体、公开或秘密地以教义、实践、礼拜和戒律表示他的宗教或信仰的自由。

第十九条

人人有权享有主张和发表意见的自由；此项权利包括持有主张而不受干涉的自由，和通过任何媒介和不论国界寻求、接受和传递消息和思想的自由。

第二十条

一、人人有权享有和平集会和结社的自由。

二、任何人不得迫使隶属于某一团体。

第二十一条

一、人人有直接或通过自由选择的代表参与治理该国的权利。

二、人人有平等机会参加该国公务的权利。

三、人民的意志是政府权力的基础；这一意志应以定期的和真正的选举予以表现，而选

联合国人权委员会于1946年设立，是联合国内处理一切有关人权事项的主要机构

举应依据普遍和平等的投票权，并以不记名投票或相当的自由投票程序进行。

第二十二条

每个人，作为社会的一员，有权享受社会保障，并有权享受他的个人尊严和人格的自由发展所必需的经济、社会和文化方面各种权利的实现，这种实现是通过国家努力和国际合作并依照各国的组织和资源情况。

第二十三条

一、人人有权工作、自由选择职业、享受公正和合适的工作条件并享受免于失业的保障。

二、人人有同工同酬的权利，不受任何歧视。

三、每一个工作的人，有权享受公正和合适的报酬，保证使他本人和家属有一个符合人的生活条件，必要时并辅以其他方式的社会保障。

四、人人有为维护其利益而组织和参加工会的权利。

第二十四条

人人有享有休息和闲暇的权利，包括工作时间有合理限制和定期给薪休假的权利。

第二十五条

一、人人有权享受为维持他本人和家属的健康和福利所需的生活水准，包括食物、衣着、住房、医疗和必要的社会服务；在遭到失业、疾病、残废、守寡、衰老或在其他不能控制的情况下丧失谋生能力时，有权享受保障。

二、母亲和儿童有权享受特别照顾和协助。一切儿童，无论婚生或非婚生，都应享受同样的社会保护。

第二十六条

一、人人都有受教育的权利，教育应当免费，至少在初级和基本阶段应如此。初级教育应属义务性质。技术和职业教育应普遍设立。高等教育应根据成绩而对一切人平等开放。

二、教育的目的在于充分发展人的个性并加强对人权和基本自由的尊重。教育应促进各国、各种族或各宗教集团间的了解、容忍和友谊，并应促进联合国维护和平的各项活动。

圣马力诺发行的《世界人权宣言》60周年纪念银章

三、父母对其子女所应受的教育的种类，有优先选择的权利。

第二十七条

一、人人有权自由参加社会的文化生活，享受艺术，并分享科学进步及其产生的福利。

二、人人对由于他所创作的任何科学、文学或美术作品而产生的精神的和物质的利益，有享受保护的权利。

第二十八条

人人有权要求一种社会的和国际的秩序，在这种秩序中，本宣言所载的权利和自由能获得充分实现。

第二十九条

一、人人对社会负有义务，因为只有在社会中他的个性才可能得到自由和充分的发展。

二、人人在行使他的权利和自由时，只受法律所确定的限制，确定此种限制的唯一目的在于保证对旁人的权利和自由给予应有的承认和尊重，并在一个民主的社会中适应道德、公共秩序和普遍福利的正当需要。

三、这些权利和自由的行使，无论在任何情形下均不得违背联合国的宗旨和原则。

第三十条

本宣言的任何条文，不得解释为默许任何国家、集团或个人有权进行任何旨在破坏本宣言所载的任何权利和自由的活动或行为。

·简　评·

　　《世界人权宣言》的通过使联合国的工作重心由过去仅强调国际法对国家的关心扩大到对个人的关心，它在历史上第一次担负起保护和争取实现人权的责任，为人类生存标示了人权底线，这也是各国政府施政的压力线。宣言是联合国一切人权工作的理论基础，"作为所有人民和所有国家努力实现的共同标准"。

小档案

作者：约翰·汉弗莱（加拿大）等组成的联合国人权委员会

成书时间：1948 年 12 月 10 日

地位：人权底线

经典名句：人人生而自由，在尊严和权利上一律平等／法律之前人人平等

不扩散核武器条约（摘选）

1968 年 7 月 1 日在伦敦、莫斯科和华盛顿开放供签署

生效日期：1970 年 3 月 5 日

保存国政府：苏维埃社会主义共和国联盟、大不列颠及北爱尔兰联合王国和美利坚合众国

本条约各缔约国（以下称"各缔约国"），

考虑到一场核战争将使全人类遭受浩劫，因而需要竭尽全力避免发生这种战争的危险并采取措施以保障各国人民的安全，

认为扩散核武器将使发生核战争的危险严重增加，

根据联合国大会要求缔结一项防止更广泛地扩散核武器的协定的各项决议，

美国和苏联代表签署《不扩散核武器条约》

承诺进行合作为应用国际原子能机构对和平核活动的各种保障措施提供便利，

表示支持进行研究、发展和其他努力，以促进在国际原子能机构保障制度范围内应用下述原则，即通过

在一定战略地点使用仪器和其他技术有效地保障原料和特殊裂变物质的流动，

确认下述原则：一切缔约国，不论是有核武器国家或无核武器国家，均能为和平目的而获得和平应用核技术的利益，包活有核武器国家由于发展核爆炸装置而可能得到的任何技术副产品，

深信在促进此项原则时，所有缔约国均有权参加尽可能充分的科学情报交换，以促进为和平目的而应用原子能的发展，并且单独地或与其他国家合作，对促进这种发展作出贡献，

宣布它们的意图是尽早实现停止核军备竞赛和着手采取以核裁军为目标的有效措施，

敦促所有国家为达到这个目标而进行合作，

回顾到一九六三年禁止

1945 年日本长崎市原子弹爆炸图片

1967 年 6 月 17 日，中国第一颗氢弹空投爆炸成功

在大气层、外层空间和水下进行核武器试验条约的各缔约国在该条约序言中所表示的谋求达到永远停止一切核武器爆炸试验并为此目的继续进行谈判的决心，

愿意促进国际紧张局势的缓和以及各国间信任的加强，以利于按照在严

格和有效的国际监督下的全面彻底裁军条约停止制造核武器、清除其现有全部储存并从国家武库中取消核武器及其运载工具，回顾到按照联合国宪章，各国在其国际关系中不得使用武力威胁或使用武力，或以不符合联合国宗旨的任何其他方法侵犯任何国家的领土完整或政治独立，并且. 回顾到要尽量减少把世界人力及经济资源用于军备，以促进国际和平与安全的建立与维护，

议定条款如下：

第一条

每个有核武器的缔约国承诺不直接或间接向任何接受国转让核武器或其他核爆炸装置或对这种武器或爆炸装置的控制权；并不以任何方式协助、鼓励或引导任何无核武器国家制造或以其他方式取得核武器或其他核爆炸装置或对这种武器或爆炸装置的控制权。

第二条

每个无核武器的缔约国承诺不直接或间接从任何让与国接受核武器或其他核爆炸装置或对这种武器或爆炸装置的控制权的转让；不制造或以其他方式取得核武器或其他核爆炸装置；也不寻求或接受在制造核武器或其他核爆炸装置方面的任何协助。

第七条

本条约的任何规定均不影响任何国家集团为了保证其各自领土上完全没有核武器而缔结区域性条约的权利。

第十一条

本条约的英文、俄文、法文、西班牙文和中文文本具有同等效力；本条约应保存在各保存国政府的档案库内。各保存国政府应将经正式核证的本条约副本分送各签署国和加入国政府。

下列签署人，经正式授权，在本条约上签字，以资证明。

一九六八年七月一日订于伦敦、莫斯科和华盛顿，一式三份。

　　截至 2003 年 1 月，签署加入《不扩散核武器条约》的缔约国共有 189 个。《不扩散核武器条约》自生效以来，对国际安全及核不扩散事业做出了很大贡献。它防止了核武器的扩散，推动了大国核裁军，促进了全球范围内核能的和平利用，是一项具有里程碑意义的国际条经约。迄今为止，《不扩散核武器条约》是全球最广泛的核军控协议，是核武器国家对裁军目标作出有拘束力的承诺的唯一多边条约。

小档案

作者：苏联、美国等

成书时间：1968 年 7 月 1 日

结构：共 11 条

地位：全球最广泛的核军控协议、核武器国家对裁军目标作出有拘束力的承诺的唯一多边条约

读一读

《欧洲联盟条约》，即《马斯特里赫特条约》（简称《马约》），是1991年第46届欧洲共同体首脑会议草签的《欧洲经济与货币联盟条约》和《政治联盟条约》的总称。该条约是对《罗马条约》的修订，它为欧共体建立政治联盟和经济与货币联盟确立了目标与步骤，是欧洲联盟成立的基础。

欧洲联盟条约（摘选）

比利时国王陛下

丹麦女王陛下

德意志联邦共和国总统

希腊共和国总统

西班牙国王陛下

法兰西共和国总统

爱尔兰总统

意大利共和国总统

卢森堡大公殿下

荷兰女王陛下

葡萄牙共和国总统

大不列颠及北爱尔兰联合王国女王陛下

决心把建立欧洲共同体的欧洲一体化进程推向一个新阶段；

考虑到结束欧洲大陆分裂的历史重要性和创立未来欧洲建设坚实基础的需要；

坚持对自由原则、民主原则和尊重人权及基本自由原则以及法制原则的信念；

愿意在尊重他们的历史、文化和传统的同时加深他们人民间的团结；

愿意进一步增强机构职能的民主性和效率，以便使其能够在一个单一的组织机构内更好地完成所赋予的任务；

决心实现他们经济的强大和同步发展并依据本条约的规定建立一个包含一种单一及稳定的货币的经济和货币联盟；

决定在完善内部市场、加强团结和环境保护范围内，为了他们人民的目的，促进经济和社会进步，并实行确保其他领域进步同经济一体化相适应的政策；

决心建立他们国家国民共同的公民身份；

决心实行一项包括最终构建共同防务政策的共同外交和安全政策，这种政策可能在一定时间后导致共同防御，从而增强欧洲的同一性和独立性，以便促进欧洲和世界的和平、安全及进步；

通过本条约引入关于司法和国内事务的规定，在保障他们人民和国家安全的同时，重新肯定促进人员自由流动的目标；

决心继续在欧洲人民之间建立一个更为紧密的联盟的进程，在这个进程中一切决定的作出应依据从属原则尽可能地与全体公民紧密联系；

鉴于促进欧洲一体化需要采取进一步的措施；

决定建立欧洲联盟，并为此特指定以下人员为他们的全权代表：

……

上述全权代表互相交换全权证书认为妥善后，议定条款如下：

欧盟总部大厦——贝尔莱蒙大楼

第一编 共同条款

第A条

通过本条约，缔约国各方在它们之间建立一个欧洲联盟，本文以后简称为"联盟"。

本条约标志着在欧洲人民之间建立一个更为紧密的联盟的进程进入了一个新阶段，一切决定的作出将尽可能与公民紧密联系。

联盟应以欧洲共同体为基础，由本条约所确立的政策和合作形式予以辅助。它的任务是，以揭示团结和一致的方式，整合成员国间及它们的人民之间的关系。

第B条

联盟确立下列目标：

——通过加强经济和社会的协调和建立经济和货币联盟，包括最终引入本条约规定的单一货币，特别是通过建立一个没有内部疆界的区域，促进经济和社会平衡和持续的进步。

——特别通过实行一项可能在一定时间后导致共同防务的其中包括最终实现共同防务政策的共同外交和安全政策，在国际舞台上表明其同一性；

——通过联盟公民身份的引入，加强对其成员国国民之权力和利益的保护；

——发展在司法和国内事务的紧密合作关系；

——保持完全的集体一致，并以此为基础，按照第N条第2节所确定的程序，考虑本条约所引入的合作政策和形式在何种程度上需要修改，以确保共同体机制和机构的有效性。

本条约所确定的联盟目标依据本条约所确定的条件和时间表，尊重欧洲共同体条约第3条B款界定的从属原则予以实现。

……

《欧洲联盟条约》在欧洲一体化进程中具有里程碑的意义。它是欧洲一体化进程中取得的一次突破性的进展，表明欧共体将朝着一个经济、政治、外交和安全等多种职能兼备的联合体方向发展。

作者：密特朗（法国总统）、科尔（德国总理）等 12 位欧共体成员国首脑

成书时间：1991 年 12 月 9 ～ 10 日

结构：共 6 编

地位：欧洲联盟成立的基础

小档案

走向全球伦理宣言（摘选）

我们的世界正在经历着一场根本的危机，我们谴责所有的祸害，我们宣告它们全都是不需要的。在世界各宗教的学说中，已经存在一种伦理，可以用来反击这种全球性祸害。当然，这种伦理没有为世界上所有难题提供直接的解决办法，但它的确为一种更好的个体和全球秩序提供了道德基础。没有新的全球伦理，便没有新的全球秩序。

对于一种更好的全球秩序，我们全都负有某种责任。我们对于全人类的福利有一种特殊的责任，对于我们的行星地球有一种关怀。

促进各项权利和自由的行动，要求有义务和职责的意识，因此必须既打动人们的头脑，也打动人们的心灵。

每一个人都应该得到人道的对待。

每一个人都拥有不可出让的和不可侵犯的尊严。因此每一个个人以及每一个国家都有义务尊重这种尊严并保护这种尊严。人类永远应当是权利的主体，应当是目的，决不是手段，决不是经济中的、政治中的、传播媒介和研究机构中的以及工业集团中的商业化和工业化对象。

任何个人和团体都不能超越于"善恶之上"。

由于人都有理性和良心，因此人人都有行善避恶的义务。

"己所不欲，勿施于人"或者换用肯定的措辞，即"你希望人怎样待你，你也要怎样待人"，应当在所有的生活领域中成为不可取消的和无条件的规则。

应该抛弃一切形式的自我中心主义、自私自利，不论是个人的还是集体的，还是以等级思想、种族主义、民族主义或性别歧视等形式表现出来的自我中心主义。自我决定和自我实现只有在不脱离人的自我责任和全球责任下才是完全合理的。

坚持一种非暴力与尊重生命的文化。不要杀人，或者换用肯定的措辞，即要尊重生命。任何人都没有权利在肉体上或精神上折磨、伤害别人，也没权利仇恨、歧视、"清洗"、驱逐别人，更不用说杀害别人的生命了。

只要可能，应当在公正的体制内以非暴力的方式来解决冲突，对个人来说是如此，对国家来说也是如此。军备是一条错误的道路，而裁军是时代的命令。年轻人在家里和在学校里必须受到这样的教育，即暴力不能成为解决与他人分歧的手段。

人是无限宝贵的，必须无条件地受到保护。整个宇宙，尤其是我们生活其上的地球及地球上的动物、植物、空气、水、土壤都应当得到保护和照顾。

每一个人、每一个种族、每一个宗教都应对任何其他的人、种族和宗教表现出关心、宽容和尊重。

坚持一种团结的文化和一种公正的经济秩序。

不要偷盗，或者换用肯定的措辞，即要诚实公平。如果没有全球的公正，就没有全球的和平。

财富即使是有限的，也同时带来了责任，财富的使用应该同时服务于共同的福利。为了改变贫穷，就必须更为公正地建构世界经济秩序。

我们必须培养相互的尊重和关照，以求达到合理的利益之平衡，而不应仅仅考虑无限的力量和难免的争斗。

我们必须珍惜节制与谦和的意识，以此取代对于金钱、特权和消费的不息的贪婪！

坚持一种宽容的文化和一种诚信的生活。

不要撒谎，或者换用肯定的措辞，即言行应该诚实。尤其对于那些在大众传媒工作的人、艺术家、作家、科学家、国家领导人、政治家、政党和那些宗教代表人物，他们更应在自己的位置上负责任，为真理服务。

《走向全球伦理宣言》起草人之一——孔汉思

要诚信地思考、说话和行动。

我们决不能把自由混同于任性妄为，或把多元主义混同于对"真相"漠不关心。我们应该不断地追求真理和不受腐蚀的真诚，而不要传布意识形态的或党派性的片面真理。

坚持一种男女之间的权利平等与伙伴关系的文化。

不要奸淫，或者换用肯定的措辞，即要彼此尊重、相亲相爱。我们谴责性剥削和性歧视，这是一种最坏的对人类的贬低。性并不是一种否定的、毁灭的或剥削的力量，而是一种肯定的创造的力量。

婚姻的特征应是爱情、忠诚与持久。

所有国家和文化都应使婚姻和家庭生活符合人性，尤其对老人而言更是如此。儿童有权利得到教育。父母、子女之间不应相互利用，他们之间的关系应当反映出相互的尊重、理解与关心。

除非我们在个人和公众的生活中达到一种意识上的转变，否则世界不可能变得更好。

我们知道，宗教并不能解决世界上的环境、经济、政治和社会问题。然而，宗教可以提供单靠经济计划、政治纲领或法律条款不能得到的东西：内在取向的改变，整个心态的改变，以及从一种错误的途径向一种新的生命方向的转变。

　　如果没有一种全球伦理，便不可能有更好的全球秩序。《走向全球伦理宣言》从伦理角度肯定和深化了从权利层面宣告的《世界人权宣言》，试图通过转变人心来建立新的（或者说是古老的、传统的、人本的）伦理，以达到建立新的全球秩序的目的。这是又一个人类大同的美丽梦想。

小档案

　　作者：孔汉思（瑞士）等

　　成书时间：1993 年

　　地位：全球伦理底线

　　经典名句：每一个人都应该得到人道的对待／如果没有全球的公正，就没有全球的和平